作者简介

布莱恩·Z. 塔玛纳哈，美国圣路易斯华盛顿大学约翰·莱曼校级教授，国际知名法理学家、法律与社会研究者。他曾获国际法哲学与社会哲学协会首届图书奖（2019 年）、美国专业与学术杰出出版提名奖（2006、2018 年）等学术奖项，并在2013 年美国《国家法学家杂志》（*National Jurist*）遴选的"最具影响力的法学教育家"中位列第一。自 1997 年至今，塔玛纳哈教授出版包括《论法治》《法律工具主义》在内的著作 11 部，这些著作被翻译为 12 种语言的版本在世界各地发行。

译者简介

赵英男，中国政法大学法学博士后，北京大学法学博士，美国圣路易斯华盛顿大学人文访问学者。现为同济大学法学院助理教授，研究方向为比较法与西方法哲学。

法政名著译丛

LEGAL PLURALISM EXPLAINED
History, Theory, Consequences

法律多元主义阐释
——历史、理论与影响

〔美〕布莱恩·Z. 塔玛纳哈 著

赵英男 译

商务印书馆
The Commercial Press
创于1897

Brian Z. Tamanaha

LEGAL PLURALISM EXPLAINED

History，Theory，Consequences

Published in the United States of America by Oxford University Press

© Brian Z. Tamanaha 2021

中译本根据牛津大学出版社 2021 年版译出

献给拉尼·塔玛纳哈·布罗德本特

(*for Lani Tamanaha Broadbent*)

目　　录

前 言 与 致 谢

    这本书的写作已逾 30 年之久。1986 年的我曾是密克罗尼西亚 雅蒲岛的一位年轻的司法部长助理，遇到了一个基本不在国家法律体系之内运作的有效习惯法体系。*这一经历颠覆了我对法律的基本假设：先前我假定国家垄断了法律。那时我还没有听说过法律多元主义（legal pluralism）。后来，在研究生阶段学习法律理论，我不仅知道法律多元主义在全世界都是一个常见现象，而且意识到大部分法律工作者和法学理论家完全不在意它。于是我写了一系列文章来阐述法律多元主义："法律多元主义社会科学概念的愚笨"（The Folly of the Social Scientific Concept of Legal Pluralism, 1993），"法律多元主义的非本质主义概念"（A Non-Essentialist Concept of Legal Pluralism, 2001），"理解法律多元主义"（Understanding

---

    * 本书中作者常常会以密克罗尼西亚的经历为例，有必要对这一地区情况稍加介绍。密克罗尼西亚（Micronesia）意为"小岛群岛"，位于中太平洋，主要包括马里亚纳群岛、加罗林群岛、马绍尔群岛、瑙鲁岛、吉尔伯特群岛等。1947 年联合国将密克罗尼西亚交由美国托管，后来与马绍尔群岛、北马里亚纳群岛和帕劳构成太平洋岛屿托管地的四个政治实体。本书中谈到的密克罗尼西亚指的是密克罗尼西亚联邦，属加罗林群岛，它从西向东主要包括雅蒲州、丘克州、波纳佩州、科思雷州等。1965 年密克罗尼西亚成立议会，并从 1969 年开始同美国谈判。1979 年正式成立密克罗尼西亚联邦。1982 年密克罗尼西亚联邦与美国正式签订《自由联系条约》，并于 1986 年生效，至此密克罗尼西亚联邦获得内政、外交自主权，但安全防务在 15 年内由美国负责。——译者

Legal Pluralism, 2008），"法治和发展中的法律多元主义"（The Rule of Law and Legal Pluralism in Development, 2011）以及"多元主义法学的承诺与困惑"（The Promise and Conundrums of Pluralist Jurisprudence, 2019）。写作本书时，我把这些文章置于一旁，以便提出更深入和广博的理解。

我的目标是为任何对法律多元主义感兴趣的读者提供一份阐释性导引。我也希望能够对我们理解法律有理论上的贡献。最后，关注历史与当下的法律多元主义，对我们理解法律与社会多有启发。

除却身为律师的经历以及作为法律理论家受到的训练，一些个人理由使我身处撰写这一主题的有利地位。莎利·福尔克·穆尔（Sally Falk Moore）是我在哈佛大学法学院的硕士毕业论文指导老师。约翰·格里菲斯（John Griffiths）尽管一开始与我观点相左，但却逐渐彼此尊重。戈登·伍德曼（Gordon Woodman）和西蒙·罗伯茨（Simon Roberts）同我就法律多元主义有过多次精彩交流。莎利·恩格尔·梅丽（Sally Engle Merry）多年来在许多场合和我就彼此关心的夏威夷、法律多元主义及其他话题展开讨论。罗杰·科特瑞尔（Roger Cotterrell）自我学术生涯伊始便一直是我在法律社会学领域的导师。马克·格兰特（Marc Galanter）和威廉·特维宁（William Twining）是我与之分享体会和讨论各种个人及专业话题的老友。这些法律人类学、法律社会学以及法律理论领域的杰出学者，是第一代法律多元主义者中顶尖的思想家。我从他们的观点中获益良多，这本书受惠于他们所有人。

感谢牛津大学出版社的责任编辑杰米·别列津（Jamie Berezin）

对本书的支持，以及对我拖延交稿日期的耐心。

　　本书献给我的姐姐，拉尼·塔玛纳哈·布罗德本特。我深深感恩拉尼在我们父母临终前照料他们时作出的牺牲。尽管我无法报答，我以此题献表达内心真诚的感激。谢谢你，拉尼。

导论 三重线索

1　　法律多元主义无处不在。法律秩序的多样性似乎遍及我们考察的每一个社会领域。有不同类型的村庄、城市、郡县法；有不同类型的州、地区、区域法；有不同类型的国内、跨国、国际法。在许多社会中还有其他形态的法律，比如原住民法、习惯法、宗教法以及特定民族或文化社群的法律。在不同问题的各个层面，当下这个时代都见证了公共和私人规制制度的激增。共存的各种法律形态，可能在方向上彼此相近，能够彼此协作、相互支持或形成互补；它们可能会提出彼此竞合的权威主张，施加相互冲突的规范，通过矛盾对立的程序运作；它们的存续可能彻底彼此无关抑或完全彼此相连。法律多元主义导致了不确定性，因为人们可能无法知晓何种法律体制会适用于自己的情况，但它也为人们提供了下述机遇：在不同法律体制中作出机会主义的抉择，或在追求自己的目标时使得不同体制彼此竞争。法律多元主义语境中的律政官员会面临潜在竞争者、会彼此竞取权力和资源、会相互合作或彼此对立。

在另一种意义上，法律多元主义也是无所不在。20 世纪 60 年代，这个词被首次提及，之后的几十年里随着该概念从人类学领域向社会学、法律史、比较法、国际法、跨国法以及法理学学术领域的传播，对于它的提及成爆发式增长。[1] 在它最初被引入法律人类学 20 余年后，1988 年的一篇综述极大地增强了它的曝光率，莎利·恩格尔·梅丽宣称："法律多元主义是再概念化法律 / 社会关系的一个核心主题。"[2] 更晚近些，人们认为"法律多元主义已成为国际法和比较法学界的标配（standard fare）"。[3] 一部有关"多元主义法学"的文集指出，法律理论家必须超越他们的国家中心视角来解释法律的多种共存形态。[4]

　　有关法律多元主义的兴趣不止在学界。政府和发展机构已经投入几十亿美金来发展南半球的国家法律体系，但效果令人遗憾。[5] 法律和发展的理论与实践，强调法治和经济发展的重要性。[*] 习惯

1　基于法律全文数据库（Heinonline）的研究显示，20 世纪 70 年代之前，很少用到"法律多元主义"这个短语，但紧接着在 20 世纪 80 年代、90 年代及其后，这个短语的使用数量激增。谷歌词频统计器（Google Ngram）中检索"法律多元主义"，发现从 20 世纪 70 年代中期开始，著作中提到该概念的相对数量和绝对数量同样呈现出激增态势。

2　Sally Engle Merry, "Legal Pluralism", 22 *Law & Society Review* 869 (1988).

3　C. Valcke, "Three Perils of Legal Pluralism", in S.P. Donlan and L. Heckendorn Urscheler, eds., *Concepts of Law: Comparative, Jurisprudential, and Social Scientific Perspectives* (Farnham: Ashgate, 2014) 112.

4　Andrew Halpin and Nicole Roughan, eds., *In Pursuit of Pluralist Jurisprudence* (Cambridge: Cambridge University Press 2017).

5　参见史蒂芬·汉弗莱斯（Stephen Humphreys），《法治的剧场：理论与实践中的跨国法律干预》（*Theatre of the Rule of Law: Transnational Legal Intervention in Theory and Practice*），剑桥：剑桥大学出版社 2010 年版（Cambridge: Cambridge University Press 2010），第 128–132 页。布莱恩·Z.塔玛纳哈（Brian Z. Tamanaha），"社会的首要性和法律与发展运动的失败"（The Primacy of Society and Failures of Law and Development），载于《康奈尔国际法杂志》（*Cornell International Law Journal*）第 44 期（2011 年），第 209 页。

*　法律与发展研究主要涉及法律制度与社会的经济、政治、文化等因素之间的关系，特别是研究第三世界国家以及发达国家的不发达地区的法律制度与社会发展状况。

法和宗教法律体系被视为地方性的、落后的、退化的，是妇女权利和人权的对立面。世界银行的发展专家观察发现，"发展理论家和实务人员倾向于要么盲目地忽视无所不在的法律多元主义现象，要么将之视为对发展的约束，是一种必须以现代化、国家建构以及增进'法治'的名义加以克服的缺陷"。[6]不过最近发展领域的实务人员"已经开始重新审视有关法律多元主义的一些假设，并在法律多元主义是一种普遍现状的语境下探索可能存在的机遇"。[7]一位关注后冲突状况的国际关系理论家注意到，"理解法律多元主义，对包括但绝不限于国家建构在内的任何法律或政策干预至关重要"。[8]

　　不过即使法律多元主义已经吸引了越来越多的学者和发展领域实务工作者的关注，这个概念却依旧身陷复杂、混乱和分歧。法学家威廉·特维宁在回顾20多年来有关法律多元主义的海量文献后评论说，"读完以后我觉得这几乎就是一团糟"。[9]导致这种混乱的一个因素，就是不同学科的学者都使用了法律多元主义这个概

它包括现代化理论和依附理论两大研究范式，是立足美国本土经验向发展中国家的法律知识输出运动。相关讨论可以参见布莱恩·Z.塔玛纳哈（Brian Tamanaha），"法律与发展研究的教训"（The Lessons of Law-and-Development Studies），载于《美国国际法杂志》（The American Journal of International Law）第89卷第2辑（1995年），第470页。——译者

　　6　Caroline Sage and Michael Woolcock, "Introduction: Legal Pluralism and Development Policy: Scholars and Practitioners in Dialogue", in Brian Z. Tamanaha, Caroline Sage, and Michael Woolcock, eds., *Legal Pluralism and Development: Scholars and Practitioners in Dialogue* (New York: Cambridge University Press 2012) 1.

　　7　同上注，第2页。

　　8　Geoffrey Swenson, "Legal Pluralism in Theory and Practice", 20 *International Studies Review* 438, 458 (2018).

　　9　William Twining, "Normative and Legal Pluralism: A Global Perspective", 20 *Duke Journal of Comparative and International Law* 473, 487 (2010).

念。每个学科内部都区分为不同的思想流派，并且在知识、概念和目标方面每个学科各自有别。尽管表面上看，法律多元主义这个单一概念适用于不同领域，并且对同一系列理论家[约翰·格里菲斯、欧根·埃利希(Eugen Ehrlich)、莎利·福尔克·穆尔等]的共同参考增进了这种印象，但它是在不同意义上得到使用的这一点，却通常并未得到承认。

多元主义这个术语稀薄的涵义和无所不包的内容加剧了这种混乱。多元主义指的就是不止一个，它可以表达任何事物，可以在不同层次的特殊性和一般性中得到运用。法律多元主义这个标签一直被用来指代如下现象：对单一系列法律的多种解释，单一体系下法律的次级体系，一个法律体系中适用不同法律条文的同样法庭以及适用不同法律条文的不同法庭，不同法律条文互动产生的混合法律体系，单一社会中不同法律形态的共存，国际法中不同宗旨的机构彼此共存，国家之间和跨国多种法律体系的共存，以及其他变奏。这些例子中的每一个都十分不同，但却都在法律多元主义的文献中得到讨论。

"法律"意涵的复杂与分歧是导致上述混乱的另一个因素。大多数法律多元主义立场的一个核心命题是，国家法并非法律的唯一形态。这一断言要求一种法律的定义或概念，抑或某种方式来识别什么是法律，并将法律与非法律的事物区分开。法律多元主义者钻研这些标准问题至今已有五十余年，在文献中提出无数的法律概念，但这个问题的终结遥遥无期。这种斗争无可厚非。尽管几个世纪以来理论家付出诸多努力，"什么是法律?"却从未得到解答。由于每种法律多元主义都受到如何界定法律的影响，就存在许多法律多元主义,每个立场都植根于一种对法律的不同理解。结果就是出现"法律多元主义的多元主义"。[10]法律多元主义是一个概念杂货铺(mess)。

4　　本书阐释如下两种意涵的法律多元主义。首先,我依据历史和理论解释了法律多元主义在过往和当下为何以及如何成为一种普遍现象,并且论述了它的影响。其次,我解释了围绕法律多元主义展开的理论争议中涉及的议题,并提出一种对发展领域实务工作者、学者和理论家有用的表述法律多元主义的方法。这项任务提出了艰难的挑战。法律多元主义话题涉及具有不同利益与关切的多重学科和听众,处理这一问题的文献多如牛毛且增长迅速、难以跟进。本书并非对法律多元主义每种情形以及每个领域中有关这一概念所有论述的全面回顾,不然就会产生永不终结的多卷本著作。法律多元主义确实无处不在,全面分析它是不可能的。我改为通过说明性事例,以针对一般读者的清晰文风,在广泛语境中呈现法律多元主义,这种语境能够表达这一主题所涉及的最明显的经验、理论、规范议题以及影响。

为了开启这一探索,在本导论中我首先阐明法律多元主义所针对的立场:国家法一元论(monistic state law)学说。接下来我提出法律多元主义的两条线索:理论家构建的抽象法律多元主义,以及与之相对的从社会—历史角度理解的民间法律多元主义。最后我会概述贯穿全书的三个法律范畴:社群法(community law)、政权

10　参见伊曼纽尔·梅丽莎丽斯和马里亚诺·克罗斯(Emmanuel Melissaris and Mariano Croce),"法律多元主义的多元主义"(A Pluralism of Legal Pluralisms),载于《网络牛津手册》(*Oxford Handbooks Online*),2017 年 4 月;玛格丽特·戴维斯(Margaret Davies),"多元化的法律多元性"(Plural Pluralities of Law),安德鲁·哈尔平和拉凡(Halpin and Roughan)主编,同前注 4,第 239 页。

法(regime law)、政权间法(cross-polity law)。这些都是在澄清讨论法律多元主义时常常出现的主要议题,构成了本书的主体内容。导论的结尾简要阐述了法律多元主义。

国家法一元论

多元主义可以用于任何涉及一个以上的事物。在学术语境中,它通常运用于和某种统一性形成对照的情形。"无论我们想要考察哪一个人类研究领域,多元主义的概念逻辑就这样辩证地与'一元论'(monism)不共戴天。"[11]法律多元主义与被广泛持有的国家法一元论相对立。*约翰·格里菲斯的"何为法律多元主义?"(What Is Legal Pluralism?, 1986)极为深刻地塑造了学界对于这一主题的理解,他如此表述这一主题(尽管他将"一元论"这个代表性标签替换为了"中心主义"):

> 根据我将称为法律中心主义的意识形态,法律是且应是国

---

[11] Gregor McLennan, *Pluralism* (Minneapolis: University of Minnesota Press 1995) 25.

* 在本书中,作者对国家法一元论的表述,时而是"monist law state",时而是"monist state law"。经过与作者确认,这两个词语在他的使用中是可彼此互换的,因为它们都表达的是法律与国家合而为一的立场。这不仅是简单的词语使用问题,更体现出这一立场背后所涉及的国家与法律之间的关系:国家的诞生与法律的创制相伴相随,国家是法律所建构的事物。在这个意义上,国家无疑是一种法律概念或制度,而非某种具象化实体。本书所阐述的法律多元主义,未必反对国家与法的这一关系(特别是在现代语境中),但反对其一元论立场,即法律只有国家法一种样态,国家垄断了法律。——译者

家法，对所有人来说都是一致的，排除了其他法律，由单一国家机构实施……按照这种法律中心主义观念，法律是一种由规范命题构成的排他性的、体系化的和统一的层级命令，可以被自上而下地理解为源自主权者的命令（博丹、霍布斯、奥斯丁），也可以被自下而上地理解为它的效力演绎自总是更具一般性的规范，直到我们回溯至某种终极规范（群）（凯尔森、哈特）。[12]

"法律中心主义是一个神话、一种理念、一个主张、一种幻觉。"[13] 格里菲斯指出，法律多元主义描述性概念的一个核心目标"因此是破坏性的：为的是打破如下理念的束缚，即法律是一种源自国家权力的单一、统一且排他的层级性规范命令；并消除如下幻觉的束缚，即法律世界实际上就是这种法律观念所要求呈现的样子。"[14]

　　法律一元论的起源回溯至两个主要理论家。让·博丹（Jean Bodin）在 1576 年提出主张排他性立法权的绝对主义主权学说："只有主权者才能集体地或个人地为所有臣民毫无例外地制定法律。"[15] 托马斯·霍布斯（Thomas Hobbes）在 17 世纪中叶出版的著名的《利

12　约翰·格里菲斯（J. Griffiths），"何为法律多元主义？"（What Is Legal Pluralism?），载于《法律多元主义杂志》（*Journal of Legal Pluralism*）第 24 期（1986 年），第 1、3 页。我省略了他对列出的理论家的引证。

13　同上注，第 4 页。

14　同上注。

15　对博丹的引用，参见延斯·巴特森（Jens Bartelson），"论主权的不可分"（On the Indivisibility of Sovereignty），载于《文学界：知识、政治与艺术研究杂志》（*Republic of Letters: A Journal for the Study of Knowledge, Politics, and the Arts*）第 2 期（2011 年），第 85、87—88 页。

维坦》(*Leviathan*)中，[16] 同样提出一种属于抽象国家的至高无上、不可分割的立法主权。这两种论述都是理论抽象和政治倡导，与当时的实际情况并不相符。他们所处的时代存在多种法律渊源，国家概念尚处于巩固确立的早期阶段。[17]

接下来的几个世纪中，随着国家体系的巩固，国家对法律的垄 6 断，从最初的一种抽象学说逐渐演变为发达资本主义社会中许多理论家和公众共同持有的不言而喻的理解。马克斯·韦伯在 20 世纪初提出的现代科层制国家的理想型就体现了这种理解，如威廉·诺瓦克(William Novak)在如下这个段落的概述：

（1）一种理性化和一般化的法律与行政秩序，并随着立法变迁而改变；(2)一种官员构成的科层组织，参照非人格化的行政规定命令完成公务活动；(3)在国家正式司法管辖权内通过国家法律来约束——统治和规定——所有人（国家公民）和一切活动的权力；以及(4)在正式(duly)构成的政府所规定的领土范围内具有使用武力、暴力以及强制力的正当权威。统一化、中心化、理性化、组织化、行政化和科层化，已成为充分发展的、具有现代性本质的国家的典型特征。[18]

16 Thomas Hobbes, *Leviathan* (Oxford: Oxford University Press 1996).

17 Quentin Skinner, "The State", in Terence Ball, James Farr, and Russell L. Hanson, eds., *Political Innovation and Conceptual Change* (Cambridge: Cambridge University Press 1989) 120.

18 William J. Novak, "The Myth of the 'Weak' American State", 113 *American Historical Review* 752, 761 (2008).

国家法是统一的、层级化组织的、全面的、垄断的，且高于社会中所有其他秩序。这就是国家法一元论。

20世纪杰出的法哲学家将上述特征视为法律的本质属性。"由于一切法律制度就其所属的社群而言都主张具有最高地位"，约瑟夫·拉兹（Joseph Raz）认为，"没有人会承认另一个法律体系针对同一个社群可能提出的具有最高地位的主张"。[19] 拉兹呼应博丹的观点，将至上性设定为法律体系存在的一个标准："只有当一个制度化的体系在某些方面是一个社会中能够存在的最为重要的制度化体系时，我们才将之视为法律体系。"[20] "总而言之"，拉兹断言，一个法律体系就是"一个在特定社会中主张具有最高权威的指引和裁判体系，并因此在它具有实效的地方，也享有这种实际的权威"。[21]

几个世纪以来，不同的意见基于下述三个理由一直在挑战着这种至上的、统一的、垄断的国家法观点：它与法律在历史和当下的许多样态并不相符，国家法外存在着多种形态的法律，并在规范意义上不无疑问。17世纪追求更广泛的国家统一性的努力激起了地方社群的反抗。"他们争辩说，如果上帝创造了彼此天然不同的领域，重要的就是统治这些领域的法律应当服从它们独特的特征。"[22] 杰里米·边沁（Jeremy Bentham）批评布莱克斯通（Blackstone）的主权至高无上理论时指出："人们可能在某种行为上服从一个人对

19　Joseph Raz, *The Authority of Law*, 2nd ed. (Oxford: Oxford University Press 2009) 119.

20　同上注，第116页。

21　同上注，第43页。

22　J. H. Elliot, "A Europe of Composite Monarchies", 137 *Past and Present* 48, 65 (1992).

世界的命令，在另一个行为上服从另一个人对世界的命令，有关日耳曼团体的宪法律我们还能作何想呢。"[23]19 世纪末奥托·冯·基尔克(Otto von Gierke)指出，法律也存在于社会交往中，一代人之后这个观点得到欧根·埃利希富有影响力的重申。[24]20 世纪早期，政治理论家哈罗德·拉斯基(Harold Laski)指出，"你们一元论哲学家告诉我们说，我们不得不承认国家的所有部分都关联为一个和谐的整体……这种统一体具有逻辑必然性……在最终意义上，多元主义因而是不可能的"。[25]拉斯基警告，这种一元论国家学说与绝对主义具有亲和性："因此一切秩序都在于'多样性'听命于'统一性'，若非'一'统治着'多'并将'多'指引向唯一的目标，永远且任何地方都不会存在许多人共享的目的"。[26]实用主义哲学家约翰·杜威批评国家法一元论是一种未能解释国家内部和国家之间诸多变化的抽象学说。[27]基于这一立场，他断言"政治组织的基本特征就

23　对杰里米·边沁的引用，参见赫伯特·哈特(H.L.A. Hart)，"边沁论主权"(Bentham on Sovereignty)，载于《爱尔兰法学家》(*Irish Jurist*)第 2 期(1967 年)，第 327、333 页。

24　参见奥托·基尔克(Otto Gierke)，"国家法基本概念与新近国家法理论"(Basic Concepts of State Law and the Most Recent State Law Theories)，载于《威斯康星大学社会科学与历史研究》(*University of Wisconsin Studies in the Social Sciences and History*)第 25 期(1935 年)，第 158、182 页；乔治·海曼(George Heiman)，《奥托·基尔克、联合体与法律：基督教的古典与早期阶段》(*Otto Gierke, Associations and Law: The Classical and Early Christian Stages*)，多伦多：多伦多大学出版社 1977 年版(Toronto: University of Toronto Press 1977)。

25　Harold Laski, "The Sovereignty of the State", 13 *Journal of Philosophy* 85, 87–88 (1915).

26　同上注，第 87 页。

27　参见约翰·杜威(John Dewey)，《公众及其问题》(*The Public and Its Problems*)，佐治亚州雅典：斯沃洛出版社 1954(1927)年版(Athens, GA: Swallow Press 1954 [1927])，第 2 章。

是时间和地域上的多样性"，[28]并且倡导"一种多元主义国家观"。[29]

8　　　法学家援引国家法一元论学说以及主权理论来证成一系列可疑的主张与行动。过去，主权和法律一元论观点是移民国家中西方殖民活动、夺取土地以及枉顾原住民法律的行径的主要辩护理由。今天国家法一元论是法学家广泛持有的判定如何正确构成法律体系的一种默认标准，认为任何偏离这一学说的法律体系都具有内在缺陷，需要修正。

　　　本书的一个目标就是驱散这种国家法一元论立场。在展现历史与当下的一幕幕图景后，我指出国家法一元论在描述层面不准确，在理论层面不成立，并且在规范层面的运用是成问题的。第 1 章讨论过往两千多年来的帝国，它们在确立帝制统治的同时却又保留了社群法；中世纪欧洲去中心化的法律多样性；奥斯曼帝国的米勒特（*millet*）制度，在其治下的人民适用自己的宗教法与制度；欧洲列强在遥远岛屿设立的很好地保留到 20 世纪的域外法院；以及东印度公司，它实施独立的法律体系，并有管理侨民、印度人和伊斯兰人的法院。第 2 章考察欧洲殖民活动，它创造了与先在的习惯法和宗教法共存的移植过来的国家法律体系，并从外部引入大量工人从事种植与开采，带来今天仍然根深蒂固的南半球法律多元主义浪潮。这两章表明国家法一元论是与许多法律形态并不相符的晚近发明。

　　　法律理论家习惯于消除上述这样的反例，好像这些例外、偏差

　　28　参见约翰·杜威（John Dewey），《公众及其问题》（*The Public and Its Problems*），佐治亚州雅典：斯沃洛出版社 1954（1927）年版，第 47 页。

　　29　同上注，第 73 页。

或败坏并没有挑战他们理所当然地视为法律核心情形的国家法一元论学说。法哲学家约翰·加德纳写道，"仍然可能存在一些情形（它们甚至在统计意义上占据优势），并没有呈现出使得核心情形成为核心情形的所有特征，但这恰是核心情形含义的一部分"。[30]同样，丹尼斯·加里根（Dennis Galligan）评论说，"理论家应当关注败坏的、不良的、例外的或边缘的法律体系，但这么做后，有可能得出的结论是……它们对这个概念没有影响"。[31]一位法律理论家会如此总结：南半球的法律多元主义与法律的历史实例独特且有趣，但却会被判定为不良或败坏的，并不构成质疑国家法一元论立场的充足理由。可是法律理论家所构想的是一种高度理想化的法律学说，与现实并不一致。

考察愈加深入，法律多元主义立场就愈发难以消除，第3章和第4章转向讨论西方法律体系，旨在展现一种对立于国家法一元论立场的法律多元主义语境。第3章描述遍布欧洲的罗姆人（吉卜赛人）社群的法律制度；新西兰、加拿大、澳大利亚和美国的原住民法；以及美国和英国的犹太教法院与伊斯兰教法庭。第4章考察美国法律（诸）体系中的国家法，表明法律并不完全是统一的、层级化组织的，这种状况也遍及欧洲高度发达的国家法律体系中。欧盟法与每个国家的法律与宪法共存，前者由欧盟法院以及各国法庭适用，后者由各国宪法及高等法院适用；欧洲人权法院适用的《欧洲人权公

30　John Gardner, *Law as a Leap of Faith* (Oxford: Oxford University Press 2012) 152.

31　Denis J. Galligan, "Concepts in the Currency of Social Understanding of Law: A Review Essay on the Later Work of William Twining", 35 *Oxford Journal of Legal Studies* 373, 392 (2015).

约》（*European Convention on Human Rights*）加剧了这一多元主义的混合。之后，我表明公共、私人以及混合形态的跨国法律和规制在当下层出不穷，其中有许多既不完全属于国家法，也不完全属于国际法。

　　我一再表明，这些各式各样的法律制度在如下两个根本方面与国家法一元论不一致：国家法并没有对社会中的法律构成垄断，国家法也并未被组织为统一的层级性整体。我对法律的正面分析在两个方面取代了国家法一元论学说：表明国家法与得到集体承认的其他法律形式共存；在描述意义上指出，国家法律体系是整个社会中数不胜数的散点分布的法律制度的复合体，它们彼此具有多种关联，虽然不是统一整体，却一起发挥作用。

　　描述法律多元主义的上述实例与变体——它们外在于、内在于国家法且与之彼此交织——旨在说服法律工作者、理论家以及法律和发展工作的实务人员抛开国家法一元论学说，拥抱理解法律的新途径，它承认法律多元主义的无所不在，承认法律在国家体系之中、之间以及之外的多种存在方式。不同类型的法律制度呈现出不同程度的合作、融合、竞争与冲突。

　　去除法律一元论立场，不仅对理论目的而言是重要的，不仅对增进我们理解法律这种社会现象是重要的，还有政策意涵。参与法律和发展活动的法律工作者长久以来假定，遍布南半球的法律有一天将会且应当向统一的国家法律体系发展。本研究提出了大量理由使我们相信，这种想象中的向国家法一元论立场的演变，就算可能，历经许多代人也不会出现。要理解这些情况，就一定要从更适宜当地深层理由而非当下的扭曲视角出发，以更多变和多元主义的方式理解法律。

<h1 style="text-align:center">抽象法律多元主义与
民间法律多元主义的对比</h1>

有关法律多元主义的学术讨论，通常使用格里菲斯最早阐明的法律多元主义"弱立场"和"强立场"之间的区分（梅丽将之重新命名为"古典"立场和"新"立场[32]）。格里菲斯发表其纲领性论文时，法律多元主义这个术语已经被使用了二十多年，指代承认习惯法和宗教法的后殖民社会。他指出，这种"弱"法律多元主义实际上是法律中心主义的一种表现，因为它是国家承认的产物。他说道，"弱立场的'法律多元主义'与作为本文主题的法律多元主义概念无关"，[33] 这就将他的概念与后殖民法律研究明确区分开来。他的论文以"强"法律多元主义为中心，立足一种独立于国家的社会学法律概念——"一种经验性事态，也即一个社会群体内并不属于单一体系的诸种法律秩序的共存"。如梅丽所言，这两种法律多元主义语境"彼此怪异相伴"，因为它们具有不同的目标，且"源自不同的学术传统"。[34]

学者经常使用这种强弱立场之分，赞成格里菲斯的观点，认为只有强立场是真正的法律多元主义，而弱立场则不是。理论家拉尔夫·迈克尔斯（Ralf Michaels）评论道，"格里菲斯强调法律的特征

32　Sally Engle Merry, "Legal Pluralism", 22 *Law & Society Review* 872–74 (1988).

33　格里菲斯（Griffiths），同前注 12，第 8 页。

34　梅丽（Merry），同前注 2，第 874 页。

不应取决于国家认同这一观点，在法律多元主义文献中极富影响力"。[35] 这一强弱之分尽管成功，却有瑕疵且引人误解。本书涵盖的许多法律多元主义情境都不符合他在国家承认（弱立场）与独立于国家的法律（强立场）之间的二分法。习惯法和宗教法通常借助持久的文化过程独立存在，且国家出于诸多理由承认它们，且通常以正式和非正式方式与之彼此交织。此外，这种强弱之分的融贯性还取决于他有关法律的科学观，如格里菲斯后来否定法律多元主义（个中缘由参见第 5 章）时自己逐渐承认的那样，这种法律观是行不通的。[36]

　　一个更富有启发性的区分是我说的"抽象法律多元主义"和"民间法律多元主义"，我将在第 5 章详细阐发这一点。抽象法律多元主义是社会科学家和法律理论家的产物，他们的目标是提出一种有关法律的科学或哲学理论；[37] 社会—历史角度理解的民间法律多元主义聚焦社会中人们集体承认的法律形态，这会随时间流逝而迁移改变。我会详尽说明有关法律的科学和理论概念与法律多元主义都为不可破解的难题所苦。本书阐发并运用的是基于社会—历史视角的民间法律多元主义。

35　Ralf Michaels, "Law and Recognition—Towards a Relational Concept of Law", in Nicole Roughan and Andrew Halpin, eds., *In Pursuit of Pluralist Jurisprudence* (Cambridge: Cambridge University Press 2017) 99.

36　John Griffiths, "The Idea of Sociology of Law and Its Relation to Law and to Sociology", in Michael Freeman, ed., *Law and Sociology* (Oxford: Oxford University Press 2006) 63–64.

37　John Griffiths, "The Division of Labor in Social Control", in Donald Black, ed., *Toward A General Theory of Social Control*, vol. 1 (New York: Academic Press 1984) 39.

　　抽象法律多元主义有许多版本，但它们共享着基本的相似性。首先，每种理论表述或判定一种法律的概念或定义。这些法律概念可被分为两大类：作为社会群体内规范性秩序的法律，以及作为制度化规范实施的法律。抽象法律多元主义的另一个共性是他们关注的多元性是理论上界定的单一法律形态的多重性，而非不同类型法律的多重性。还有一个特征是每种理论选取一种独特的社会现象（规范性秩序、制度化规则体系）并将之命名为现在理论上所说的"法律"。这种操作引发了第三个共性：所有版本的抽象法律多元主义都会由于涵盖不具有法律样态的社会现象而涵盖过度。梅丽在她回顾法律多元主义时提出了这一棘手的问题："在哪里我们不再谈论法律，发现自己完全是在描述社会生活？"[38] 根据我在第 5 章阐释的理由，在她警示这一问题的 30 多年后，法律多元主义今时今日依旧为此所苦。

　　民间法律多元主义以不同方式展开，并提出一种完全不同的法律多元主义学说。它并没有提出一种科学的或哲学的法律概念。法律完全是一种民间概念。民间法律多元主义判定法律的方式，是探究人们在给定社会领域中通过自己的社会实践将何物承认和视为法律（*Recht, droit, lex, ius, dirittto, prawo*，等等）。沙里亚和哈拉卡（Halakhah）都是法律，因为伊斯兰人和犹太人分别承认它们是法律。抽象的法律多元主义聚焦被界定为法律的单一现象的多重性，民间法律多元主义与之相对，同时涉及社会中人们集体承认的不同形态法律的多重性（国家法、习惯法、宗教法等），以及同一

12

38　Sally Engle Merry, "Legal Pluralism", 22 *Law & Society Review* 878（1988）.

种法律的多重性。这种方法并不是给社会现象重新命名，而是接受社群中人们集体识别的法律，因而它并不会罹患涵盖过度之痛。

这些彼此对立的预设、方法与取向还生发出一系列重要的差异。抽象法律多元主义源自对法律典范类型的抽象，旨在得出一种具有一系列固定典型特征的单一概念或定义，声称为一切语境中具有法律属性的事物提供标准。相反，我运用于民间法律多元主义的社会—历史理论视角并没有提出一种由单一系列典型特征构成的抽象法律概念，而是认可得到集体承认的法律表现形态会随着时间流逝与周遭社会、文化、经济、政治、技术与生态环境相连而剧烈演化与改变。[39] 相较在自由民主制度中，伊斯兰教法在伊斯兰神学中呈现出不同的形态。约翰·杜威评论说，与抽象的国家法一元论相反，上述视角包含着"一以贯之地从经验或历史角度看待政治形态与制度中的变迁，免于任何凌驾一切的概念性支配，诸如后者，在预设一个'真实'国家时是不可避免的"。[40]

本书的一个目标就是揭示抽象法律多元主义显露的这些无法解决的问题，并证明从社会—历史角度理解的民间法律多元主义的合理性。本书前四章运用民间法律多元主义立场而不受理论难题牵绊，表明了这一立场的有用性。第 5 章将详细阐明围绕抽象法律多元主义和民间法律多元主义展开的概念议题。这里仅仅指出，有关法律多元主义的大部分困境都是抽象法律多元主义导致的。

13

---

[39]　有关这种法律观点的论述，参见布莱恩·Z.塔玛纳哈（Brian Z. Tamanaha），《法律的概念：一种现实主义视角》（*A Realistic Theory of Law*），纽约：剑桥大学出版社 2017 年版（New York: Cambridge University Press 2017）。

[40]　杜威（Dewey），同前注 27，第 46 页。

社群法、政权法和政权间法

如下三个范畴有助于在本书处理的许多不同情境中讨论法律：（1）社群中处理财产、人身伤害、结婚、离婚、性禁忌、继承、债务和义务以及其他事务的社会互动的基本法律与制度；人们在日常社会互动中使用的规则体系；（2）构成、维持和实施执政的权力的法律，包括税收和关税、强制劳动和兵役、反对暴乱的法律、边境管控及更多事务，同时执政的政权通常居于其他子政权之中，抑或在整体或部分上包含其他子政权；（3）处理组织化的政治体间或跨政治体的事务的法律，包括国家法、国际法和跨国法。这些范畴基于对长时间内不同语境中大众法律现象观察的粗略区分。简便起见，我描述性地将这些范畴相应地表述为社群法（*community law*）、政权法（*regime law*）和政权间法（*cross-polity law*）。*

---

* 这三个概念或法律类型分类贯穿全书，有必要对其翻译稍加解释。"community"在英文语境中往往和"state"以及"society"相对。它作为一个学术概念，可能最早起源于亨利·梅因在1871年出版的著作《东方与西方的村庄共同体》（*Village-Communities in the East and West*）。1887年德国社会学家费迪南·滕尼斯出版的《共同体与社会：纯粹社会学的基本概念》（*Gemeinschaft und Gesellschaft: Grundbegriffe der reinen Soziologie*）一书专门区分了"Gemeinschaft"和"Gesellschaft"这两种生活方式。其中前者对应于"community"，后者对应于"society"。在翻译中，"community"大多被译为共同体、社区或社群。本书中"community"一词指的是生活在特定历史、文化、经济、生态、技术以及政治语境下的群体，相较于侧重空间面向的共同体或社区，译者选择"社群"来翻译这个概念。"regime"和"polity"都指的是特定地域中的政治组织，它未必是国家，但是具有一定权威并统领一定数量的人口。在和作者的交流中，作者解释说这两个概念其实是同义的，但是侧重不同，因此选择用不同词语来表达："regime"比较强调领域内占据统治地位的权力，它可以是某种实体或群体；"polity"比较强调不同的政治单位。因此，出于概念表达的简洁，我将这两个词都翻译为"政权"，因为在中文中这个

　　法律多元主义过往和当下的许多表现形态，都涉及上述三个法律范畴表现形态之中以及之间的关联。整个欧洲在 16 世纪开始加速的国家体系的巩固，受到国家律政官员的共同推动，他们的目的是将社群法、政权法以及政权间法都纳入统一的领土国家。统治同质性社会的政权发现更容易制定适用于所有人的全面、统一的行政法、刑法与民法。统治不同文化和宗教社群构成的人口众多的异质性社会的政权，必须以某种方式正式或非正式地协调这些社群间的法律差异。

　　法律多元主义在本书中一再出现的一个尤为丰富的渊源，就是与政权法共存的社群内社会交往的基本法律与制度所具有的韧性（resilience）。帝国自始至终在历史中实施服务于执政政权目标的法律，同时并不干涉社群法。这一历史的不同版本出现在欧洲对非洲、中东、亚洲和太平洋的殖民过程中。它的遗产今天依旧存在，如世界银行法务部提交的一份报告所说：

　　　　在许多发展中国家，国家制度外运作的习惯体系通常是占据主导地位的规制和纠纷解决形式，覆盖非洲多达 90% 的人口。比如，在塞拉利昂接近 85% 的人口受到习惯法裁判的管辖，这些习惯法在其宪法中被界定为"根据习俗，可适用于塞

词既有"权力"的意思，也有掌握权力的"政治体"的意思。此外，有必要对"cross"稍加解释。在本文中，"cross-polity law"一词指的是类似于我们通常意义上的跨国法与国际法。"cross"本义指的是一种事物延伸向与自己不同的事物，或某种事物横跨多个不同的事物。但是由于在书中还会有"transnational law"的表述且它与"全球法""国际法"意思相近，译者就将之称为"跨国法"而将"cross-polity law"称为政权间法，以突出这类法律处于政治体或政权之间而非之内的特征。——译者

拉利昂特定社群的规则"。在大部分非洲国家中，根据习惯法的土地占有，覆盖 75% 的土地，影响了像莫桑比克和加纳这样的国家中 90% 的土地交易……在这些国家中，有许多国家的司法体系看起来几乎完全独立于官方国家体系运作。[41]

上述情形在两重意义上是多元主义的：一国领土内多种社群并肩存在，每个社群都遵循它们自己的习俗或宗教（社群）法；国家（政权）法针对同样事务制定自己的法律体系，习惯法和宗教法通常与之有别。

　　承认法律的表现形态会因为与周遭因素的关联而有所改变，使得法律即便会历经变迁，我们也有可能观察到其内容的连续性。试想小规模狩猎采集社会中的习惯法通常与制度化的法律实施无关；在诸如酋邦和早期国家这种人口更多的组织化社会中，社群法由统治政权确立的制度实施。前一种情形是没有政权法的社群法；后者是包含社群法的政权法。政权间法也会随着时间变迁：几千年前以两个政治体间特别盟约面目出现、处理使者和外国商人等事务的东西，在今天包含了大量政治体之间和跨政治体的规制活动。连续性和变迁也出现在与周遭环境相关的特定法律内容中。犹太人社群法——犹太教法院实施的哈拉卡——两千多年来一直从属于统治政权的一系列政策：从压制到被忽略再到得到承认和实施。面对这些个同的政策和制度安排，无论是隐秘的还是有国家政权支持的，许 15

41　Leila Chirayath, Caroline Sage, and Michael Woolcock, *Customary Law and Policy Reform: Engaging with the Plurality of Justice Systems* (World Bank Legal Department Paper 2005) 3.

多犹太人社群一直继续遵循哈拉卡生活。

　　社群法、政权法以及政权间法的不同形态都植根于传统，体现在存续的制度中，并随周遭影响因素不停地演变。民间法律多元主义按照每种法律形态自身样态来理解它们，遵循它们的历史发展轨迹，考察它们与社会中周遭文化、社会、经济、生态、技术以及政治因素的关联（或分离），并关注它们在同一个社会领域中与其他法律形态的互动。这一视角能够丰富对法律多元主义的理解。

法律多元主义提要

　　本节简单的提要有助于为下文探索法律多元主义奠定基础。35 年前我动身前往密克罗尼西亚联邦的雅蒲去担任一个刚刚独立国家的司法部长助理。这个国家脱胎于先前由美国管理的太平洋岛屿托管地。它在国家层面的法律与法律体系都移植自美国，几乎所有律师和高等法院法官都在这一体系中工作，他们主要负责政府事务和商业活动，偶尔也包括重大犯罪活动。但在村庄的日常社会交往中，人们主要遵循酋长掌管的习惯法，它涵盖的事务包括财产、结婚、离婚以及人身伤害，通常是用并不在国家法之中的术语表述。人们几乎对以他们并不理解的美国法律术语写就的国家法一无所知，并且在外岛中国家法律体系实际上压根儿就没现身。国家和国家宪法虽然正式承认了习俗与传统，与之互动却有限。社群中遵循的习惯法和主要负责政府事务与重大商业贸易的国家法律体系之间呈现出事实上的区分（尽管这一区分并不明确或固定）。虽然一些情况下两种体系会发生直接冲突，但在大部分情况下，这种制度合作是密切的。

在相距一个月的时间里，发生了两起不同的十几岁青少年强奸女孩的事件。之后，受害者各自所属的社群在习俗中的集会上碰面，商讨应当如何处置。集会中传统首领决定这些男孩必须受到惩罚——于是受害者的亲属和社群中其他人狠狠地揍了这些男孩。[42] 16 一个男孩满脸是血，胳膊断了；另一个被打到失去意识，住了五天医院（后者受到的惩罚更重，是因为他的受害者社会地位更高，这加重了他的罪行）。传统的调解仪式随后展开，这一问题在社群内部得到解决。

一位国家检察官追踪这几起事件，对这两个男孩提出强奸罪的控告。男孩们承认了自己的罪行，并进入审判环节。当习惯法中的惩罚得到执行后，国家律政官员一般并不会提起刑事起诉，因为习惯法在社群中已经对该问题处理完毕，但这次提出控告是因为根据《刑法典》这是要求起诉的重罪。可受害人的家庭在国家诉讼程序中站在被告人的一边，认为这些男孩已经受到与之相称的惩罚。一位被告人的律师辩护说"根据习惯法，殴打已经（使他）完全复归于社群"。[43] 理查德·本森（Richard Benson）法官（美国侨民）宣判两

---

42 有关这个案件的讨论，参见布莱恩·Z. 塔玛纳哈（Brian Z. Tamanaha），"法律与社会在密克罗尼西亚的斗争：原旨主义误入歧途的一个例证"（A Battle Between Law and Society in Micronesia: An Example of Originalism Gone Awry），载于《泛太平洋地区法律与政策期刊》（*Pacific Rim Law & Policy Journal*）第 21 期（2012 年），第 295 页。合并报道的案件塔默德诉密克罗尼西亚联邦（*Tammed v. FSM*）、塔曼格罗诉密克罗尼西亚联邦（*Tamangrow v. FSM*）描述了这些事件，参见密克罗尼西亚联邦最高法院上诉庭 1990 年 7 月 17 日第 Y1—1988 号判决（App. No. Y1-1988），载于其最高法院判决卷宗第 4 卷（1990 年上诉庭），第 266 页〔4 Intrm. 266（App. 1990）〕。

43 同上注（卷宗），第 5 页。

个男孩两年监禁。他拒绝考虑习惯法的惩罚，因为他并不想传达如下信息，即人们能够"在他们自己的土地上执行法律"。[44] 这一表述意味着受害人家属与社群中其他人是作为义务警员行动，而非代表社群执行正当的习惯法惩罚。

在上诉审中，最高法院的裁判是由于宪法条款承认习俗和传统，习惯法的惩罚应当被视为量刑的从轻情节。比这一结果更具说服力的是法官爱德华·金（Edward King，美国侨民）对于上述事件的理解。金法官以不无疑虑且并不赞同的口吻描述村民们的行为："两位被告都遭受了自视为出于某种原因代表受害人及其社群的人们的凶狠甚至野蛮的殴打。"[45] 他主张国家法地位至高无上且具有排他性的一元论立场：

17　　　　由于接受《人权宣言》是《密克罗尼西亚联邦宪法》的一部分，并因此是这片土地上至高无上的法律，密克罗尼西亚人民同意规定司法机关负有如下义务的诸种原则，特别是确保逮捕是基于正当条款的，裁判是公正作出的，对不良行为的处罚要与罪行相称且满足既定标准的义务。[46]

金法官谴责国家律政官员在习惯法惩罚与调解完成后没有提起诉讼的政策：

44　*Tammed v. FSM, Tamangrow v. FSM*, App. No. Y1-1988（July 17, 1990），4 Intrm. 5-6（App. 1990）.

45　同上注，第6页。

46　同上注，第24—25页。

　　　　这个行为无疑等同于用习惯法惩罚取代了宪法和国家法典规定的司法程序与惩罚。在雅蒲司法部的政策下，殴打不再仅仅是一种习惯法惩罚，还完全是针对这一特定罪行的正式国家审判与处罚。授权这一惩罚的传统首领，以及实施这一惩罚的村民，或许通过这一许可而成为政府职员或长官。[47]

　　国家法并非密克罗尼西亚唯一的法律形式（在金法官看来），因此金法官推理说，如果国家律政官员承认社群实施的习惯法惩罚，实际上意味着这种惩罚构成了国家的法律行为。这位法官提出了一个呼之欲出的警告：如果这些律政官员继续遵从习惯法惩罚，国家就可以被起诉违反公民权。[48]

　　从社群角度来看，包括受害者与被告人在内，这种惩罚是合适的习惯法回应，它直接解决了问题，没有诉诸国家法律体系。雅蒲的习惯法得以存在，并不取决于成文宪法中有个（由一位美国法律界人士起草的）条款承认习俗与传统这个事实，而是因为自他们记事起就根据这一法律开展日常社会交往。毫不夸张地说，这就是他们的法律，源自他们通过自己的理解与行动的集体创造——这不同 18 于移植而来的掌管法律的国家法律体系，后者掌握在来自另一个社

　　47　*Tammed v. FSM, Tamangrow v. FSM*, App. No. Y1-1988（July 17, 1990），4 Intrm. 39（App. 1990）.

　　48　在退休后撰写的讨论该案的一篇文章中，金法官承认他的目的是用承担责任来威胁国家官员，迫使他们不再遵从习惯法的惩罚。爱德华·C. 金（Edward C. King），"密克罗尼西亚联邦的习俗与宪制"（Custom and Constitutionalism in the Federated States of Micronesia），载于《亚太法律与政策杂志》（*Asian-Pacific Law & Policy Journal*）第 3 期（2002 年），第 249、278 页。

会的官员手中，使用的是他们无法理解的技术化法律语言与程序，他们的生活并不依赖于它。

　　法律多元主义复杂且凌乱，挑战着得到广泛认同的国家法一元论学说所提出的基本假定。法学家与法官通常持有且提出有关法律的一元论假设，但社群成员可能集体承认与国家法一同运作的其他正当法律形态。仅仅由于国家律政官员宣称自己垄断了法律，这种垄断并不必然会产生。法学家有时难以超越自己的法律学说与建构。读者必须对不熟悉的事物抱持开放态度来欣赏本书展现的多姿多彩的法律共存样态及其意涵。

第1章　历史语境下的法律多元主义

　　"法律多元主义"的现象尽管已在许多环境中存在了长达千 年之久，但这一概念却直到半个世纪以前仍鲜有提及。历史学家简·伯班克（Jane Burbank）和弗里德里克·库珀（Frederick Cooper）解释说："不同形态的法律多元主义（不同群体具有的不同规则，被授予来解释和实施这些规则的权威——多种且时有冲突的管辖权的共存）所具有的规范性，在一定程度上解释了为什么统治者、法律理论家、有政治意图的探险家、神学家和其他著述者在当时看起来不需要这样一种概念，或认为它不值得讨论。"[1] 不仅法律的多种形态共存是一种常见情形，而且法律在领土国家中得到巩固之前，并没有其他可供法律多元主义形成的背景。这就好比是如果鱼没有经历第一次跃出水面与空气相遇，就不会体验到水这种介质的意味一样。

　　本章旨在重拾法律多元主义的一种历史常态感。过去几个世纪以来的一个关键转变就是从依附于个人所属社群的法律，转向主张垄断法律的领土国家——这是一个漫长的工程，以存在较多例外

　　1　Jane Burbank and Frederick Cooper, "Rules of Law, Politics of Empire", in Lauren Benton and Richard Ross, eds., *Legal Pluralism and Empires, 1500–1850* (New York: NYU Press 2013) 279.

为特征，且尚未彻底完成。本章会追溯这一转变的过程。在此转变之前，当时被广为接受但现在基本已被忘却的观点认为，每个人都有资格得到他们社群法律的裁判。当时这种法律由于附属于每个人而被称为"属人法"，但我会在描述意义上将之称为"社群法"，以便能够同其他语境展开比较。首先要理解的是作为法律多元主义熔炉的帝国，我会以罗马帝国为例。接下来我会讨论中世纪鼎盛时期的法律多元主义。这之后是国家逐步确立的缓慢过程，在此期间它将其他形态的法律吸收进自己的领域，不过并非全盘照搬。然后我会依次处理现代早期的三种法律多元主义语境：奥斯曼帝国的米勒特制度、治外法权以及英国东印度公司在印度建立的多元法律体系。

帝国如何创造法律多元主义

千百年来帝国塑造了人类社会。帝国是这样一种政治体，它拥有一个支配边缘地带诸多政治体的帝国中心或大城市。[2] 它们横跨陆地或海洋上的大面积领土，由具有多元语言、民族、宗教、技术层次、生态体系、政治组织形式以及生活方式的人口聚合而成。帝国从下属政治体汲取财富和资源的方式包括税收、朝贡、强制劳动（兵役征募、强迫劳役、奴隶制度）、针对在有利于统治地位政治体条件下开展的商业活动征收关税，以及普遍地征用和攫取它们想要

2　参见苏珊·雷诺（Susan Reynolds），"帝国：比较史的一个问题"（Empires: A Problem of Comparative History），载于《历史研究》（*Historical Research*）第 79 期（2006 年），第 151、152 页。

的事物。帝国权威的扩张最初往往通过暴力军事征服实现，并以建立当地同盟和王朝联姻为辅助手段，之后则是通过安抚和常态化的帝国管控。

每个帝国都建立起自己独有的制度安排，但由于面临着共同挑战，它们共享着某些统治模式。它们必须建立起有效的资源汲取体系，实施一种行政结构，确立起贯通边缘地区和帝国中心的交通与通信基础设置，并在数量上超过帝国中心的多种民族所在的广袤地域中维持权威。[3] 大英帝国在其鼎盛时——"日不落时期"——包含非洲的大片土地、中东和近东的广袤领域、印度次大陆、马来半岛、中国香港地区、澳大利亚与新西兰、加拿大以及太平洋和加勒比海中许多群岛。仅在 19 世纪中叶的印度次大陆，五万英国人统治着一亿五千万人，[4] 远超其他英国统治地区中数以百万计的人口。

帝国一般通过帝国代表构成的行政机构实施统治，借助利用当地（既有的或新上位的）精英及其统治网络、借助削弱或强化现有的分裂与竞争（语言、民族、宗教、种姓、阶级等）来阻止统一反抗。从直接统治到间接统治都是帝国的管理策略。[5] 直接统治成本高昂，

---

[3] 有关帝国的文献很多。我的分析主要受惠于简·伯班克和弗里德里克·库珀（Jane Burbank and Frederick Cooper），《世界史中的帝国：迥异的权力与政治》（*Empires in World History: Power and Politics of Difference*），普林斯顿：普林斯顿大学出版社 2010 年版（Princeton: Princeton University Press 2010）；希瑟·斯特里斯-索尔特和特雷弗·R. 盖茨（Heather Streets-Salter and Trevor R. Getz），《现代世界中的帝国与殖民地：全球视野》（*Empires and Colonies in the Modern World: A Global Perspective*），纽约：牛津大学出版社 2016 年版（New York: Oxford University Press 2016）。

[4] 斯特里斯-索尔特和盖茨（Streets-Salter and Getz），同前注 3，第 278 页。

[5] 参见上注，第 272—275 页。斯特里斯-索尔特和盖茨界定了四种统治模式：直接统治、间接统治、责任制统治（移民者社会）和代理统治（私人公司）。

需要巨大的人力资源。帝国的强权清除掉原有的政治精英，代之以建立和执行新设立的经济、政治与法律制度的帝国行政官。心怀同化主义野心试图完全吸纳边缘地区的帝国，会实施直接统治——确立一种无所不包的统治和法律结构，大量重新安置源自大城市的人民以统治边缘地区的人口，同时杀戮、排挤或驱逐该地区原有的居民。

许多帝国没有全盘吸纳边缘地区——这不仅成本高昂，而且需要巨大的人力资源和持久不懈的努力——而是实施间接统治并将重点放在政治控制与经济剥削之上。这种策略依赖于笼络和犒赏地方领袖，同时保持原有政治附属结构和通行法律原封不动。帝国制度支持当地精英为了彼此互利而服务。在目睹了历史上成功的帝国后，马基雅维利在《君主论》（*The Prince*, 1513）中建议通过间接统治来掌控广袤的领土，支持子政权为帝国服务，它们会因地位得到提升而感到高兴。[6]"允许他们依据自己的法律生活，强制他们纳贡并在那里建立一种寡头制度，这会使得该国与你友好和睦。"[7]

罗马帝国及其后的属人（社群）法

"在古代法中，属人原则占据主导。"[8]"部落法中最重要的就是

6　尼科洛·马基雅维利（Niccolo Machiavelli），《君主论》（*The Prince*），彼得·邦德内拉（Peter Bondanella）编译，牛津：牛津大学出版社 2005 年版（Oxford: Oxford University Press 2005），第 11—12 页。

7　同上注，第 19 页。

8　G.C.J.J. van den Bergh, "Legal Pluralism in Roman Law", 4 *Irish Jurist* 338, 343 (1969).

属人法。无论这个人是旅行还是定居，法律都附随着他……法律类 22
似于宗教，是个人拥有的事物。"[9]基于这种观点，"每个人在任何地
方都有资格得到他'宣称遵循'的部落法的裁判"。[10]这便是我所说
的社群法。

　　罗马帝国包括英国的一部分、西欧大陆的大部分地区、希腊、
中东以及北非，完全环绕着地中海。随着时间一点一滴过去，罗
马帝国变得更具同化主义，开始实施直接统治并扩展了罗马公民
权的授予，"强烈想要将公民的属人法转变为整个帝国的普遍法
律"。[11]罗马法中的市民法（*ius civil*）仅适用于罗马公民；万民法（*ius
gentium*）则被视为所有民族的共同法律（是自然法的一部分），主要
涉及商业法和国际法的一些内容。[12]除了这些法律形态，"如果可
以避免的话，罗马人原则上不会干预地方社群；每个人以自己传统
的方式依据他自己的法律生活"。[13]

　　在边远地域，罗马法院在数量上并不多，所以在许多地方唯一
的裁判地点就是一个适用原住民法律的原住民法庭。但即便是这
些地域的罗马法院也会承认和适用地方法律，依靠原住民法律专家

　　9　Simeon L. Guterman, "The Principle of Personality of Law in the Early Middle Ages: A Chapter in the Evolution of Western Legal Institutions and Ideas", 21 University of Miami Law Review 259, 271–72 (1966).

　　10　Max Weber, *Economy and Society*, vol. 2, edited by Guenther Roth and Clause Wittich (Berkeley: University of California Press 1978).

　　11　古特曼（Guterman），同前注9，第259、273页。

　　12　Ernest Barker, "Translator's Introduction", in Otto Gierke, *Natural Law and the Theory of Society 1500–1800* (Boston: Beacon Press 1957) xxxvi–xxxvii.

　　13　范登堡（Van den Bergh），同前注8，第343页；古特曼（Guterman），同前注9，第295页。

确证可适用的法律；在废除了地方法院的埃及，罗马法院在基本问题上适用既有的希腊和埃及法律，这些问题包括家庭、继承、财产、合同和一些既有的程序和立法等，甚至当这些法律与罗马法对立时也会得到适用。[14] 罗马法脱胎于专业的法学家，最初认为习俗是由于传统的厚重而具备权威的一种事实；后来逐渐承认习俗是一种法律形态。许许多多的日耳曼人迁徙到罗马领土给罗马军队效力，他们被允许依据自己的社群法而非罗马法安排个人事务，这与属人原则相一致。[15] "外国法律实践在他们（罗马当权者）看来，涉及殖民地的管理，他们以自己的一贯方式对待这种实践，也即是纯粹实用和极为自由的，只要不会牵涉对其政治权力的威胁。"[16]

23

　　有关社群法与政权法之间变化发展的关系，富有启发的一个例子就是罗马法对犹太教法的处理。在接管巴勒斯坦地区后，犹地亚被承认为罗马的一个行省，"地方长官坚持着地方犹太教法律制度处理民事诉讼的原则"，[17] 这增进了罗马的如下想法，即避免激起反抗其统治的对抗。在早先犹太人的叛乱被扑灭后，罗马官方不再承认犹太人是一个市民实体，但基于属人原则，他们在犹太人之间的民事案件中由罗马或犹太教法院（它们拥有共同管辖权）适用犹太

14　参见约瑟·路易斯·阿朗索（Jose Luis Alonso），"罗马帝国的习惯法和法律多元主义：外来法在埃及的地位"（Customary Law and Legal Pluralism in the Roman Empire: The Status of Peregrine Law in Egypt），载于《法律莎草纸古文稿学杂志》（*Journal of Juristic Papyrology*）第 43 期（2013 年），第 351 页。

15　古特曼（Guterman），同前注 9，第 273 页。

16　范登堡（Van den Bergh），同前注 8，第 345 页。

17　Alfredo Mordechai Rabello, "Jewish and Roman Jurisdiction", in N.S. Hecht, ed., *Introduction to the Sources and History of Jewish Law* (Oxford: Oxford University Press 1996) 144.

教法律的资格依旧得到承认。[18] 同样的处理方式也发生在罗马领土内的希腊、埃及和叙利亚地区。即便在公元 212 年罗马公民权由于诏令而扩展到帝国内所有自由的男性居住者，犹太人仍旧由适用犹太教法律的犹太教法院管辖。公元 4 世纪早期在罗马帝国基督教化之后，罗马官方不再承认犹太教法院，可是它依旧裁断宗教事务。罗马法院管辖刑事与民事诉讼，但犹太人可以根据意愿在作为仲裁者发挥作用的犹太教法院打官司。[19] 通过罗马帝国与犹太人在政治关系上的诸多发展变化，与犹太人社群法紧密相关的属人原则事实上依旧得到保留，尽管它受到了官方的约束。

在公元 5 世纪诸多日耳曼部落的连续入侵下，罗马帝国分崩离析，但属人原则得以延续。除了没有属地权威外，罗马法在帝国崩溃后依旧是属人法。[20] 在西哥特人的统治下，法院要在罗马人之间的诉讼中适用罗马法（包括刑法的某些内容），但哥特人之间或罗马人与哥特人之间的案件则适用哥特法。[21] 公元 8 世纪的法兰克人（利普里安人）对官员的教导使得这一点显露无遗："对于这里居住的全部人口来说，即法兰克人、罗马人、勃艮第人以及其他民族，应当在你的统治和管理下良好地生活与起居，祝愿你能够根据他们的律法和习俗指引他们走向正途。"[22] 在中世纪早期，"被告在法院中被起诉时需要回答的第一个问题"就是 "Quale lege vivs？（什么是你的 24

18　Alfredo Mordechai Rabello, "Jewish and Roman Jurisdiction", in N.S. Hecht, ed., *Introduction to the Sources and History of Jewish Law* (Oxford: Oxford University Press 1996) 145–47.

19　同上注，第 153—154 页。

20　参见古特曼（Guterman），同前注 9，第 271—272 页。

21　同上注，第 277—281 页。

22　引自一个法兰克敕令。同上注，第 286 页。

法律？)"[23]，甚至刑法都承认属人法："如果他被定罪，就要遭受他的国家的法律中所指明的惩罚，而非利普里安人法律中规定的惩罚。"[24]

　　无论是在罗马还是日耳曼治下，以及中世纪及其后，都不存在国家垄断法律的观念，也没有领土内法律必须统一的观念。除非与统治制度的利益相悖，否则依旧按照自己既有的习俗与宗教法制度生活，它包括结婚、离婚、继承、财产、人身伤害、债务与协议等大量法律。单一体系无法像现代法律体系声称的那样处理所有事务，无论是行政的、刑事的还是民事的。法律受到不同权威（帝国的、王室的、宗教的、封建的、地方的、村落的）、不同群体（民族的、文化的、宗教的）、不同联合体（商人的、行业的）分割，并依标的而分化。伴随包括新建立的神圣罗马帝国以及普遍的罗马天主教会在内的新型政治—法律权威在整个欧洲的确立，这一过程持续了几个世纪，繁荣了法律多元主义。

中世纪鼎盛时期的法律多元主义

　　在整个中世纪，法律被视为形成不同法律秩序的社会群体与联合体的产物。如马克斯·韦伯所说，这些群体和联合体"的成员权要么是由出生、政治、民族或宗教教派、生活与职业形态这类客观

　　23　Claudia Storti, "Ascertainment of Customs and Personal Law in Medieval Italy from the Lombard Kingdom to the Communes", 24 *Journal of the Max Plank Institute for Legal History* 257, 259 (2016).

　　24　古特曼（Guterman），同前注9，第287页。

特征构成，要么源自显而易见的彼此交往过程"。[25] 在中世纪的后半叶，大概是 10 世纪到 15 世纪这段时间里，[26] 出现"许多形态独特的法律，它们时而彼此竞争，时而互有重合，总是带来不同的传统、管辖权以及运作模式"。[27] 这些法律类型包括帝国与王室的敕令与法规、宗教法、部落与地方上的不成文习惯法、成文的日耳曼法、残留的罗马法、市政律法、商人以及同业公会的法律，还有英国的普通法，欧洲大陆上《优士丁尼法典》在 12 世纪复兴后法学家的罗马法。法院的类型包括各式各样的帝国与王室法院、教会法院、庄园主或领主法院、村庄法院、城市中的市镇法院、商事法院与同业公会法院。相应的，在这些法院中主事的法官是帝王与国王或他们指派的官员、主教与修道院院长、男爵或庄园领主，抑或他们指派的人、地方上的素人领袖、居于领导地位的市民、商人以及同业公会的成员。这些不同的职位并非完全分离的——许多高级政府官员身处宗教命令之下，同时教会持有具备地方司法职责的不动产。"主教、修道院院长与女修道院院长，作为世俗财产的拥有者，掌控了

25　Max Weber, *Economy and Society*, vol. 2, edited by Guenther Roth and Clause Wittich (Berkeley: University of California Press 1978) 695.

26　有关使这一时期得以产生的诸多发展，一个简洁概述请参见弗里德里克·M. 梅特兰 (Frederick M. Maitland)，"英国法导论"(A Prologue to a History of English Law)，载于《法律评论季刊》(*Law Quarterly Review*) 第 14 期 (1898 年)，第 13 页。

27　安东尼·穆森 (Anthony Musson)，《语境中的中世纪法：从大宪章到农民反抗的法律意识的增长》(*Medieval Law in Context: The Growth of Legal Consciousness from Magna Carta to the Peasant's Revolt*)，曼彻斯特：曼彻斯特大学出版社 1981 年版 (Manchester: Manchester University Press 1981)。有关中世纪法律与国家的详细论述，参见阿兰·哈丁 (Alan Harding)，《中世纪法律与国家的基础》(*Medieval Law and the Foundations of the State*)，牛津：牛津大学出版社 2002 年版 (Oxford: Oxford University Press 2002)。

庄园或领主法庭，尽管不是普遍如此，但他们有时会亲自主持法庭，负责处理与刑事法律和习惯法相关的事务。"[28]

　　韦伯写道，"结果就是出现不计其数的法律社群，它们的自主管辖权彼此重叠，强制性的政治联合体如果曾经存在，也只是这种自主管辖权中的一个"。[29]司法裁判的管辖权规则与有待适用的法律和争议涉及的主体以及标的相关。属人原则将法律与个人的社群或联合体联为一体，在封建制度下财产所有权包含着审判与财产相关之人的权利。"这些法律和法院之间的界限纠纷数不胜数。"[30]管辖权冲突在教会法院中尤为突出，它对个人身份法（结婚、离婚、继承）、道德犯罪以及教会财产与人员主张广泛的管辖权，这些事务通常会与其他法庭的管辖权重叠。此外，特定法庭针对特定案件可以适用不同的法律。"'常常会有五个人同时出现或坐在一起时，没有一个人与另一个人拥有相同法律的情况'，如果相信里昂的艾戈巴德（Agobard of Lyons）这位 9 世纪主教所说的话，那么常见的情形就是我们在同一个王国、城镇或村庄，甚至在同一个屋檐下，会发现有许多不同的习惯法法典生效。"[31]在长治久安的地区，社群的属人法就成为了当地的习惯法。[32]生活在城市中的人们在某些事务中

26

　　28　Anthony Musson, *Medieval Law in Context: The Growth of Legal Consciousness from Magna Carta to the Peasant's Revolt* (Manchester: Manchester University Press 1981) 14.

　　29　韦伯（Weber），同前注 10，第 697 页。

　　30　Raoul van Caenegem, *Legal History: A European Perspective* (London: Bloomsbury 1991) 119.

　　31　John Morrall, *Political Thought in Medieval Times* (Toronto: University of Toronto Press 1980) 17.

　　32　梅特兰（Maitland），同前注 26，第 23 页。

（刑法、程序法）遵从市政法与习惯法，也服从他们所属的社群法。[33]

因此法律多元主义是中世纪生活的一种常态。不同渊源的法律权威按照它们自己的方式得到接受，这包括国王和君主的法律、社群的习惯法、地主阶级的封建法、教会法、市政法以及联合体（同业公会、商人）的法律。没有任何一种法律渊源无所不包，能够在一切事务中优先于其他所有渊源。王室律法很重要，但会受到教会法的竞争，且无法单方变更封建法与习惯法。法律史学者弗里德里克·梅特兰（Frederick Maitland）针对9世纪国王与君主的法律起诉权指出："在一个无法预先界定的领域内，他行使着向自己所有臣民发布命令的权力，并为整个领域或其中任何部分制定新的属地法；可是变更人民中任何一员的法律，原则上都需要得到其同意。"[34]

法律国家的巩固

中世纪的政治与法律结构是完全去中心化的。[35] 在整个欧洲，法律在国家中的确立沿着多种路径、循着不同节奏，历经了好几个世纪。[36] 一个根本性转变，是从中世纪基于关系网的政治与法律制

33　斯托尔蒂（Storti），同前注23，第260页。

34　Frederick M. Maitland, "A Prologue to a History of English Law", 14 *Law Quarterly Review* 26 (1898).

35　Charles Tilly, "Reflections on the History of European State-Making", in Charles Tilly, ed., *The Formation of National States in Europe* (Princeton: Princeton University Press 1975) 21–25.

36　简洁的概述，参见约瑟夫·R. 斯特雷耶（Joseph R. Strayer），《论现代国家的中世纪起源》（*On the Medieval Origins of the Modern State*），普林斯顿：普林斯顿大学出版社1970年版（Princeton: Princeton University Press 1970）。

27　度，变为由履行规定职务与责任的公务员构成的科层制行政。封建法因效忠关系得以确立。这种效忠关系的范围上至贵族与其拥有大量土地的封臣（这些土地在次一等封臣之间通过领地分封进一步得到细分），下至耕种土地的啬夫。它构建起贵族居于顶端的多层次关系网，每个人都处于这个自上而下的相互义务等级序列中，地位低的人要向地位高的人服劳役和纳租，以换得对于土地及其收成的使用或掌控。由于国王自己就是大地主（名义上英国国王是一切土地的所有人），这种关系网成为政治体的筋骨，并与男爵这类举足轻重的政治人物存在关联。此外，国王与男爵的顾问和幕僚都属于家政臣属，薪金来自个人土地的收入以及他们应得的其他收入来源。与外部权力的关系，涉及"广袤的关系网络，它源自重要家庭和贵族或王室家庭为了更多利益而形成的国家之间的纽带，也与这些策略和国内政治制度安排之间的互动有关"。[37]

用现在的话说，中世纪时的政府制度并没有构成一个独特的"公共"领域。"简言之，那时的国家是一个制度体系，一个权力与实践的体系，它的核心特征之一就是在结构上可容纳外来的（如果愿意的话，也是'私人的'）权力与目的，但同时保留着政治组织整体上的统一。"[38]长达几个世纪之久的法律—国家的最终确立，要求有政府财政支持的发展成熟的行政官员，以及执行法律的训练有素的官员所任职的法律机构。

法律在国家中的确立巩固，涉及对如下四种与之竞争的法律权

37　Giogio Chittolini, "The 'Private', the 'Public', the State", 67 *Journal of Modern History* S34, S42 (1995).

38　同上注，第S46页。

力的消除、吸收或排挤：帝国的、教会的、贵族的以及城市的。[39]公元 1500 年的神圣罗马帝国以德语区为中心，囊括了从波罗的海到意大利北部的中欧大部分地区，形成了由多重政治实体构成的统一体，其中包括王国、公国、侯国以及独立的城市，每一个都有自己的权威。当时，欧洲大约有 500 个"独立的政治单位"。[40]帝国首都并不固定。君主作为国王直接统治着世袭的土地，在帝国的其他领土上——它们由各自的国王、王侯以及公爵掌管——君主特别拥有主持法庭、发布法律敕令、否决法案、征收税赋、任命公爵及其他首领、发动战争等权力。[41]16 世纪早期，查理五世同时是两个彼此重叠但相互分离的帝国的首脑：既是神圣罗马帝国的皇帝，又是哈布斯堡王朝的君主，领土范围包括奥地利、荷兰、比利时、西班牙及其美洲领土，以及意大利南部诸多区域。

　　教会及其教士与王室和庄园法庭彼此分离，但又以诸多方式相互交织。天主教教义区分两个领域——教会治下的神圣领域，以及世俗国家统治的世俗领域——其中教会是更高的一方。[42]教会拥有广泛权力："除了制定和解释神圣律法的权力外，还有任命和擢升自己官员的权利；审判和惩罚它自己的神职人员的权利，以及有关

39　参见马丁·范·克雷费尔德（Martin van Creveld），《国家的兴衰》（*The Rise and Decline of the State*），剑桥：剑桥大学出版社 1999 年版（Cambridge: Cambridge University Press 1999），第 59—117 页。

40　Martin van Creveld, *The Rise and Decline of the State* (Cambridge: Cambridge University Press 1999) 25.

41　有关君主的重要权力，参见安德里亚斯·奥西安德（Andreas Osiander），"主权、国际关系和威斯特伐利亚神话"（Sovereignty, International Relations, and the Westphalian Myth），载于《国际组织》（*International Organization*）第 55 期（2001 年），第 251 页。

42　基尔克（Gierke），同前注 12，第 87—88 页。

牧灵（care of souls）的案件中审判和惩罚一般信众的权利；庇护逃亡者免受世俗司法处置的权利；赦免臣属对其主人的誓言；以及拥有大片、大量的不动产，独立的税收体系以及无处不在的铸币权。"[43]由于教会在共同体里有关婚姻、遗嘱、诽谤以及宗教和道德行为等事务中发挥着关键作用，它拥有不同于国家的法院层级体系，但它需要国王的官员来辅助逮捕逃脱其管辖的人。[44]此外如前所述，拥有大量地产的教会大亨行使着领主拥有的法律权力，在土地纠纷中教会官员往往诉诸王室法庭。最后，由于他们属于社会中有教养的阶级，"国王家政管理与源自于它的中央法院的职务在很大程度上由教士担任"。[45]

宗教改革与接踵而至的毁灭性宗教战争，动摇了帝国和教会的统治。当国王查理五世的铁骑在1527年将罗马洗劫一空，并暂时监禁了教皇克莱门特七世、伤害了教会的威望与权力时，君主和教会就走向了直接对立。新教统治者查没了教会的财产，限制了教会的法律职能，并否定了君主的权威。[46]新教教义保留了神圣与世俗的二元论，但抛弃了教会主权的主张[47]——西方社会中的一次漫长转型自此开始，它最终涤除了制度性教会所拥有的公共法律权力，将它降低到私人领域之中。神圣罗马帝国和哈布斯堡王朝混合着信奉天主教和新教的地区，结果就是宗教改革使得它们内部分崩离

29

43　Martin van Creveld, *The Rise and Decline of the State*（Cambridge: Cambridge University Press 1999）60.

44　哈丁（Harding），同前注27，第137页。

45　同上注。

46　范·克雷费尔德（van Greveld），同前注39，第66—70、84—85页。

47　基尔克（Gierke），同前注12，第88—90页。

析。三十年战争（1618—1648）导致生灵涂炭，它是国王斐迪南二世为了恢复在自己统治领域内建立天主教教义的权利，针对新教统治者发起的。"结束这场战争的 1648 年《威斯特伐利亚和约》，标志着君主国对抗帝国和教会的胜利。"[48] 此后，欧洲就分裂为由拥有决定国内事务权力的国王、君主、公爵统治的诸多国家以及更小的政治体（不过重要的帝国法律权力得到了保留，这一点容后再叙）。因此，人们普遍承认《威斯特伐利亚和约》是作为独立国家集体的欧洲诞生过程中的一个关键标志，也是由国家组成的国际体系诞生的重要标志。[49]

贵族是中世纪社会中举足轻重的人物：他们是富有的地主，君主的政治对手，拥有行政、治安与司法权威的地方豪强。他们的法律权力包括在有关自己的土地、佃户、啬夫这些作为"地主的习惯性权利"而依附于土地保有的事务上，行使民事与刑事管辖权——当时这两者并没有截然分开。[50] 男爵或其任命的官员处理他们地产上土地租佃的相关争议，包括租金、权利与转让问题、继承、契约和债务，以及凶杀、伤害、纵火、抢劫、强奸和公众骚乱。在他们领地的村庄中，贵族指派平民主持村庄法庭，"在这些法庭中，农民自己作出裁判，花费自己的时间为他们的领主向违背地方规章的罪行征收罚金，并向一家人给另一家人带来的'民事'伤害作出补偿，

48　Martin van Creveld, *The Rise and Decline of the State*(Cambridge: Cambridge University Press 1999)86.

49　对此观点很有影响力的批判，参见斯蒂芬·D. 克拉斯纳(Stephen D. Krasner)，"妥协的威斯特伐利亚"(Compromising Westphalia)，载于《国际安全》(*International Security*)第 20 期(1995 年)，第 115 页。克拉斯纳指出，国家并非源自《威斯特伐利亚和约》的独立主权者，并且国家从未与主权学说所投射的图景相符。

50　哈丁(Harding)，同前注 27，第 50 页。

30 解决有关农民土地租佃的纠纷".[51] 这些法庭适用规章和地方习惯法; 在民事案件中, 它们的方向是"基于事实衡平而非实质法律"得出公正的结果。[52] 这一时期后一阶段, 英格兰的国王任命地方贵族(绅士和居于领导地位的市民)担任无薪水的职位, 作为治安法官行使治安和司法权, 并征收税赋; 在法国, 领主的司法部门由大地主所有, 可以购买和出售。[53]

城镇(或"公社")与城市是拥有自由居民的团体, 这些居民享有实质的自治权利, 通常具有国王发出的承认许可。[54] 它们制定规章、征收市政税和王室税, 拥有防御工事和民兵, 是生产制造与贸易往来的中心。其中最为成功的成为了像威尼斯和热那亚这样参与长途贸易的独立城邦国家, 以及支配波罗的海和北海商贸的汉萨城市联盟。城镇和城市星罗棋布地分布在整个欧洲, 通常得到君主们的支持, 君主们在财政上受益于前者的经济活动与税收。城镇与城市对所有民事与刑事事务行使着治安与司法权, 这潜在地与庄园、教会以及王室法庭的司法权相重合。[55] 结果就是在这一时期内, "在教会、世俗领主、公社与王室官员之间(有关重合的管辖权)充满了长久不息的纠纷与短暂无常的妥协"。[56]

依据对这个时代的理解, 君主基于他们作为自己领域内的最高

51　哈丁, 同前注27, 第53页。

52　Lloyd Bonfield, "The Nature of Customary Law in the Manor Courts of Medieval England", 31 *Comparative Studies in Society and History* 514, 531 (1989).

53　David Parker, "Sovereignty, Absolutism, and the Function of the Law in Seventeenth-Century France", 122 *Past & Present 36*, 51–54 (1989).

54　参见范·克雷费尔德(van Greveld), 同前注39, 第104—117页。

55　哈丁(Harding), 同前注27, 第5—60页。

56　同上注, 第61页。

权力和最终领主的地位，成为了该领域内正义的施与者。他们建立了听审主要案件的王室法院，这些案件通常涉及土地问题，包括领主与主教之间或针对他们的纠纷。可能变化多端的土地纠纷往往通过国王支持下的协商得到解决。[57] 尽管王室法院在整个体系中占据主要位置，但它们处理的案件相对不多——证据就是如下事实：在 13 世纪拥有当时最先进的王室法院体系的英格兰，全境只有不超过 20 位到 25 位王室法官。[58] 大部分法律活动涉及去中心化的治安与司法，是由缺乏王室资金支持的地方行动者（骑士、乡绅、修道院院长、市长、村庄领袖）完成的。将法律吸纳入国家的过程，涉及对这些地方制度的逐步消化。"在像国家从庄园主、教会与社群手中攫取对司法权的掌控这类情形中，权利本身差不多依旧保持着原有形态，但却得到新的管理。"[59]

在法律统一于国家的过程中，早期重要的一步就是君主在 13 世纪创设了具有司法和政治职责的议会，它以不同方式将法律的制度因素联为一体。[60] 在法国，法官任职的巴列门（*Parlement*）是国王在其王室创造的，旨在将涉及贵族、教会官员和王室公务员的主要案件从领主法院移除出去；每个大行政区划都设立巴列门，它们共同构成王室司法遍布全国的高等法院体系。[61] 随着时间推移，国王逐渐向巴列门咨询条约事务，它获得了制定新法的正式职能。英国

31

57　Alan Harding, *Medieval Law and the Foundations of the State* (Oxford: Oxford University Press 2002) 67.

58　斯特雷耶（Strayer），同前注 36，第 48 页。

59　蒂利（Tilly），同前注 35。

60　同上注，第 22—23 页。

61　哈丁（Harding），同前注 27，第 160—170 页。

的议会由全国的世俗与教会贵族（后来有了乡绅和富有市民组成的下议院）组成，最初他们被国王召集到一起，裁断极为重要的政治事务。但他们很快就具有了其他重要的职责：成为居于各种王室法院之上驻守在威斯特敏斯特的永久高等法院，提出立法动议，批准税收，接受人民的诉状，最终使得处理一系列广泛事务的立法大幅增加。[62] 随着议会的创设，"人们承认，颁布制定法这一国王重要且连续的活动，已经在英格兰开始了"。[63] 到了 15 世纪，代议性机构出现在波兰、匈牙利、西班牙（卡斯提尔）、瑞典、德国以及低地国家。

推动统一法律体系创建的另一个因素，就是受到法学训练的人有了实质性增加，他们集体构建了法律领域。中世纪研究专家马克·布洛赫（Marc Bloch）评论道，"诸种社会凝结成为强大的国家或公国，不仅推动了立法的复兴，也促进了不同区域间统一法学的扩展"。[64] 格兰维尔（Glanvill）的《论英格兰王国的法律和习惯》（*The Treatise on the Laws and Customs of the Kingdom of England*）在 12 世纪 80 年代得到传阅，半个世纪后《布拉克顿论英格兰的法律与习惯》（*Bracton's On the Laws and Customs of England*）与之持有类似观点。13 世纪也见证了有关诺曼人、法国人、卡斯提尔人和撒克逊人习惯法作品的出版。[65] 法学著作如此涌现，与 12 世纪罗马法的复兴和在博洛尼亚、巴黎以及牛津得到讲授是相一致的，

32

62　Anthony Musson, *Medieval Law in Context: The Growth of Legal Consciousness from Magna Carta to the Peasant's Revolt*（Manchester: Manchester University Press 1981）184–211.

63　哈丁（Harding），同前注 27，第 186 页。

64　Marc Bloch, "The Feudal World", in Norman Cantor and Michael Wertham, eds., *Medieval Society: 400–1500* (1967) 43.

65　哈丁（Harding），同前注 27，第 191 页。

后者吸引了全欧洲的学生前来学习；同时它也与（遵照格拉提安的敕令）对教会法的系统性分析的繁荣昌盛有关。在大学经过训练的法学家将罗马法的概念、范畴、程序和法律分析模式带到了整个欧洲的法院，推动了由教会法和罗马法混合而成的欧洲共有的普通法（ius commune）的形成。[66] 教士受到高度依赖罗马法的教会法的训练，使得他们能够在教会或世俗法院中工作。对英国普通法来说，训练方式是观察法院诉讼过程、出席法官的讲座、使用基于格兰维尔和布拉克顿著作的手册，并阅读案例报告——这是在 14 世纪早期律师学院中变得正式化的指导。[67] 尽管素人作为法官和陪审员的重要参与还会持续几个世纪，构建法律传统中共同的训练、知识、实践以及律师和法官的社会化，使得法律具有更高程度的统一性。

通过这些不断变化的理念、制度以及行动的关联所带来的累积性影响，出现了如下文化渐变，即从认为社群和联合体是社会与法律的基础，转变为基于领土的政治体才是其基础："从领土是其中通过社会而得以界定的一片政治地域，转变为在这片地域上社会通过领土而得到界定，这一转变是国家形成过程的核心。"[68]

法律国家的确立中，最后一个步骤就是如下观念：国家是垄断法律的最高法律主权。中世纪专家沃尔特·厄尔曼（Walter Ullmann）评论说，"中世纪时历史上的疆域并不伴随且完全缺乏国

66　A.D.E. Lewis and D.J. Ibbetson, "The Roman Law Tradition", in A.D.E. Lewis and D.J. Ibbetson, eds., *The Roman Law Tradition* (Cambridge: Cambridge University Press 1994); Peter Stein, *Roman Law in European History* (Cambridge: Cambridge University Press 1999).

67　穆森（Musson），同前注 27，第 39—40 页。

68　Rhys Jones, "Mann and Men in a Medieval State: the Geographies of Power in the Middle Ages", 24 *Transactions of the Institute of British Geographers* 65, 65 (1999).

33 家的概念"。[69] 中世纪的国王和君主通过效忠于他们个人的忠诚关系，作为主权范围内土地的宗主而统治。国家是一种抽象实体的观念在当时不存在，也没有个人与其职位之间的分别。16 世纪的国王依旧期待着"确保他们个人的收益仍然足以供养自己的王国及其政府的良好运转"。[70]

在一篇追溯国家概念起源的文章中，政治理论家昆廷·斯金纳表明，直到 15 世纪"领域状态/国家"（state of the realm）这个指领域的境况与现状（stato）的短语，通常被用来指代进行统治的政权。[71] 在 16 世纪早期著书立说的马基雅维利，是第一位在抽象意义上开始使用国家概念的杰出理论家。"他认为 'stali' 拥有其自身的基础，并且特别谈到每种 'stato' 都有其自身特定的法律、习俗和命令。"[72] 意大利当时的城邦共和国，特别是威尼斯和佛罗伦萨，发展出如下观点：政府职位的持有者在一种法律结构中开展活动，以便管理社群的共同善。[73] 直到 16 世纪，一种独立于主权的抽象国家概念才变得清晰可见。

写作于 16 世纪下半叶的让·博丹，提出了第一个富有影响力的主权法律——国家观念。[74] 他将主权描述为最高立法权，这在如下

69　Walter Ullman, "Juristic Obstacles to the Emergence of the Concept of the State in the Middle Ages", 12–13 *Annali di Storia del Diritto* 43, 44 (1968–69).

70　Quentin Skinner, "The State", in Terence Ball, James Farr, and Russell L. Hanson, eds., *Political Innovation and Conceptual Change* (Cambridge: Cambridge University Press 1989) 103.

71　同上注，第 92—99 页。

72　同上注，第 102 页。

73　同上注，107—109 页。

74　同上注，第 120 页。

抽取的引文中非常明显："身为主权者的人一定不能以任何方式服从于其他人的命令,且必须能够给自己的臣民立法";"只有主权君主能够以集体或个人方式毫无例外地为所有臣民立法";"民法与习惯的全部力量都源自主权君主的权力"。[75] 这宣告了至上的、一元论的、统一的法律国家的诞生。"他的学说完美契合了他所处时代的伟大君主们的努力,即垄断国家最为重要的权力,在国外政策和国内治理中消除教会、强大的封臣以及城市的独立权力。"[76]

霍布斯在接下来的世纪中出版的名著《利维坦》,同样阐发了一种位居抽象国家之中的至高无上的、不可分割的、制定法律的主权者。在该书导言中,国家这个概念完全是在现代意义上得到使用:"因为号称'国民的整体'或'国家'(拉丁语为'Civitas')的这个庞然大物'利维坦'是用技艺造就的,它只是一个'人造的人'。"[77] 博丹和霍布斯都写作于大动荡时期,试图阐发确立持久秩序的政治理论。如斯金纳所说,他们的理论(各自)是"对法国宗教战争以及随后的 17 世纪英国革命过程中发展而来的人民主权意识形态的反动"。[78] 奥托·冯·基尔克如此解释他们抽象论证的逻辑:"根据此

75　延斯·巴特森(Jens Bartelson),"论主权的不可分"(On the Indivisibility of Sovereignty),载于《文学界:知识、政治与艺术研究杂志》(*Republic of Letters: A Journal for the Study of Knowledge, Politics, and the Arts*)第 2 期(2011 年),第 85、87—88 页。省略了对博丹文本的引用。也参见尼古拉斯·格林伍德·奥努夫(Nicholas Greenwood Onuf),"主权:概念史大纲"(Sovereignty: Outline of a Conceptual History),载于《替代选择:全球、地方与政治》(*Alternatives: Global, Local, Political*)第 16 期(1991 年),第 425 页。

76　Randall Lesaffer, *European Legal History: A Cultural and Political Perspective* (Cambridge: Cambridge University Press 2009) 315.

77　Thomas Hobbes, *Leviathan* (Oxford: Oxford University Press 1996) 7.

78　斯金纳(Skinner),同前注 70,第 121—123 页。

世'至上'权威这一属性,演绎出现代国家要求自己具备的绝对的无所不能的权力。"[79] "至上"在分析意义上被扩展为包括排他性、全面性以及一切强有力的事物。补充他们抽象分析的,是他们对一个至高无上、不可分割的主权的初步证成,这是一个充满智慧的论点:否则,"国家自身就会丧失统一性并分崩离析为各个派系,依据身份或信仰而陷入分裂"。[80]

　　博丹和霍布斯的论述在描述意义上并不符合当时欧洲的法律。国家法尚未继替天主教土地上教会的法律权威,也没有完全吸纳庄园法、习惯法、市政法以及社会中的各种联合会(比如同业公会)。为了符合理论,现有的去中心化的法律权威实际上得到了重新表述,其方式就是认为它们的法律权威来自主权的授予,但它们的权威长久以来都源自传统与惯例(拥有王室许可的城市除外)。[81]他们有关最高主权不服从于任何更高法律权力的学说,也与直到18世纪末才消失的神圣罗马帝国中值得关注的状况不一致。韦茨勒的帝国最高法院和维也纳的帝国宫廷法院都是人们从帝国领域内各个最高法院可以诉诸的法院;它们对各个等级的人民同自己统治者的纠纷,抑或臣民对自己统治者的控告享有原始管辖权。[82]许多这些案件都涉及税收的纠纷。在18世纪,每年多达250个案件提交给最高法院,它对其中的100多件作出判决(其他案件得到和解或

79　基尔克(Gierke),同前注12,第41页。

80　Jens Bartelson, "On the Indivisibility of Sovereignty", 2 (*Republic of Letters: A Journal for the Study of Knowledge, Politics, and the Arts* 90 (2011).

81　参见乔治·H. 萨拜因(George H. Sabine),《政治理论史》(*A History of Political Theory*),第三版(3rd ed.),纽约:霍尔特·莱因哈特·温斯顿1961年版(New York: Holt Rinehart Winston 1961),第407页。

82　奥西安德(Osiander),同前注41,第273—277页。

调解），宫廷法院每年接收超过 2000 个案件。[83] 两个法院都有权威作出由国王执行的具有约束力的判决，这些判决可能在领土内事关重大，其中就包括国王对统治者的革职 [84]（它们的超国家地位，与第 4 章讨论的今天的欧盟法院和欧洲人权法院呈现出某种对应性）。

约瑟夫·斯特雷耶（Joseph Strayer）在他有关国家形成的经典文章中指出，"直到 17 世纪，组织最为完备的国家在某种意义上只是疆土（countries）或行省构成的联邦，该联邦的每个组成单位都对源自中心的命令加以调整，使之符合自己的需要"。[85] 法律多元主义盛行。教会法院继续行使实质的独立法律权威。私人关系与利益嵌入到许多法律职位中，最明显的就是法国的法律与司法职位都由私人所有，直到大革命时期才消失。[86] 直到 19 世纪，随着常规性税收和有效的政府管理，才发展出完全科层化的拥有国家供养的官员的法律体系。

博丹和霍布斯所阐发的是一种他们认为法律在主权国家中应当如何的规范性学说。尽管他们理论中的主要元素已经遭到否定，[87] 但他们阐发的核心观点，即统一的至高无上的法律，依旧具有

83　Andreas Osiander, "Sovereignty, International Relations, and the Westphalian Myth", 55 *International Organization* 275–276 (2001).

84　同上注，第 274 页。

85　斯特雷耶（Strayer），同前注 36，第 100 页。

86　William Doyle, "The Price of Offices in Pre-Revolutionary France", 27 The Historical Journal 831 (1984).

87　他们由于提出主权者无法服从（除了自然法之外的）法律约束而饱受批评。霍布斯论证说，从现实和逻辑角度来看，主权者无法受到法律约束，因为它制定了法律："任何人受到自己的约束是不可能的，因为可以约束自己的人，也可以放过自己；因此只受自己约束的人，就是不受约束。"霍布斯，前注 77，第 176 页。现代法治社会通过如下方式解决了这一难题：在国家内创设使得政府官员和国家本身都服从法律要求的执行法律和适用法律的不同制度。

影响力。当代最杰出的法哲学家之一，约瑟夫·拉兹，主张法律体
系的一个本质特征就是"它们主张规制任何类型行为的权威"；"法
律体系主张自己的至高无上性"。[88] "由于一切法律体系都主张在自
己所属的社群中居于最高地位，"他断言，"没有任何人可以承认对
同一个社群主张至高无上性的任何可能由另一个法律体系提出的
主张"。[89] "通过提出这些主张，法律主张自己为社会生活各个方面
的行为提供了一般性的行为框架，并将自己设定为社会的最高守卫
者。"[90] 拉兹给博丹16世纪的学说披上了20世纪法哲学的外衣。无
论从历史上还是从它们被提出时的情况来看，这两种理论都与法律
的实际样貌不一致。

奥斯曼帝国的米勒特

　　奥斯曼帝国在它处于巅峰的16世纪，跻身于世界上最为富有、
最具权力的帝国之列，是掌控着北非、埃及、阿拉伯半岛部分地区
以及中东、希腊和欧洲东南部的一个伊斯兰政治体。如同所有帝国
一样，它的挑战在于掌控广袤国土内极具差异的民族体。
　　伊斯兰法是适用于其信众的属人法。在伊斯兰征服的早期阶
段，伊斯兰教徒是统治着信仰其他宗教的大多数人口的少数群体，
伊斯兰统治者需要适应这些被统治者。犹太人和基督徒作为"圣书
的子民"（People of the Book）被承认为契约民（*dhimmi*），他们被

88　Joseph Raz, *The Authority of Law*, 2nd ed. (Oxford: Oxford University Press 2009) 116–21.

89　同上注，第119页。

90　同上注，第121页。

允许可以依据对国家的忠诚以及人头税的缴纳而根据他们自己的法律和法院生活，同时服从服饰方面的约束、有关公共场所展示宗教标志的禁令以及其他资格限制。[91] 在对伊比利亚半岛也即安达卢斯长达几个世纪的统治中，基督徒和犹太人根据这一安排，生活在他们自己的法律与制度之中。在 15 世纪，基督教统治逐渐在伊比利亚得到重新确立后，犹太教法庭和伊斯兰教卡迪法院依旧在国王的承认下继续发挥作用。"基督徒发现，通过给卡迪和其他伊斯兰教官员支付薪水，他们会保障秩序并支持和平收取税赋和贡品。"[92] 37
这个政策一直延续到 16 世纪和 17 世纪之交，此时一项严厉的计划得到实施，强制人们改宗基督教，不然便会遭到驱逐，这使得许多伊斯兰教徒和犹太人出逃，许多人重新定居在奥斯曼帝国的领土中。

　　在奥斯曼帝国内部，伊斯兰宗教权威和教育体系，虽然拥有有限的独立于国家的自主性，但完全听命且服务于国家目的——包括科层制官员以及在由国家权力背书的官方卡迪法院任职的地方法官。在国家法院体系之外，奥斯曼帝国创立了米勒特体系，为其挑选的宗教／民族社群提供了法律自主性。最初有三种米勒特：希腊正教信徒、亚美尼亚人以及犹太人。每一种当中都包含许多彼此不同的语言、民族以及宗教子社群；在 19 世纪末，一共有 9 个米勒特

91　参见 C.E. 博斯沃思（C.E. Bosworth），"早期伊斯兰教法中的契约民概念"（The Concept of *Dhimma* in Early Islam），载于本杰明·布劳德和伯纳德·路易斯（Benjamin Braude and Bernard Lewis）主编，《奥斯曼帝国的基督徒与犹太人：多元社会的运作》（*Christians and Jews in the Ottoman Empire: The Functioning of a Plural Society*），第一卷，纽约：霍姆斯与迈尔出版公司 1982 年版（New York: Holmes & Meir Publishers 1982），第 37—51 页。契约民的身份也扩展到印度教徒、拜火教徒和其他信徒。

92　Lauren Benton, *Law and Colonial Cultures: Legal Regimes in World History, 1400–1900* (New York: Cambridge University Press 2002) 41.

具备官方地位,其中包括罗马天主教徒和埃及基督徒(Copts)。[93] 这并非"奥斯曼土耳其自上而下设计的融贯体系",而是一系列适应地方环境的不同安排。[94] 奥斯曼帝国承认这些社群的宗教领袖——特别是希腊正教的主教——以及城镇与乡村中的地方牧师与平民,他们作为行政长官和法官,构成了奥斯曼帝国与地方社群之间的中间人。[95] 这些中间人的声望与财富受到源自征费征税而来的地位与收入的加持,也源自国家与社群对他们的承认,尽管当税收数额不足或社群内出现动荡时他们会被奥斯曼帝国当局撤换掉。不同米勒特的成员并不是严格地分居于不同的领土,反而会在城镇中毗邻而居或在街区与村庄中彼此聚居,以不同的比例散布分居在奥斯曼帝国的整个境内。在米勒特体系中,我们再一次看到与政权法彼此共存或相互混同的社群法的强劲显现。

"巴尔干化"这个词,暗含着不同相邻群体间的碎片化,体现出奥斯曼帝国在巴尔干半岛的上述制度安排。该制度安排的量级可以通过19世纪中叶的人口数量加以估算:奥斯曼帝国总人口大

93　有关米勒特制度的复杂性与演变的详细论述,参见克马尔·H.卡帕特(Kemal H. Karpat),"米勒特与民族:后奥斯曼帝国时期民族与国家不一致性的根源"(Millets and Nationality: The Roots of the Incongruity of Nation and State in the Post-Ottoman Era),载于本杰明·布劳德和伯纳德·路易斯(Benjamin Braude and Bernard Lewis)主编,《奥斯曼帝国的基督徒与犹太人:多元社会的运作》,第一卷,纽约:霍姆斯与迈尔出版公司1982年版,第141—169页。

94　Jan Erk, "Non-Territorial Millets in Ottoman History", in Tove H. Malloy and Francesco Palermo, eds., *Minority Accommodation through Territorial and Non-Territorial Autonomy* (Oxford: Oxford University Press 2015) 119, 127.

95　参见凯伦·巴克利和乔治·加夫里利斯(Karen Barkley and George Gavrilis),"奥斯曼米勒特体系:非领域自治及其遗产"(The Ottoman Millet System: Non-Territorial Autonomy and its Contemporary Legacy),载于《民族政治学》(*Ethnopolitics*)第15期(2016年),第24、25—28页。

约三千五百万，其中将近两千一百万是伊斯兰教信徒、一千三百万是希腊人和亚美尼亚人、九十万是天主教徒、十五万是犹太人，还有三十万是其他宗派。[96]

管辖权基于属人原则和待决的争议。伊斯兰教徒之间，或伊斯兰与非伊斯兰教徒之间的纠纷，以及刑事纠纷，都由伊斯兰教的卡迪法院受理（该制度的内容会随着稍后讨论的治外法权和世俗化改革而发生变化）。卡迪法官由奥斯曼帝国政府任命。他们的工作方向是在每个案件的细节中伸张正义，同时适用世俗的奥斯曼帝国法律、伊斯兰教法和当地习惯法——这是奥斯曼帝国法律中法律渊源的内部多元主义。[97]基督徒和犹太人之间的民事纠纷由他们自己适用宗教法的法庭管辖，但如果他们愿意的话，可以把案件带到卡迪法院。

尽管有关犹太人和基督徒的大部分纠纷都在米勒特体系中得到处理，人们也主动地进行择地行诉（forum shopping），有大量案件诉诸伊斯兰教法院。契约民诉诸伊斯兰教法院的理由有很多：伊斯兰教有关离婚和继承的法律比起基督教和犹太教法律来说，对女性更为有利，这使得女性诉诸卡迪法院；不同宗教社群的人们在介入纠纷时可能倾向伊斯兰教法院；伊斯兰教法院会立刻作出裁判，且有伸张正义的美誉（要比固守宗教教义的米勒特法院具有更

96　Elia H. Tuma, "The Economic Impact of the Capitulations: The Middle East and Europe: A Reinterpretation", 18 *Journal of European Economic History* 663, 682 (1989).

97　对这　讨论有所启发的有关卡迪法院和米勒特法院的极妙概述，参见凯伦·巴克利（Karen Barkley），"奥斯曼帝国法律多元主义的不同侧面"（Aspects of Legal Pluralism in the Ottoman Empire），载于劳伦·本顿和理查德·J. 罗斯（Lauren Benton and Richard J. Ross），《法律多元主义和帝国：1500—1850》（*Legal Pluralism and Empires, 1500–1850*），纽约：纽约大学出版社 2013 年版（New York: NYU Press 2013），第 83—107 页。

大的灵活性）；卡迪法院的费用可能比宗教法院要低；卡迪法院的判决由国家官员强制执行，而这是宗教法院所缺乏的；通过卡迪法院开展的法律活动被记载在国家官方记录中，与宗教法院的诉讼不同。[98] 基督教和犹太教的宗教领袖试图限制自己的信徒前往伊斯兰教法院，因为他们将这种行为视为对自己宗教法律和社群完整性的威胁，潜在地将令人难堪的事情曝光在他们社群之外，并削减了他们从费用中获得的收益。[99]

米勒特制度随着时间演进，总共持续了四个世纪以上，一直到第一次世界大战后奥斯曼帝国解体才消失。在某些先前属于奥斯曼帝国的领域中，仍存在着米勒特制度的残余。埃及承认埃及基督徒和犹太人根据有关他们自己个人身份的法律来生活的权利（尽管彼此分立的法院已经被废除了）；国家一直弱小的黎巴嫩分化为使用各自相应法律的自我管理的不同宗教社群。[100] 以色列承认 14 个拥有强制性管辖权的彼此不同的宗教—民族法院，适用它们自己有关婚姻、离婚、抚养以及继承方面的法律。[101]

98　参见提莫·库兰（Timur Kuran），"中东宗教少数群体经济地位的提升：伊斯兰法律多元主义的角色"（The Economic Ascent of the Middle East's Religious Minorities: The Role of Islamic Legal Pluralism），载于《法学研究杂志》（*Journal of Legal Studies*）第 33 期（2004 年），第 475、488—492 页；巴克利和加夫里利斯，《奥斯曼米勒特体系：非领域自治及其遗产》，载于《民族政治学》第 15 期（2016 年），第 27 页；巴克利（Barkley），《奥斯曼帝国法律多元主义的不同侧面》，载于劳伦·本顿和理查德·J. 罗斯，《法律多元主义和帝国：1500—1850》，纽约：纽约大学出版社 2013 年版，第 94—100 页。

99　巴克利（Barkley），同前注 97，第 101—103 页。

100　巴克利和加夫里利斯（Barkley and Gavrillis），同前注 95，第 30—35 页。

101　Yuksel Sezgin, "The Israeli Millet System: Examining Legal Pluralism Through Lenses of Nation-Building an Human Rights", 43 *Israel Law Review* 631 (2010).

世界范围内的领事裁判权和治外法权

与米勒特体系类似，奥斯曼帝国的领事裁判权制度在历史上拥有前身。领事裁判权是外国人拥有的一种特殊地位，外国人从属于在外国领事权威之下的他们自己的法律和法院，同时不受奥斯曼帝国法律的管辖——这种法律豁免后来就逐渐被人称为治外法权。这类实践的起源要追溯到两千年以前对地中海周边经商的散居犹太人的法律豁免；"区域间的交易网络由空间上彼此分散的专业化的商人群体构成，他们虽在文化上彼此不同，但组织上结为一体，且都在社交方面独立于自己本来的社群，同时与其他地域的相关社群保持着密切的经济与社会联系。"[102] 在 11 世纪和 12 世纪，拜占庭帝国将各种各样的这类地位赋予给威尼斯人、热那亚人以及其他在整个帝国的港口和贸易城市拥有商人殖民地的人。[103] 伊斯兰教从 12 世纪到 14 世纪统治着埃及，将商业和政治特权赋予比萨人、威尼斯人、热那亚人、法国人以及其他居住在亚历山大里亚吸引地中海贸易的人。[104] 当奥斯曼帝国在 15 世纪中叶攻陷君士坦丁堡（后改名为伊斯坦布尔）时，各种各样的这类制度安排已经出现了。

40

102　Gil J. Stein, "From Passive Periphery to Active Agents: Emerging Perspectives in the Archaeology of Interregional Interaction", 104 *American Anthropologist* 903, 908 (2003).

103　Nasim M. Soosa, "The Historical Interpretation of the Origin of the Capitulations in the Ottoman Empire", 4 *Temple Law Quarterly* 358 (1930).

104　Alexander H. De Groot, "The Historical Development of the Capitulatory Regime in the Ottoman Middle East from the Fifteenth to the Nineteenth Century", *Oriente Moderno, Nuova serie*, Anno 22 (83), Nr. 3, The Ottoman Capitulations: Text and Context (2003) 577–78, 575–604.

米勒特制度和领事裁判权制度都基于属人原则,即人们受到他们自己社群法律的统治。[105]两者主要的差异在于米勒特适用于宗教社群,而领事裁判权主要运用于外国商人,不过如我们稍后解释的那样,这一区分后来就不复存在了。领事裁判权一开始是奥斯曼帝国政府的许可性授予,但随着时间流逝,它转变为西方列强所强加的制度,后来治外法权被强加在世界范围内的许多地区。在领土国家形成过程中,领事裁判权的含义和影响都有所改变,从普通的法律制度设计转变为对国家法律主权理论的偏离。

奥斯曼帝国的领事裁判权在 16 世纪被授予给法国和英格兰,此后得到多次扩张和更新。赋予法国和英国国民及其子孙的核心特权,包括居住、贸易、免税(除了固定低税率的消费税外)的权利;在一切民事纠纷中适用自己法律的权利,领事官员裁判案件的排他性管辖权;以及公民接受刑事审判,领事代表出席的权利,后来这几乎扩展为完全或免于任何奥斯曼帝国的民事与刑事诉讼程序的权利。[106]有关财产的纠纷由奥斯曼帝国法院受理;之后在 19 世纪,

---

105 Nasim M. Soosa, "The Historical Interpretation of the Origin of the Capitulations in the Ottoman Empire", 4 *Temple Law Quarterly* 371 (1930).

106 参见爱德温·皮尔斯(Edwin Pears),"土耳其的领事裁判权与在土耳其定居的英国及其他外国属民的地位"(Turkish Capitulations and the Status of British and Other Foreign Subjects Residing in Turkey),载于《法律评论季刊》(*Law Quarterly Review*)第 21 期(1905 年),第 408 页;詹姆士·B. 安吉尔(James B. Angell),"土耳其的领事裁判权"(The Turkish Capitulations),载于《美国历史评论》(*American Historical Review*)第 6 期(1901 年),第 254 页;卢修斯·埃尔斯沃斯·泰勒(Lucius Ellsworth Thayer),"奥斯曼帝国的领事裁判权以及当它影响美国时它们的废除问题"(The Capitulations of the Ottoman Empire and the Question of their Abrogation as it Affects the United States),载于《美国国际法杂志》(*American Journal of International Law*)第 17 期(1923 年),第 209、217 页。

奥斯曼帝国臣民和外国人之间的商业纠纷,由混合法院(被称为"国际法院")审理,其审判庭是由本国法官和适用法国商业法典的外国法官组成的。[107]法国和英格兰也行使将其他外国国民置于其相应国家保护下的权利。在鼎盛时期,13 个欧洲国家加上美国和巴西,都获得了治外法权的特权,其中大部分是在 19 世纪通过条约建立的;[108]但是法国人和英国人坚决主张,对于埃及一切针对外国人的诉讼具有排他性管辖权是"对领事裁判权文本的公然违背"。[109]这些条约的典型特征就是具有永久性,如 1838 年和英格兰签订的条约所说,"从现在到永远都得到确认"。[110]

　　到了 19 世纪末,有 66 个英国法院在奥斯曼帝国全境运作,尽管其他欧洲国家也有法院,但最广泛存在的是英国法院。[111]从最开始由一位律师简单的听审,到后来英国法律系统发展出民事、刑事和程序法典,以及初审和上诉审法院,还有坐落在伊斯坦布尔的英国最高法院。[112]应当强调的是,英国法律系统广泛且嵌入式地存在于奥斯曼帝国的同时,英国法学家却支持着国家法一元论的学说。

41

　　107　卢修斯·埃尔斯沃斯·泰勒,"奥斯曼帝国的领事裁判权以及当它影响美国时它们的废除问题",载于《美国国际法杂志》第 17 期(1923 年),第 216—117 页;戴维·托德(David Todd),"主权之下:19 世纪埃及的领事裁判权和帝国国际主义"(Beneath Sovereignty: Extraterritoriality and Imperial Internationalism in Nineteenth Century Egypt),载于《法律和历史评论》(*Law and History Review*)第 36 期(2018 年),第 105 页。

　　108　泰勒(Thayer),同前注 106,第 209、211—212 页。

　　109　托德(Todd),同前注 107,第 115 页。

　　110　同上注,第 111 页。

　　111　Turan Kayaoglu, *Legal Imperialism: Sovereignty and Extraterritoriality in Japan, the Ottoman Empire, and China* (Cambridge: Cambridge University Press 2010) 4.

　　112　同上注,第 6 页。

领事裁判权制度遭到国家与个人严重的滥用。通过使用自己的权力来赋予他人受保护的地位，外国大使出于经济与政治理由，慢慢地将这一地位扩展到许多当地人身上——创造出一种扩展到容纳几十万奥斯曼帝国国民的"保护制度"（protégé system）。[113] 外国大使为了增加自己的收入，大量出售这一保护地位（flag protection，国籍保护）；[114] 当地的商人和交易者由此而获益，因为保护身份的持有者免交一般性赋税，且进出口税率比奥斯曼帝国商人（9%—12%）低许多（3%—5%），拥有着比较优势和更高利润。[115] 这一活动与米勒特制度彼此交织，因为购买这一地位的奥斯曼帝国公民有许多是天主教徒、希腊正教徒、亚美尼亚人或犹太人，他们都是在金融、商业以及专业人士网络中居于主导的米勒特群体成员。[116]

政治考量使得俄罗斯（旨在削弱奥斯曼帝国的一个与之匹敌的区域性帝国）以保护东正教会的名义，给予希腊正教和亚美尼亚人大规模的保护（国籍保护，或者易于获得的公民权），超过 10 万名希腊人被登记为受保护人士。[117] 奥地利，另一个与之抗衡的区域性

113　参见萨拉希・R. 索内尔（Salahi R. Sonyel），"奥斯曼帝国的保护制度"（The Protégé System in the Ottoman Empire），载于《伊斯兰教法研究》（*Journal of Islamic Studies*）第 2 期（1991 年），第 56 页。

114　安吉尔（Angell），同前注 106，第 257 页。

115　Elias H.Tuma, "The Economic Impact of the Capitulations: The Middle East and Europe: A Reinterpretation", 18 *Journal of European Economic History* 663, 680 (1989); Feroz Ahmad, "Ottoman Perceptions of the Capitulations 1800–1914", 11 *Journal of Islamic Studies* 1 (2000).

116　查尔斯・伊萨维（Charles Issawi），"19 世纪米勒特经济地位的转变"（The Transformation of the Economic Position of the Millets in the Nineteenth Century），载于本杰明・布劳德和伯纳德・路易斯主编，同前注 91，第 261—285 页。

117　艾哈默德（Ahmad），同前注 115，第 5 页；索内尔（Sonyel），同前注 113，第 60—61 页。

帝国，将保护覆盖到 20 万名摩尔达维亚人身上。[118] 其他欧洲列强亦步亦趋。一位被任命到伊斯坦布尔的英国最高法院工作的英国法学家观察到："这些受保护的奥斯曼帝国臣民，如果信奉希腊宗教，就被视为俄罗斯的子民；如果他们信奉罗马宗教，就被视为意大利、法国和奥地利的子民；如果是清教徒，就被视为英格兰和德国的子民。"[119]

无论出于经济还是政治理由，19 世纪受到领事裁判权保护的人口总数都非常巨大，其中许多人在血统上并非外国人——他们获得了极为有利的经济法律地位，导致伊斯兰教信徒不满。在 19 世纪 80 年代，亚历山大里亚总计 23 万人口中将近 5 万人拥有受保护的地位（许多人在血统上并非外国人）。[120] "事实上，许多亚历山大里亚居民从各种各样的领事手中获得了法律保护，通过转变自己的法律身份来最大化他们直接的社会与经济利益。"[121]19 世纪中叶伊斯坦布尔有 5 万人拥有外国人的身份。[122] 因此，许许多多的人，既有外国人也有本国人，都被豁免于可适用在一般大众身上的法律。奥斯曼帝国政府一再反对这种滥用，并在 1869 年发布一项法令来限制保护制度，该法令禁止本国国民被外国政府归化。[123] 尽管它一再要求领事裁判权应当得到废除，可欧洲列强却铁打不动地加以拒

118　James B. Angell, "The Turkish Capitulations", 6 *American Historical Review*, 257 (1901).

119　引自索内尔（Sonyel），前注 113，第 62 页。

120　Ziad Fahmy, "Jurisdictional Borderlands: Extraterritoriality and 'Legal Chameleons' in Precolonial Alexandria, 1840–1870", 55 *Comparative Studies in Society and History* 305, 312–13 (2013).

121　同上注，第 306 页。

122　索内尔（Sonyel），同前注 113，第 64 页。

123　泰勒（Thayer），同前注 106，第 218 页。

43　绝，并团结在与它对立的立场上。

　　一开始作为强大的奥斯曼帝国为了与欧洲人开展贸易而单边授予的利益，却在19世纪随着欧洲经济与军事力量的崛起，转变为虚弱的奥斯曼帝国（"欧洲病人"）难以逃脱的枷锁。在19世纪中叶的一次法律改革活动（*Tanzimat*，坦志麦特）中，奥斯曼帝国政府制定出许多法典来构建现代的世俗法律体系，其中包括基于法国模式的刑法典和商法典，以及一部海商法和许多程序法典；连同刑事法院和商事法院，它们在处理伊斯兰教信徒和非伊斯兰教信徒之间的案件时会有不同法官组成的混合审判庭。[124]结果就是出现一种欧洲与伊斯兰教元素混合的制度。"不同起源的两种法律，体现着世界上主要法系中两个法系的规则与原则，世俗的法律和伊斯兰教的法律实际上是一同发挥作用的，具有同样的强制力且彼此相互独立，可适用于同一群人。"[125]

　　作为一种不公正的羞辱，治外法权引发的公众不满可谓无处不在。但这并未能阻挡欧洲人的脚步，他们基于许多理由坚持维护治外法权：这个制度已经生效了好几个世纪（得到习俗和惯例的确认）；[126]欧洲人不能受到伊斯兰教法的审判；奥斯曼帝国法院是不公正的、腐败的，且不是由受过法律训练的人士任职；此外，欧洲人主张，治外法权通过提供良好运作的司法制度模式来帮助当地人改

124　Esin Orucu, "The Impact of European Law on the Ottoman Empire and Turkey", in Wolfgang Mommsen and J.A. de Moore, eds., *European Expansion and Law: The Encounter of European and Indigenous Law in 19th Century and 20th Century Africa and Asia* (Oxford: Berg 1992) 46–51.

125　同上注，第49页。

126　皮尔斯（Pears），同前注106，第421—425页。

善他们自己的法律体系，这对当地社会是有好处的。[127] 直到 1923
年治外法权才在土耳其得到废除。

西方列强在 19 世纪将治外法权从奥斯曼帝国传播至世界各地，
包括桑给巴尔、摩洛哥、汤加、马达加斯加、萨摩亚、日本、刚果、
伊朗、泰国、朝鲜以及中国。[128] 它们当时都是独立的国家而非殖民
地。在日本成为帝国后，它摆脱了治外法权，却转而将之施加在中
国和朝鲜，它是唯一参与治外法权的非西方强权。治外法权在奥斯
曼帝国中习以为常的滥用也出现在世界其他地方——特别是通过保
护制度出售受保护的地位，将该身份扩展到数以千计的外国人和本
国人身上。[129] 治外法权作为外来国家通过赤裸裸的强力野蛮施加的
制度，给每个地区的当地居民带来了苦难。[130] 最多的时候，中国一
共有 120 个外国法院在运作，直到 1943 年治外法权才在该国得到
废除。[131] 在自己的国土上，欧洲和美洲列强宣称着法律国家的至上
性和统一性（第 3 章会讨论殖民国家的原住本土民族）——但在国

44

127　卢修斯·埃尔斯沃斯·泰勒，"奥斯曼帝国的领事裁判权以及当它影响美
国时它们的废除问题"，载于《美国国际法杂志》第 17 期（1923 年），第 231—233 页；
戴维·托德（David Todd），"主权之下：19 世纪埃及的治外法权和帝国国际主义"
（Beneath Sovereignty: Extra-territoriality and Imperial Internationalism in Nineteenth
Century Egypt），载于《法律和历史评论》（*Law and History Review*）第 36 期（2018 年），
第 117—121 页。

128　同前注 111，第 5 页。

129　参见弗朗西斯·鲍斯·塞耶（Francis Bowes Sayer），"泰国治外法权的终
结"（The Passing of Extraterritoriality in Siam），载于《美国国际法杂志》（*American
Journal of International Law*）第 22 期（1928 年），第 70 页。

130　参见王景春（Ching-Chun Wang），"中国仍然等待治外法权的终结"（China
Still Waits the End of Extraterritoriality），载于《外交事务》（*Foreign Affairs*）第 15 期
（1937 年），第 745 页。

131　同前注 111，第 151 页。

外服务于自己的利益时，却践踏着这一观点。

奥斯曼帝国中多样化的法律多元主义

整个 19 世纪中（这段时期内制度安排在不断转变），奥斯曼帝国有五种法院体系适用着不同的法律内容。伊斯兰教的卡迪法院对伊斯兰教徒在民事、商事以及刑事案件中具有管辖权，适用伊斯兰教法、国家法以及当地习惯法，听命于宗教权威（他们也是国家官员）作出的最终裁决［伊斯兰教法本身就是多元主义的：由于它和地方传统彼此交织且受其影响而各地有所不同；且逊尼派就有四种法学（fiqh）学派］。非伊斯兰教米勒特的教派法院（communal courts）听审涉及该群体成员的民事、商事以及刑事案件，适用宗教法，听命于宗教社群中最高权威的最终裁决。域外领事法院对在民事、商事以及刑事事务方面具有受保护地位的外国人和本土奥斯曼臣民拥有管辖权，听从于大使或者外国政权所建立的最高法院的最终裁决。由当地人和外国人构成的混合法院听审奥斯曼臣民与外国人之间的商事案件，适用本土和外国法律渊源，听从商务部的最终裁决。奥斯曼帝国的世俗法院在特定类型的民事、商事以及刑事案件中对伊斯兰教徒（和其他教徒）拥有管辖权，适用国家制定法与法典（以法国法为蓝本），听从于司法部的最终裁决。

上述不同的法院和法律内容并没有被组织成一个无所不包的层级秩序。域外法院不在奥斯曼帝国法律体系之内。混合商事法院属于国家法院，但在制度上具有独特性。伊斯兰教的卡迪法院最初设立在修道院，后来由于法律改革在 19 世纪迁往政府机关，但其运作依旧不同于世俗法院。[132]奥斯曼帝国的世俗法院对伊斯兰教法院或米勒特法院没有终审权，人们不满意世俗法院的判决，可以在伊斯兰教法院提起诉讼以便获得不同的结果。[133]1873年确立了国家法院的上诉制度，但直到20世纪20年代的土耳其改革，才明确了国家和伊斯兰教法院谁拥有最终权威。

在穆斯塔法·凯末尔·阿塔图尔克（Mustafa Kemal Ataturk）的领导下，一套全新的基于欧洲法典（主要是瑞士和德国法典）的统一世俗法律体系得以创立，它不仅因地制宜地具有土耳其元素，还清除了先前的法律多元主义体系，包括废除了伊斯兰教法院。[134]这些法律改革，以及与之同步的社会与经济改革，都是由想要让土耳其走向现代化与西方化的土耳其精英推动的。在这场激进的法律变革之后，随之而来的是长达几十年的社会关系对西方化法典的调适，但是它却并没有完全改变社会行为，特别是在家事法事务方面。

非正式的伊斯兰教法律仍然得到相当比例人口的遵从，其中包括在国家法律体系下明显属于非法的事务。比如，最近有研究表明，在土耳其东南和东部的乡村地区，有10%的人口缔结宗教婚姻而未注册民事婚姻（这是非法的），多达15%的女性在法定年龄17岁以下结婚（包括逼婚和包办婚姻），还有10%的人处于国家所禁止的多配偶婚状态。[135]处于非法或非正式婚姻中的女性在国家法院

132　Turan Kayaoglu, *Legal Imperialism: Sovereignty and Extraterritoriality in Japan, the Ottoman Empire, and China* (Cambridge: Cambridge University Press 2010) 117–118.

133　同上注，第116页。

134　奥鲁库（Orucu），同前注125，第51—54页。

135　参见伊赫桑·伊尔马兹（Ihsan Ilmaz），"半正式的土耳其伊斯兰法律多元主义：世俗正式法与非正式沙利亚的照面"（Semi-official Turkish Muslim Legal Pluralism:

提起诉讼,试图获得前夫的补偿、为亡夫讨要保险金、使自己免于家暴丈夫的伤害以及为第二任妻子争取利益。国家法院的判决记录并不一致,一些法院承认事实婚姻,但另一些则基于国家法下婚姻无效而拒绝她们的主张。尽管有正式的国家法统一体系,但非正式社群法所体现的法律多元主义在土耳其一直存在,与国家法的互动错综复杂。

作为法律国家的英国东印度公司

欧洲海外殖民活动最初实际上是由私人商业行动者完成的。早期两个突出的行动者就是英国东印度公司(British East India Company, EIC)与荷兰东印度公司(Vereenigde Oostindische Compagnie, VOC),它们都是私人投资者所有的股份制公司。[136] 从事类似活动的还有其他私人公司,包括黎凡特、弗吉尼亚、非洲、俄罗斯、哈德逊湾等。[137] 公司实体——可回溯至中世纪的城邦、行会、大学以及其他联合体——在内部实施自我管理,在其组织和成员中

Encounters Between Secular Official Law and Unofficial Shari'a),载于 A. 波萨马(A. Possamai)编,《沙利亚社会学:全球个案研究》(*The Sociology of Shari'a: Case Studies from Around the World*),巴塞尔:斯普林格 2015 年版(Basel: Springer 2015)。

136 大体可参见 H.J. 勒尔(H.J. Leue),"公司时代的法律扩张:海洋亚洲中英国与荷兰定居者的多面司法,1600—1750"(Legal Expansion in the Age of the Companies: Aspects of the Administration of Justice in the English and Dutch Settlements of Maritime Asia, 1600–1750),载于莫姆森和穆尔(Mommsen and Moor),前注 124,第 129—158 页。

137 Philip J. Stern, "'Bundles of Hyphens': Corporations as Legal Communities in the Early Modern British Empire", in Lauren Benton and Richard J. Ross, eds. (New York: NYU Press 2013) 28.

行使法律权利与权力。[138] 东印度公司在追逐利润的过程中，将自己的权威拓展到亚洲和其他地区广袤的土地和人民，带来了不可思议的多元主义法律制度安排的大杂烩。

东印度公司创设自 1600 年的一份王室特许状，它授权东印度公司管理其雇员以及贸易中心的权力，在 17 世纪和 18 世纪初，东印度公司在亚洲和大西洋建立了"种植网络"，行使如下权力："制定并实施法律，征收赋税，提供保护，执行惩罚，维护尊严，规制经济、宗教以及公民生活，开展外交与宣战，对陆地与海洋主张司法管辖权，培养对听从其命令的人民的权威及他们的服从。"[139] 该公司的法律活动最初旨在增进自身活动并维持殖民地的秩序。为了节省资金和减少麻烦，东印度公司"显而易见的一个倾向就是避开当地人之间的纠纷，尽可能地用当地人自己的制度来解决纠纷"。[140]

伴随着 18 世纪下半叶到 19 世纪的一系列战争，东印度公司的权力从管理自己的雇员和贸易中心扩张为掌管印度次大陆的大部分地区。18 世纪 60 年代，它从虚弱不堪的莫卧儿帝国手中接过行政权与税收，此后从税收以及英国和印度的垄断贸易中获得巨大利润。资深议员托马斯·巴宾顿·麦考利（Thomas Babington Macaulay）在 1833 年评论说，"这非常奇怪，非常奇怪，一个由商人组成的股份社团……相较于英国政府的直接管理，竟然被委托

138　Philip J. Stern, "'Bundles of Hyphens': Corporations as Legal Communities in the Early Modern British Empire", in Lauren Benton and Richard J. Ross, eds. Legal Pluralism and Empires, 1500—1850 (New York: NYU Press 2013) 22.

139　Philip J. Stern, *The Company-State: Corporate Sovereignty and the Early Modern Foundations of the British Empire in India* (Oxford: Oxford University Press 2011) 6–7.

140　勒尔（Leue），同前注 136，第 144 页。

管理更多人口的主权、对更多净利润的处置权、对更多军队的命令权"。[141] 在这一时期,英国议会制定了多部法律来对东印度公司实施更加严格的管控,但该公司对印度法院的管理和掌控一直延续到1858年。东印度公司显然不符合(当时和今天)持有下述论断的法律学说,即主权必然是国家所固有的,只有国家行使法律权力,法律天生就是公共的(而非私人的)。

"非常奇怪"这一表述很轻描淡写。东印度公司拥有来自英国的王室特许状,授权它对其雇员、贸易中心和种植园行使公共权力,其中就包括立法、司法以及铸币的权利——但这并没有授予它统治印度的权力。在印度境内,东印度公司的权力源自莫卧儿国王拟制性的授予。[142] 它长达几十年的常规性进贡"标志着该公司的官员在理论上是莫卧儿国王的属臣",并且它以国王的名义铸币,后者以纯粹象征性的角色依旧存在。[143] "从莫卧儿人的角度来看,东印度公司代表他们统治着帝国。"[144] 在回应1857年起义,英国政府审判国王[巴哈杜尔·沙(Bahadur Shah)]犯有叛国罪并将之流放时,这层面纱才被撕下。第二年英国政府正式确立东印度公司对印度的统治,延续了该公司已经设立的政府与法律制度。

东印度公司确立的双重法律体系,既是它事实上掌控莫卧儿帝

---

141 H.J. Leue, "Legal Expansion in the Age of the Companies: Aspects of the Administration of Justice in the English and Dutch Settlements of Maritime Asia, 1600–1750", in Mommsen and Moor, eds., *European Expansion and Law: The Encounter of European and Indigenous Law in 19th Century and 20th Century Africa and Asia* (Oxford: Berg 1992) 3.

142 Amar Farooqui, "Governance, Corporate Interest and Colonialism: The Case of the East India Company", 35 *Social Scientist* 44, 47 (2007).

143 同上注,第48页。

144 同上注,第49页。

国的原因，也是这一掌控所带来的结果。这个法律体系一部分针对主要贸易城市，另一部分针对其他地区，同时在此体系之外既有的莫卧儿法院、贵族法院、村庄法院以及原住民法院依旧发挥作用。在孟买、马德拉斯以及加尔各答这些被指定为英国辖区的城市，东印度公司设立了拥有英国法官的市长法院（与国王法院地位相当），它对英国人以及其他外国人适用英国的民事与刑事法律（早期也对孟买的葡萄牙籍当事人适用既有的葡萄牙法律[145]），对东印度公司雇员（包括当地印度籍雇员）也适用这些法律，后来在当事人双方都同意由市长法院管辖时，英国法律的适用就扩展到一般印度人身上。法院的判决可以被上诉到随后在印度建立的最高法院，并最终上诉到伦敦的枢密院，这样东印度公司的法院就与英国法律体系交织在一起。许多印度原告"很快就学会了使得法院之间观点相左的法律策略"，将莫卧儿法院也有管辖权的事务诉诸英国法院。[146]当地精英反对管辖权的这种运用，因为这从他们手中夺走了案件，削减了他们的权威与收入。[147]但大量印度人到东印度公司的市长法院打官司，试图获得好于他们在传统法庭中所期待的结果，同时判决得到执行的确定性程度也更高。[148]

在内陆地区（莫非西尔，*mofussil*），东印度公司设立法院来"掌管印度教和伊斯兰教属人法、伊斯兰教刑法以及东印度公司的规

145　Philip J. Stern, *The Company-State: Corporate Sovereignty and the Early Modern Foundations of the British Empire in India* (Oxford: Oxford University Press 2011) 26–27.

146　本顿（Benton），同前注92，第137页。

147　勒尔（Leue），同前注136，第148页。

148　同上注，第149页。

制"。[149]当地的莫卧儿官员(卡迪)继续掌管适用伊斯兰教法律的刑事法院。在民事法院中,伊斯兰教和印度教专家作为东印度公司领薪水的雇员,成为他们相应法律形态的顾问。[150]当地的贵族地主(柴明达尔,zamindars)尽管没有得到正式承认,但依旧如同他们在莫卧儿帝国统治下一样对小纠纷行使司法管辖权。欧洲人可以在内陆法院起诉印度人,但在民事和刑事纠纷中欧洲人则免于这些法院的起诉。由于成本和交通障碍,"内陆地区的印度人一般无法到加尔各答起诉,因此极易在民事和刑事纠纷中受到欧洲人的霸凌和剥削"。[151]欧洲人之间的纠纷也没有得到解决。由于欧洲人不断增加,他们在主要城市之外的地方法院中免于起诉引发了越来越多的不幸,有关土地协议、攻击、盗窃以及扰乱治安的纠纷导致"彻底地背离了正义"。[152]

在村庄层面,印度人之间大部分纠纷解决都在东印度公司所建立的双重法院体系以及既有的莫卧儿法院范围之外,它们由适用当地种姓和习惯法的重要的村庄长老组成的种姓或村庄法庭(潘查耶特,panchayats*)审理。[153]在许多地方,社群法首先是当地习惯法,

49

---

149 Elizabeth Kolsky, "Codification and the Rule of Colonial Difference: Criminal Procedure in British India", 23 *Law and History Review* 631, 641 (2005).

150 Lauren Benton, *Law and Colonial Cultures: Legal Regimes in World History, 1400–1900* (New York: Cambridge University Press 2002) 134.

151 考尔斯基(Kolsky),同前注149,第641页。

152 同上注,第648页。

* 一般也译为"五人长老会",因此下文有一段引文会说从字面意思来看,这个委员会由五人组成。——译者

153 科尔夫(Kolff),"印度与英国的法律机器:英属印度的法律与社会评述"(The Indian and the British Law Machines: Some Remarks on Law and Society in British India),载于莫姆森和摩尔(Mommsen and Moore),同前注124,第205、227页。

伊斯兰教或印度教法只是居于次要地位。[154]由于这些法庭不在正式法律制度之内，潘查耶特作出的判决无法上诉到国家法院——尽管这些案件可以直接在后者起诉——且无法由国家法院来执行。虽然潘查耶特依旧处理许多案件，实施包括征收罚金、鞭笞、羞辱以及驱逐在内的刑罚，其权威却受到了削弱。[155]

19 世纪中叶，英国考虑到东印度公司统治下出现在印度的种种不正义，提出了一系列改革和法典起草的方案，旨在确立一种适用于所有人的统一法律体系。英国本土以及印度的英国侨民强烈反对这些提案。一位在加尔各答最高法院的英国法官反对这种平等，他指出欧洲社群"是一个规模不大但高度文明的社群，长久以来便习惯于良好的法律以及对法律良好地实施"，不可与如下群体同日而语，"他们这些民众数量巨大却刚刚走出野蛮，在传统上对平等律法或公正司法从未有过尊崇之心"。[156]有人主张，印度法官——包括那些在英国接受教育的——都无法主持有关英国人的诉讼，因为他们无法做到公正裁判；除此之外，这会颠覆权力结构，也即让一位处于臣属地位的民众身为法官来审判宗主国的侨民。[157]

英国政府在 1861 年为印度制定的《刑事诉讼法典》"通过如下方式来确保'欧洲出生的英国臣民'的法律优先地位，即为其保

154　Kolff:"The Indian and the British Law Machines: Some Remarks on Law and Society in British India", in Mommsen and Moor, eds., *European Expansion and Law: The Encounter of European and Indigenous Law in 19th Century and 20th Century Africa and Asia* (Oxford: Berg 1992) 205.

155　同上注，第 205 页。

156　亚瑟·布勒（Arthur Buller）的报告，引自科尔斯基（Kolsky），同前注 149，第 668 页。

157　同上注，第 669 页。

50　留诸如由欧洲陪审员占主体的陪审团审理、只服从英国法官和治安法官，以及有限的刑罚等特权"。[158] 为了证成他们的特权地位，就诉诸适用属人法的权利。杰出的英国法学家菲茨詹姆斯·斯蒂芬（Fitzjames Stephen）宣称，"伊斯兰教有自己的属人法。印度教有自己的属人法……难道英国人就要被告知，他们的义务就是审慎地遵从所有这些法律，但同时无法为自己提出任何主张吗？"[159] 这是一个禁不起推敲的主张，因为它所讨论的法律是英国人起草、可适用于英国人和其他所有人的统一刑事诉讼法典——因此它反对的唯一对象就是审判英国人的印度法官。该法典 1872 年的修正案"通过禁止印度法官和治安法官在内陆地区审讯英国出生的臣民，而在内陆法院正式引入种族无资格原则（the principle of racial disability）"。[160] 为了回应印度人对不平等的法律适用的反抗，1884 年的修正案最终允许印度法官在内陆地区审讯英国人，但为欧洲人保留了由至少有一半成员是欧洲人或美国人的陪审团审判的权利。[161] 这实际上就是在英国统治的领土中开辟出一种审判的治外法权。

　　对伊斯兰教法和印度教法的正式承认，引发了许多复杂的议题和后果。东印度公司伊斯兰教法律条约的翻译官查尔斯·汉密尔顿（Charles Hamilton）将此称为开明统治："任何外国统治的长久延续

158　亚瑟·布勒（Arthur Buller）的报告，引自科尔斯基（Kolsky），同前注 149，第 658 页。

159　菲茨詹姆斯·斯蒂芬（Fitzjames Stephen）的报告，引自伊利莎白·科尔斯基（Elizabeth Kolsky），"法典化和殖民差别统治：东印度的刑事程序"（Codification and the Rule of Colonial Difference: Criminal Procedure in British India），载于《法律和历史评论》（*Law and History Review*）第 23 期（2005 年），第 679 页。

160　科尔斯基（Kolsky），同上注。

161　同上注，第 682 页。

都要求被统治者的利益得到认真对待,为了这个目的,没有什么比保留他们古老的已经确立的实践(包括民事与宗教方面的)、在他们自己制度的运作中保障他们更有效的了。"[162] 东印度公司还主张这一政策只不过是莫卧儿统治者手中原有法律制度设计的延续,这些统治者本身最初就是外来侵略者,是占人口少数的伊斯兰教信徒对占人口多数的印度教信徒的统治。莫卧儿人制定了完备的刑法典但却避免制定完备的家事法典。如前所述,伊斯兰教制度大体上允许其他宗教社群按照自身社群法和制度生活。在莫卧儿统治下,对于非伊斯兰教信徒来说,伊斯兰教法院并非强制性的;但有相当数量的非伊斯兰教信徒在莫卧儿统治时期到伊斯兰教法院打官司(正如后来印 51 度人会去东印度公司法院一样),这通常是为了在官方记录中登记法律和解协议抑或获得比他们在社群法庭所得结果更好的结果。[163] 不过大体上说,"莫卧儿司法在这片土地上的传播范围有限,村庄层面大部分纠纷还是由不同人员组成的具有不同程度形式性的潘查耶特(panchayats)(委员会,按照字面意思由五人组成)来解决"。[164]

英国法官对伊斯兰教法和印度教法的采纳,出乎意料地改变了

162　查尔斯·汉密尔顿(Charles Hamilton)的报告,引自帕特吉·S. 高希(Partha S. Ghosh),"印度的属人法政治:印度教—伊斯兰教二分法"(Politics of Personal Law in India: The Hindu-Muslim Dichotomy),载于《南亚研究》第 29 期(2009 年),第 1、4 页。

163　南迪尼·查特吉(Nandini Chatterjee),"反思莫卧儿王朝法律中的宗教差异与许可性包容"(Reflections on Religious Difference and Permissive Inclusion in Mughal Law),载于《法律与宗教杂志》(*Journal of Law and Religion*)第 29 期(2014 年),第 396、408—410 页。比如,依据伊斯兰教法,女儿如果有兄弟,她会继承自己父亲财产的一部分;但根据印度教法,她什么都得不到。查特吉(Chatterjee),同本注,第 410 页。

164　同上注,第 414 页。

法律。[165]将伊斯兰教法和印度教法翻译和系统表述为成文法律汇编，改变了它们先前作为与常规审判相关的口述传统而发挥作用的方式。此外，英国法官认为伊斯兰教中旨在获得公正结果的卡迪裁判，未能充分地适用清晰的法律规则。英国法官以普通法方式适用法律，创造出了一系列先例，同时也否定了他们认为无法接受的原住民法律。"结果就是印度教法律和伊斯兰教法律的实体化，以及对之随处可见的误读，随着时间流逝，其影响就是允许英国法和诉诸先例的普通法实践变更原住民法律，以便使之更具英国特征。"[166]对印度教法的进一步英国化，就是当时制定的统一法典（这在英国并不存在）限制并固定了伊斯兰教法和印度教法。[167]经过改变的印度教法因此被吸纳进移植过来的英国法律传统，杂交出两者混合的后代。

在今天的印度，伊斯兰教和印度教属人法依旧存在于正式法律体系之外，同时也得到正式法律体系的承认，面对一次又一次对更高程度法律统一性的呼吁，它自岿然不动。在法律体系之外，乡下村落中习惯法和宗教法的混合在社群中继续存在。人们熟知这种法律，并根据它来安排自己的事务。这种法律是人们在当地可获得的，且"廉价而易得"。[168]在正式的国家法律体系内，"今天的印度法律体系承认并执行一种复杂的属人（身份）法体系，家庭、财产以及宗教制度的案件通过它而基于印度教、伊斯兰教、印度拜火教以及基督教属

52

165　Lauren Benton, *Law and Colonial Cultures: Legal Regimes in World History, 1400–1900* (New York: Cambridge University Press 2002) 139.

166　同上注。

167　同上注，第 151 页。

168　Partha S. Ghosh, "Politics of Personal Law in India: The Hindu-Muslim Dichotomy", 29 *South Asia Research* 1, 12 (2009).

人法而得到裁决——取决于诉讼中当事人的宗教—法律身份"。[169]

进步的改革主义者，特别是代表女性权利的改革者们，倡导废除宗教法中对待女性的落后要素，代之以统一的世俗法律。保守和正统的宗教反对者主张，尊崇他们的法律对于他们的宗教而言至关重要，并且受到宪法所保障的宗教自由的保护。[170]女性权利倡导者们在改革宗教法对女性的对待中，援引国际女性权利与人权宣言以及国家法律条文；而宗教领袖在捍卫自己的立场时，诉诸保护宗教自由和当地民族权利的国际宣言以及国家法对宗教的保护。每一方都列举出多元化的法律渊源，它们源自当地社群法、国家法以及国际法和人权。

这些论战的产生背景是印度教—伊斯兰教的政治紧张，它总是一触即发且有时爆发为宗派暴力。一直以来都有朝向更高程度法律统一性的运动，但习惯和宗教社群法依旧在国家法之内与之外绵延不绝。

国家法一元论学说的运用与滥用

认为拥有主权和领土的法律国家是至高无上的、无所不包的、统一的、一元论的理论，首先是由理论家在 16 世纪和 17 世纪提出，在 19 世纪成为欧洲法学家的主导观点。虽然依旧存在例外，包括英格兰的王室法院以及教会法院直到 19 世纪还在行使司法管辖权，

169　Nandini Chatterjee, "Reflections on Religious Difference and Permissive Inclusion in Mughal Law", 29 *Journal of Law and Religion* 396, 396–97 (2014).

170　帕特吉·S. 高希，"印度的属人法政治：印度教—伊斯兰教二分法"，载于《南亚研究》第 29 期（2009 年），第 6—10 页。

但将先前去中心化的法律制度囊括入国家法范畴已经取得了重大进展。然而恰恰在这一时期，欧洲人却惯常以迥异于国家法一元论学说的方式对待其他国家，其中最具代表性的就是它们在奥斯曼帝国以及整个世界范围内坚持治外法权，以及由追逐欧洲海外利益的私人公司行使实质法律权力。

53　　　　这不仅仅是伪善的问题。法学家通过国家法一元论学说来证成对其他地域中政治与法律权力的夺取。一位研究欧洲帝国主义的历史学家，安德鲁·菲茨莫里斯（Andrew Fitzmaurice）如此阐释他们文过饰非的方法：

> 他们指出，领土主权只能在现代国家发现。这些国家处于历史发展中的更高阶段，因此拥有更优先的权利，这就如 17 世纪欧洲人曾认为农业社会要比生活在自然状态的人们拥有更优先的权利一样。因此，通过以这种方式扩展进步主义历史学说，这些法学家认为当土地上的领土主权还未被"获取"时，是有可能占据这些土地上的领土主权的，包括占据非洲和亚洲的"属人"主权。[171]

基于这种观点，不符合国家法一元论标准的国家就是有缺陷的，如我将在接下来两章中表明的那样，这些国家是需要被接管的。在传播文明的国家法律体系这一名义下展开的欧洲殖民活动，带来了与此一元论学说并不相符的、无所不在的、根深蒂固的法律多元主义。

171　Andrew Fitzmaurice, *Sovereignty, Property and Empire, 1500–2000* (Cambridge: Cambridge University Press 2014) 6–7.

最后，强调一下本章得出的几个要点。最重要的是，国家法一元论学说推动且服务于国家法律的权力——这在国家法律具有全面（垄断的）至上性这一主张中显露无遗。但是不同形态的法律却在一个引人注目、缺乏规则、色彩斑斓、变动不居的制度设置万花筒中彼此共存、相互交织。如本章所言，国家法一元论观点的兴起是基于欧洲特定的社会—政治情境，是对当时支持国家内权力巩固的条件的回应。

当政权法扩展到与其所处领域异质的地域时，子社群在日常社会交往中运用的是它们自身的法律。人们青睐依据自己熟知的法律来生活，这些法律服务于他们的需求，组织起他们的互动，他们运用自己可使用的法庭与能够理解的规范解决纠纷。与此同时，如果有条件，他们会诉诸替代性的法律制度。当他们感到这样做有利可图时，就会诉诸国家法、习惯法与宗教法以及政权间法律（王室法律、国际公约、人权等）的帮助。给这些彼此共存的法院和法庭配给职员（国家法官、王室法官、宗教权威、传统酋长、村庄长老等）的当局，在维持秩序、回应纠纷的同时，通过将诉讼当事人吸引到这些法院而增强了它们的权威、声望与财富。这些彼此共存的法院在它们的利益一致时会合作，但也会相互竞争。法律多元主义的情形通常包括拥有不同规范的彼此替代的法律制度，人们的择地行诉，以及试图增强它们各自自身法律内容与地位的彼此共存的法律权威。

第2章　后殖民时期的法律多元主义

　　法律多元主义最初是由人类学家在讨论后殖民时期非洲与亚洲的法律时，在 20 世纪 60 年代早期的几篇文献中提出的。最早提及法律多元主义的文献之一，是人类学家劳埃德·法勒斯（Lloyd Fallers）1962 年的一篇有关乌干达习惯法的文章，在这一年乌干达脱离英国而独立：

　　　　在非洲新独立国家所面临的棘手难题的冗长列表中，从原住民法律和被引介的法律体系（这些国家据此而逐渐获得独立）的杂芜中创造国家法律体系，绝非最微不足道的一个。在殖民统治时期，习惯法被保留下来，在一些情形中甚至得到了加强；欧洲以及某些情况下近东和亚洲的元素，也被增补进这个法律大杂烩中……当然，这种法律多元主义只是一般层面文化碎片化的法律体现，后者是新兴非洲国家的典型特征。欧洲的外交政策在 19 世纪彻底打碎了非洲传统政治体的聚集——一些是几个村庄构成的小群落，另一些是臣民数以百万计的大王国——新兴国家几乎没有联合彼此的共同文化。[1]

　　1　Lloyd Fallers, "Customary Law in the New African States", 27 *Law and Contemporary Problems* 605, 605 (1962).

鉴于人口是由不同的非洲部落群体、伊斯兰教信徒、欧洲殖民者以及英国带来的外国劳工(许多源自印度)组成,"这里至少有一打彼此不同的习惯法体系,外带英国、印度以及伊斯兰教的法律元素"。[2]法学家丹尼斯·考恩(Denis Cowen)在 1962 年另一篇有关非洲法律的文章中,讨论了非洲国家消除既有法律多元主义的目标,该目标基于下述信念:"一个统一的国家法律体系能够有助于国家统一的发展和国家情感的培育,如果从现代视野审视,它有可能同时有助于先前被视为'落后'的国家走向'现代化'。"[3]人类学家默文·贾思潘(Mervyn Jaspan)在 1965 年一篇有关印度尼西亚法律的文章中描述了类似情形,荷兰法引入后,它与"地区和部落习惯法[adat]彼此共存,通常也与伊斯兰教法相结合,还有'异域东方'少数群体——这主要是中国人和印度人——的法律习惯"。[4]他讨论了"法律的多元或统一的问题";[5]他评论说,精英与法学家想要发展出现代统一法律体系的愿望几乎未能得到实现。[6]

　　本章详细讨论后殖民时期的法律多元主义:它是如何产生的、它的影响是什么,以及法律主义在今天的状况。后殖民时期的多元

　　2　Lloyd Fallers, "Customary Law in the New African States", 27 *Law and Contemporary Problems* 616 (1962).

　　3　Denis V. Cowen, "African Legal Studies—A Survey of the Field and the Role of the United States", 27 *Law and Contemporary Problems* 545, 552 (1962).

　　4　Mervyn A. Jaspan, "In Quest of New Law: The Perplexity of Legal Syncretism in Indonesia", 7 *Comparative Studies in Society and History* 252, 252 (1965).

　　5　同上注。

　　6　有关印度尼西亚的法律多元主义的另一篇早期文献是丹尼尔·S. 列弗(Daniel S. Lev),"印度尼西亚的最高法院与习惯法中的继承法"(The Supreme Court and Adat Inheritance Law in Indonesia),载于《美国比较法杂志》(*American Journal of Comparative Law*)第 11 期(1962 年),第 205 页。

主义首先聚焦于非洲、亚洲以及太平洋岛屿。这些区域涵盖太过广泛多样而难以详述，有关法律多元主义的海量法学与人类学文献也多到难以尽览。因此我会聚焦于和法律多元主义相关的共同模式或结论，偶尔拉近镜头关注特殊情境以补充讨论语境和深度。

殖民活动约定俗成地指的是欧洲从 16 世纪到 20 世纪中叶对世界上大部分地区的政治、经济与法律支配。从事殖民活动的列强是在前一章意义上所说的帝国：一个宗主国出于自己的利益向处于从属地位的边缘地区发号施令、进行剥削。英国对印度的掌控就是一个典型例证。早期的帝国主要基于陆地，但欧洲殖民活动中包括基于海洋的帝国，它与帝国中心相去甚远。欧洲的政治统治涉及对边缘领土不同程度的掌控：形成殖民地、保护国抑或其他某种关系；经济统治包括利用土地、劳动、自然资源，以及为了宗主国及其殖民者的利益而买卖边缘领土；法律支配涉及殖民国家工具性地利用法律来实施自己的统治并实现自己的剥削性经济目标。

57 　　拉丁美洲、加勒比海、北美洲、澳大利亚以及新西兰也与殖民活动有关，且都出现了法律多元主义。这些地区的情况（直到最近）一直都很少得到讨论，因为它们的法律多元主义一直处于受到区隔的状态。在这些社会中，大量的殖民者和其他地区过来的劳工（被买作奴隶或签订了契约劳役）超过了当地人口，并且由于疾病、强迫劳动和屠杀，当地人口受到进一步削减。统一的法律体系至少在表面上得到确立，如我在下一章中所说，当地人口被驱赶到了边缘地位。但在非洲、亚洲和太平洋这些后殖民地区的法律多元主义则与此相反，它是弥漫在这些社会中的突出特征。

欧洲殖民活动随着时间在不断演进。在前三个世纪，大体上是

1500—1800 年之间，除了西班牙美洲基督教传教士的传教活动外，欧洲最初的殖民者主要关注获取物质资源和用于买卖的产品，为自己的货物创造市场，并建立商贸路线和城镇。这些早期工作主要是商贸公司来做，而非国家本身，并且大部分工作并不涉及对领土的广泛掌控。这一时期的欧洲国家仍处于巩固自身的过程中。英国自身受到 17 世纪内战和革命的撕裂，荷兰卷入了与西班牙展开的长达几十年之久的独立战争。18 世纪末美国和法国爆发革命，此后的几十年间大部分拉丁美洲地区都从西班牙独立出来。19 世纪初拿破仑战争席卷了整个欧洲，接着就是在许多国家爆发的 1848 年革命。欧洲列强这一段时间忙于应对国内对其自身统治提出的挑战。

欧洲法最初适用于欧洲人自己在非洲和亚洲基地的人员、要塞和商贸组织。如果没有侵犯到殖民地的利益，欧洲人认为当地人之间的事务最好由当地人来处理。"直到 18 世纪末，欧洲人都没有认真尝试将依据自己法律作出司法裁判的管辖权扩展到这些自治的人口身上。他们也没有试图将欧洲法大规模地扩展到居于臣属地位的人口身上。"[7] 当地事务不但不在他们的经济关切之内并超出了他们的解决能力，而且欧洲人涉足原住民法律和纠纷在经济与社会上都有毁灭性后果。

直到 19 世纪下半叶，殖民统治才大规模主张对边缘领土的全

　　7　Jorg Fisch, "Law as a Means and as an End: Some Remarks on the Function of European and Non-European Law in the Process of European Expansion", in Wolfgang J. Mommsen and J.A. de Moore, eds., *European Expansion and Law: The Encounter of European and Indigenous Law in 19th and 20th Century Africa and Asia* (Oxford: Berg 1992) 23.

方位政治掌控。[8] 在此前一个世纪，东印度公司就渗透进了印度，但英国直到 1858 年才从该公司手中接管印度。尽管欧洲殖民者在态度和方法上存在差异，但在实践中他们采用着相似的策略。"受限于环境和资源稀缺，在合适的区域，欧洲列强被迫采取间接统治的技术，但取决于当地条件，这种间接统治的程度并不一致。"[9]

殖民地的间接统治

1884 年 11 月欧洲列强相聚于柏林召开会议，参会的国家有英国、葡萄牙、法国、比利时、荷兰以及德国，会议的主旨是在他们之间瓜分非洲。没有任何非洲领袖与会。欧洲人在当时划定的领土边界大体上与今天的一致。法学家认为，列强统治非洲的主张得到了国际法的授权，因为非洲国家不具备国家主权（*territorium nullius*，无主之地学说），因此就不是值得尊敬的独立国家。[10] 这一观点轻易地忽视了直到那时印度还一直由一家英国商贸公司而非主权国家掌控；并且就在这次会议上，刚果被分派给比利时国王利奥波德（King Leopold of Belgum）所有的一家私人公司（与比利时国不同）[11]——它对这片领土令人发指的剥削导致数以百万计的刚果

8　参见希瑟·斯特里斯—索尔特和特雷弗·R. 盖茨（Heather Streets-Salter and Trevor R. Getz），《现代世界中的帝国与殖民地：全球视野》（*Empires and Colonies in the Modern World: A Global Perspective*），纽约：牛津大学出版社 2016 年版（New York: Oxford University Press 2016），第四部分。

9　莫姆森和摩尔（Mommsen and Moore），"导论"，同前注 7，第 7 页。

10　Andrew Fitzmaurice, *Sovereignty, Property and Empire, 1500–2000* (Cambridge: Cambridge University Press 2014) Chapter 9.

11　有关这一立场明显的弱点，参见卡斯帕·希尔维斯特（Casper Sylvest），"我

人的死亡。

　　欧洲人通过结束奴隶制、为非洲人带去文明的行政管理和法律以及更好地利用其丰富自然资源来为夺取非洲统治权辩护。尼日利亚前总督弗雷德里克·卢格德（Frederick Lugard）（也是香港的前总督）解释说："19 世纪末非洲大门打开后，欧洲子民大幅度提升 59 了生活的便利，欧洲由此而受益。非洲由于工业品的流入以及用法律与秩序代替野蛮的管理手段而获益。"[12]

　　由于殖民地管理者共享统治策略并改任到新的环境，欧洲殖民者间会相互仿效管理手段并将一个环境下的统治方法运用到另一个环境中。虽然有诸多变化，但他们都运用着一个基本的模板：建立殖民国家、从当地人身上征收赋税以及消费税和特许使用税、创建法院、移植法律、个人事务方面承认当地律法，以及依赖当地中介。管理遥远国土中生活方式迥异的大量人口，需要依据这些方式行动。就连法国这个正式适用统一法典的国家，也在自己的非洲和亚洲殖民地承认宗教法和习惯法以及法庭。[13]

　　卢格德在《英属热带非洲的双重任务》（*The Dual Mandate in British Tropical Africa*, 1922）一书中对英国在非洲和其他地区运用的间接统治提供了生动的一手论述。"这一制度的核心特征"，他写

们对合法性的热情：19 世纪后期英国的国际法和帝国主义"（Our Passion for Legality: International Law and Imperialism in Late Nineteenth Century Britain），载于《国际研究评论》（*Review of International Studies*）第 34 期（2008 年），第 403 页。

　　12　Frederick Lugard, *The Dual Mandate in British Tropical Africa* (London: Blackwood and Sons 1922) 615.

　　13　卢格德有关非洲的法国法律体系的讨论，表明它与英国体系具有实质性相似；卢格德（Lugard），同上注，第 568—569 页。

道,"就是当地的首领构成管理机制不可分割的一部分"。[14] 最高首
领是一位区域性统治者(由一位英国政务官做其顾问),得到下级行
政机构居于从属地位的首领们的支持。英国总督批准且能够因为
最高首领滥用权力而将之免职,但总体上殖民国家支持且增强了首
领的权力。"当地统治者的权力来自宗主国,并对该权力不受滥用
负责……密谋反对他的行为,如果必要的话,是[英国]行省法院
可处罚的犯罪。因此英国法院和原住民法院都被用来支持当地统
治者的权威。"[15] 只有英国这个殖民国家有权征收赋税和立法。只有
英国法院对居住在城镇的当地人和非当地人拥有管辖权。至于不
在城镇中的当地人,"当地统治者以及原住民法院,如果不违反人
性或不违背任何法令条例,就被授权实施原住民法律和习俗"。[16] 得
到国家支持的传统首领在更高层次上获得国家的回报,在社群内提
升了自己的经济地位并增强了自己的权威。这一法律设计在受到
不同程度渗透的殖民地中得到广泛复制,但在处理高度集中的酋邦
中的大量本地人口以及更小型的分散人口时会有所不同。

英国殖民地遵从普通法与衡平法,遵从在英国通过的为殖民地
制定的法律,遵从殖民地政府颁布的法律。由此创造出一种法院层
级:在殖民地首都和商业中心,由英国人担任法官的一个"最高法
院"审理城市中事务的初审和上诉审(由此可上诉至伦敦的枢密院);
由英国法官组成的多个"行省法院"处理殖民地主要城市之外大型
区域的事务;以及由当地首领任职(并由英国"常驻民"担任顾问)

14　Frederick Lugard, *The Dual Mandate in British Tropical Africa* (London: Blackwood and Sons 1922) 203.

15　同上注。

16　同上注,第 206 页。

的每个区域的"原住民法院"。这三级法院都由殖民地政府创设并提供经费。由英国法官(当地顾问为其提供咨询)任职的法院以及原住民法院在涉及当地人,"特别是与财产、婚姻和继承相关的事务时",都适用当地宗教法和习惯法。[17]按照一位评论家对该体系的刻画:"殖民政权的法律充当白人自己的部落法——不过是具有特殊地位的部落法;因为尽管非洲人要强制性地服从殖民地法律的某些部分,可白人无需服从于任何他们没有明确或默示表示服从的非洲习惯法部分。"[18]

在事关非当地人以及当地人的诸如谋杀这样严重犯罪的纠纷中,行省法院具有排他性的管辖权,适用英国法和殖民地法,并在涉及当地人的案件中与原住民法院共同享有管辖权。原住民法院只对当地人具有管辖权,主要涉及"夫妻纠纷、小额债务、非法侵入、攻击以及继承"。[19]伊斯兰教卡迪法院审理接受当地首席法官审查的同类事务。[20]尽管由当地人组成,但原住民法院却非当地制度,而是由殖民地政府创设并提供经费。它们是非正式机构,几乎不援引正式法律且禁止律师的参与。[21]原住民法院运作于接受更高位阶审查的法律体系之中,当地首领在其中接受司法熏陶,发展出习惯 61

17　Frederick Lugard, *The Dual Mandate in British Tropical Africa* (London: Blackwood and Sons 1922) 536.

18　Denis V. Cowen, "African Legal Studies—A Survey of the Field and the Role of the United States", 27 *Law and Contemporary Problems* 545, 555 (1962).

19　卢格德(Lugard),同前注 12,第 550 页。

20　同上注,第 556 页。

21　马丁・沙诺克(Martin Chanock),"法律市场:英属东非和中非的法律冲突"(The Law Market: The Legal Encounter in British East and Central Africa),载于莫姆森和摩尔(Mommsen and Moore),同前注 7,第 302—333 页。

法与国家法因素彼此交织的混合形态的法律。[22]

最低层级是村庄中现有的法庭,它们按照自己的方式行事,置身于正式法律体系之外,尽管殖民地国家事实上会依赖它们来处理相当比例的地方纠纷。卢格德写道,"酋长和村庄首领会继续存在,他们裁断地方性小纠纷的习俗性权利不会受到干涉"。[23]

殖民地国家的政府在经济上是自足的,它通过向当地人征收赋税,以及向商业活动征收消费税、向资源开采征收特许使用费而获得收益。人头税或棚屋税取代了之前当地的贡赋制度。当地酋长代表最高首领征收正税。尽管英国总督固定了税率,但卢格德强调"实际上的评估掌握在当地统治者及其代表——地区和村庄头目——的手中,英国官员起着指导和辅助作用。因此对于纳税人来说,赋税貌似是由他自己或当地统治者征收的,尽管他明白民政事务专员的警惕性会确保没有任何未经授权的苛捐,并且任何不公正行为都会得到纠正"。[24]没有收入的当地人可以向政府提供劳动来代替纳税,因为殖民地当局的常规需求中最迫切的就是公共事业中无偿的当地劳工。

可以等价于一个月劳动的人头税或棚屋税,也服务于如下政

---

22 参见罗杰·戈金(Roger Gocking),"英国司法与南部黄金海岸殖民地的地方法庭"(British Justice and the Native Tribunals of the Southern Gold Coast Colony),载于《非洲史期刊》(*Journal of African History*)第 34 期(1993 年),第 93 页。休·法兰(Sue Farran),"在太平洋岛屿国家传统土地占有制度与外来土地法之间穿行"(Navigating Between Traditional Land Tenure and Introduced Land Laws in Pacific Island States),载于《法律多元主义杂志》(*Journal of Legal Pluralism*)第 64 期(2011 年),第 65 页。

23 卢格德(Lugard),同前注 12,第 553 页。

24 同上注,第 207 页。

策，即强迫当地人在货币经济中为欧洲种植园和资源开采企业工作，"如果当地人能够证明他已经为工资给一位欧洲人工作了一个月，就可以得到返还这些税金的一半"的补贴。[25]非当地人的移民者，他们几乎都受雇于殖民地政府或欧洲公司，其中许多人都领着"可观的"薪水，却"豁免于非洲当地任何形式的所得税"。[26]对豁免他们当地人所缴税金的辩护是，向外国人征收的赋税会通过提高的工资而传递到雇佣他们的公司身上。因此殖民地税收政策的目的就是支持欧洲的经济活动。 62

　　如详细引述卢格德的论述所表明的那样，殖民地的法律服务于增进从事殖民活动的列强及其海外定居者的经济和政治利益，但同时也主张保护当地人口与资源免于受到海外定居者或他们自己当地首领的野蛮剥削。[27]"殖民统治创造出了新型'犯罪'，其中有许多是反抗殖民管理所强加的结构的违法行为。"[28]殖民地的刑法厚颜无耻地保障着国家权力；比如，不服从任何"合理的命令"就是一种犯罪行为，其中"合理的命令"被界定为"虽然在本法或某个其他法律中并未实际提出，但由于情境而可能具有必要性的任何命

　　25　Frederick Lugard, *The Dual Mandate in British Tropical Africa* (London: Blackwood and Sons 1922) 256.

　　26　同上注，第261页。

　　27　有关殖民地国家支持欧洲剥削的不同方式的论述，参见安·塞德曼和罗伯特·B 赛德曼（Ann Seidman and Robert B. Seidman），"非洲先前英国领地中习惯法的政治经济学"（The Political Economy of Customary Law in the Former British Territories of Africa），载于《非洲法杂志》（*Journal of African Law*）第28期（1984年），第44页。

　　28　David Killingray, "The Maintenance of Law and Order in British Colonial Africa", 85 *African Affairs* 411, 413 (1986).

令"。[29] 法院对殖民地税法和雇佣法的执行远超有关攻击和盗窃的案件。[30] 虽然许多当地人不会说英语,可是有关耕作方法、产品出售、森林使用、迁徙以及许多其他事项的详细规制,都只是用这种语言颁布的。"情况就是一个人服从于法律施加的种种规制,可是他并不知晓这些规制的内容,它们由官员随机地执行,官员包括白人和非洲人,身兼行政长官和法官双重角色。"[31] 这就是卢格德所鼓吹用来取代当地野蛮状态的英国法律和秩序。

殖民地主要经济活动是欧洲海外定居者经营的贸易、种植园(可可、橡胶、咖啡、剑麻、亚麻、棉花等)、木材采伐、钻石和贵金属开采。殖民地的往来贸易一直到 19 世纪都受到政府授权的垄断公司的保护,自由贸易观点兴起后才导致它们的衰落。种植园和开采活动要求保障土地权利和遵守纪律的劳动力。尽管当地土地所有制度在许多殖民地语境下都是公有制,但欧洲种植园所使用的土地(这些土地租赁自国家,而国家通过从当地首领手中获取、购买抑或私人租赁而获得这些土地)基于移植过来的英国财产制度,它授予种植园主非限嗣继承地产所有权*或长期租赁权。[32] 殖民地当局将人们认为缺乏肥力的土地纳入囊中,用于公共事务或种植园。

29　Martin Chanock, "The Law Market: The Legal Encounter in British East and Central Africa", in Wolfgang J. Mommsen and J.A. de Moore, eds., *European Expansion and Law: The Encounter of European and Indigenous Law in 19th and 20th Century Africa and Asia* (Oxford: Berg 1992) 283.

30　同上注,第 284 页。

31　同上注,第 284—285 页。

*　指的是该类地产的继承不限于特定人,凡合法继承人均有权继承,包括直系的、旁系的和其他受遗赠的继承人。一旦拥有这种地产,本人终身享用,并将永远传给其后的继承人。它接近于所有权。——译者

32　卢格德(Lugard),同前注 12,第 295—296 页。

历史学家克里斯托弗·贝利（Christopher Bayly）发现，"在欧洲人定居区，这些新的财产权定义可以成为打击弱者的锋利武器。它们使得白人移民以及一些情况下的当地精英能够征用原住民的公有土地或劳动"。[33] 居住在欧洲移民所主张土地上的当地人，被迫签订要求他们提供按时劳动且由刑罚强制的租赁合同。[34] 对于采矿业来说，整个英国以及其他殖民地的常见情形是"一切矿藏的所有权毫无保留地归属于国王"，[35] 它以特许使用费作为对价将开采权租赁给欧洲人开设的公司。

为欧洲种植园和矿井提供充足的劳动力是一个挑战，因为可以理解的是当地人——他们被描述为懒散且不服管教——不愿从事胼手胝足的劳动。[36] 爪哇的荷兰人以及萨摩亚的德国人以刑罚作威胁强迫当地人工作。[37] 鉴于他们为殖民活动所主张的辩护是终结奴隶制，英国人倾向于避免强制劳动。在许多殖民地，欧洲企业引入了大量外部劳工，特别是印度人和中国人，他们中有许多人都签订了契约劳役。[38] 为了满足开矿以及像食糖、棉花、咖啡以及橡胶这类经济作物对劳动力的需求，"帝国官员管理着这样一种契约劳工制度，它使得 1834 年到 1920 年间大约 150 万印度人、非洲人、中国人以及太平洋岛屿居民迁徙到其他热带殖民地"。[39] 通过中国的移

33　C.A. Bayly, *The Birth of the Modern World, 1780–1914* (Oxford: Blackwell 2004) 112, 134.

34　沙诺克（Chanock），同前注 21，第 294 页。

35　卢格德（Lugard），同前注 12，第 347 页。

36　同上注，第 390—405 页。

37　同上注，第 417—418 页。

38　同上注，第 415—419 页；参见希瑟·斯特里斯—索尔特和特雷弗·R. 盖茨（Streets-Salter and Getz），同前注 8，第 157—160、364—369 页。

39　同上注，第 366 页。

民网络,有 2000 万中国人移民海外,其中有 90% 都去往了东南亚,
许多人都在种植园工作。[40] 与当地劳工和移民劳工签订的雇佣合同
由惩罚"开小差"[41] 以及"玩忽职守、过失和拒绝工作"[42] 的刑罚强制
64　执行。"对不履行义务的工人进行刑事惩罚,是殖民地法院主要工
作之一。"[43] 相应地,移民的涌入使得移民社群的社群法得到承认,
进而增加了法律的多元性。

　　殖民地法律因此由如下要素构成:移植自宗主国旨在维护殖民
地政府权力和增进其海外移居者利益的法律,它由英国人任职的法
院适用;涉及当地人的诉讼中,英国法官和原住民法官所在的行省
以及原住民法院适用的地方习惯法和宗教法;英国法官针对移民事
务所适用的移民社群的法律;以及通过习惯法和宗教法处理地方层
面大部分纠纷的非正式村庄法庭。这一基本结构塑造了殖民地国
家的法律多元主义,将领土内的政权法和地方性的属人社群法结合
在同一个体系之中,同时保留地方性法律制度在正式法律体系外发
挥作用。

　　由于法律规范和制度的移植以及人员和观念的流动,在欧洲殖
民活动的唤起下,世界范围内出现了一股法律多元主义浪潮。这股

　　40　弗里德里克·卢格德:《英属热带非洲的双重任务》,伦敦:布莱克伍德与桑斯
1992 年版,第 367 页。一点个人注解:我的祖父母在 20 世纪 20 年代通过在种植园中
劳动的契约劳役从日本冲绳县移居到夏威夷。

　　41　参见彼得·菲茨帕特里克(Peter Fitzpatrick),"巴布亚新几内亚殖民地的法律
与劳动"(Law and Labor in Colonial Papua New Guinea),载于亚什、罗宾·卢克哈姆
和弗朗西斯·斯奈德(Yash Ghai, Robin Luckham, and Francis Snyder)主编,《法律的
政治经济学:第三世界读本》(*The Political Economy of Law: A Third World Reader*),
德里:牛津大学出版社 1987 年版(Delhi: Oxford University Press 1987),第 13—43 页。

　　42　沙诺克(Chanock),同前注 21,第 294 页。

　　43　同上注,第 293 页。

浪潮的出现体现为五种方式。首先，殖民者将源自西方的法律和法律制度移植到殖民地以维持殖民统治、推动殖民经济活动、管理海外移民并维护殖民城镇和村落的秩序，同时地方性的习惯法和宗教法依旧服务于当地人群主体。其次，欧洲领导人对殖民地国家界限的划分没有顾及殖民地原有的政治—文化—宗教政治体和社群，使得在单个领土国家内出现基于不同文化与宗教的律法，反过来，拥有相同法律的群体却被分割为不同的国家。[44] 其三，向开矿和种植园这样的殖民经济活动（通过奴隶制、契约劳役或劳工的自愿）引入了大量移民劳工，他们重新创造出拥有基于其自身文化或宗教法律的社群，在家事法和继承事务方面尤为如此。其四，未被殖民的强大的非西方国家（特别是俄罗斯和中国）创造出具有它们自己特征的上述前两种法律多元主义样态：一些国家创造出横跨不同语言、民族以及习惯法和宗教法的国家；一些国家为了实现现代化而采纳西方法律与制度，采用移植过来的正式国家法和与之相伴的原住民法律。最后，源自被殖民国家的人们移民到帝国中心，定居在移民社群，带来了他们的习惯法与宗教法，特别是家事法和继承，在宗主国中创造出法律多元主义的小群落。这五种情形——常常发生在多民族帝国的历史中[45]——沿着两大主轴创造了法律多元主义：遵

65

44　有关在非洲和中东任意划定国家界限的持续危害性后果的讨论，参见蒂姆·马歇尔（Tim Marshall），《地理的囚徒：解释有关世界一切事物的十张地图》（*Prisoners of Geography: Ten Maps that Explain Everything About the World*），纽约：斯克里布纳 2016 年版（New York: Scribner 2016），第五章和第六章。

45　大体可参见劳伦·本顿和理查德·J. 罗斯（Lauren Benton and Richard J. Ross），《法律多元主义和帝国：1500—1850》（*Legal Pluralism and Empires, 1500–1850*），纽约：纽约大学出版社 2013 年版（New York: NYU Press 2013）。

从不同法律内容的比邻而居的社群，以及与不同社群法一起共存的国家法，在许多殖民地中这两种情况都会存在。

胡克（M.B. Hooker）的《法律多元主义：殖民法和新殖民法导论》（*Legal Pluralism: An Introduction to Colonial and Neo-Colonial Law*, 1975）[46] 是对殖民活动过程中产生的法律多元主义的一项意义深远的研究，聚焦于上文所说的前四种模式。胡克讨论了英国殖民地法律同印度教法、佛教法、伊斯兰教法、非洲习惯法、中国习惯法以及风俗法（Adat law）之间的互动；法国殖民地民法与非洲和中南半岛原住民法律形态的互动；荷兰殖民地法律与印度尼西亚原住民法律形态的互动；英美普通法与美国、新西兰、澳大利亚以及南非原住民法律的互动；土耳其、泰国以及埃塞俄比亚对西方法律的主动采纳；还有最后，苏联与中国的马克思主义法律以及习惯法和宗教法。

殖民地法律在一个接一个的殖民地中以不同方式、不同程度正式承认了习惯法或宗教法，这一过程有时是通过法典化进行的，但更常见的是通过允许法院适用原住民法律，创设或支持非正式的村庄或传统法院，抑或就是彻底让原有的原住民法院自行其是。承认原住民法律并不意味着从事殖民活动的列强具有利他精神。如上一章所言，这是历史上帝国的常见手法。欧洲殖民者之所以"承认"习惯法，是因为这是以最小成本和社会动荡来维持对臣属人口进行统治的最便利方法。殖民地的法律体系声称"认可"早已有之且殖

---

46   M.B. Hooker, *Legal Pluralism: An Introduction to Colonial and Neo-Colonial Laws* (Oxford: Clarendon Press 1975).

民地国家无力取代的原住民法律，是一种顾全脸面的宣告。

约翰·格里菲斯认为胡克所讨论的并非真正的法律多元主义， 66
因为得到殖民地国家的承认等同关于另一种形态的法律中心主义。
但这一论断对国家法作出承认的主张理解得太过表面了。它未能
体会到当地的法律并不因国家（书面）承认而存在，而是源自社群
内持久不息的集体承认。胡克所强调的毫无疑问是真正的法律多
元主义，对于上述社会具有经久不衰的重要意义。这是导论中所描
述的雅蒲地区以及整个南半球的法律多元主义。

胡克百科全书式的研究主要关注的是像立法和法院判决这样
的法律素材。人类学家的研究注重围绕后殖民时期法律多元主义
展开的复杂的社会与法律动态机制。现在就让我们简要地看看文
献中所讨论的核心议题。

习惯法的转型—发明

殖民地的法律体系显然试图通过制定法的禁止性规定，基于衡
平法的司法裁判或者约束奴隶制、童养媳、多配偶婚、杀婴、巫术、
神明裁判以及其他殖民地官员所反对的当地活动的冲突条款，来改
造和管控习惯法与宗教法。习惯法和宗教法由于得到承认并被纳
入殖民地法律体系而得到更多的细微改动，这一过程包含着它的转
型与发明。

习惯法转型的一个根本方面，就是当地的法律概念出于获得承
认的目的，而被转译为在功能上似乎大体类似（比如，在财产权的
分配方面）的西方法律范畴，但不可避免的是它们并不一致，这就

给习惯法带来巨大改变。习惯法转型过程中另一个因素就是欧洲法律体系的取向与当地司法体系存在本质差异。欧洲法律关注在给定纠纷中将成文法律规则适用于所关联的作为权利载体的个人；但原住民法律体系则关注获得一个纠纷的公平结果，它会将可适用的规范以及社群内更广泛的社会关系纳入考量。[47]规范在两种体系
67 中也呈现出相互对立的形态——成文的与不成文的——主持审判的人也有相互对立的决策取向——适用规则来确定结果以及尽量获得让社群满意的结果。

　　探查适用于殖民地法院的习惯法被证明是难以捉摸的。[48]习惯法的规范"一直被认为具有不同样态、处于不确定之中；会有彼此冲突或相互矛盾的规范；对规范的描述'模糊或暧昧'；规范有多种偶然或例外；表述的规范往往与实际行为不一致；总是不明确如何将抽象规范适用于特定案件；并且有时许多规范秩序彼此共存"。[49]

<hr>

　　47　比如，可参见泰丝·牛顿·凯因（Tess Newton Cain），"一致抑或冲突？太平洋岛屿地区法院审判中对习惯法及实践的承认"（Convergence or Clash? The Recognition of Customary Law and Practice in Sentencing Decisions of the Courts of the Pacific Island Regions），载于《墨尔本国际法期刊》（Melbourne Journal of International Law）第 2 期（2001 年），第 48、51 页；盖伊·波尔斯（Guy Powles），"海岸普通法？——太平洋地区习惯法制度的范围与状况"（Common Law at Bay? The Scope and state of Customary Law Regimes in the Pacific），载于《太平洋研究杂志》（Journal of Pacific Studies）第 21 期（1997 年），第 61、64 页。

　　48　有关探查习惯法的问题的详细讨论，参见夸贝纳·本兹-恩彻尔（Kwamena Bentsi-Enchill），"法律多元主义的殖民遗产"（The Colonial Heritage of Legal Pluralism），载于《赞比亚法学杂志》第 1 期（1969 年），第 1 页。

　　49　布莱恩·Z.塔玛纳哈（Brian Z. Tamanaha），"密克罗尼西亚联邦原住民法学体系发展提议"（A Proposal for the Development of a System of Indigenous Jurisprudence in The Federated States of Micronesia），载于《黑斯廷斯国际法与比较法评论》（Hastings International & Comparative Law Review）第 13 期（1989 年），第 71、103—104 页（其中援引了诸多有关习惯法的研究）。

难上加难的是，规范无法抽象适用，而是与特定纠纷中具体社会关系紧密相连。"这种多样性不仅让准确表述规范变得很难，有时还使得这一表述变得不复可能，因为所混杂的偶然性在案件与案件之间会有很大差异。"[50] 习惯法的弹性符合习惯法审判的取向：

> 因此，对纠纷的充分论述就要求描绘其全部社会语境——纠纷的起源、处理纠纷的后续努力以及随后当事人双方之间关系的历史……
>
> ……当地规则并不被先天地视为具有直接决定纠纷结果能力的"法律"。准确来说，得到承认的一点是，规则可能本身就是谈判的对象，有时会是便于管理的资源。[51]

从西方法律体系的角度来评价，这听起来是一种缺陷。可是从许多习惯法审判的目的出发，也即获得的结果会修复必须在一起生活的小社群中的和平，这是有道理的。严格的规则适用会带来赢家和输家，但对话与谈判则鼓励人们接受判决结果。　　68

习惯法的法典化会面临三种困难。[52] 首先，

50　Sally Falk Moore, "Descent and Legal Position", in Laura Nader, ed., *Law and Culture in Society* (1969) 374, 376.

51　John Comaroff and Simon Roberts, *Rules and Processes: The Cultural Logic of Dispute in an African Context* (Chicago: University of Chicago Press 1981) 13–14.

52　有关这些挑战的公允的看法，参见安东尼·N. 阿洛特（Anthony N. Allott），"非洲习惯法将要怎么办？——有关 1950 年以来非洲英语地区问题与改革的经验"（What Is to Be Done with African Customary Law? The Experience of Problems and Reforms in Anglophone Africa from 1950），载于《非洲法杂志》（*Journal of African Law*）第 28 期（1984 年），第 56、66 页。

　　这些试图将习惯法法典化的努力中，似乎最具误导性的，并不是表述出来的规则本身必然是错误的，而是它们无可救药地是不完整的。因为每一个"单个规则"被设立后，都有上百个规则被忽略——这些"规则们"会限定那些得到表述的规则，对之加以平衡，以及扩展或限缩它们。如果有人坚持前述方法，就需要规则的大量设置，并且社群之外的人无法完成这一任务。对于那些另一方面共享着社群价值的人们而言，平衡感是某种自发且自明的事物。[53]

　　其次，习惯法因地域、民族以及宗教而有所不同；比如，纳米比亚有 49 个得到承认的传统社群，其中大部分都有自己的习惯法。[54] 人们要么必须撰写许多习惯法典，要么必须撰写一部认为某一系列习俗高于其他习俗的领土或区域法典，这都是令人难以接受的选项，因此相对很少有习惯法典被实际撰写出来。[55]

　　第三个困难在于无论是依据一部法典还是得到原住民法律专家的咨询，按照适用他们自己法律的方式适用习惯法的欧洲法官，都会扭曲习惯法的运作。"这些习惯法体系的本质可以说就在于它们的运作过程，可是这些过程已经被取代，指引它们的弹性原则现

53　Alexander Nekam, "Aspects of African Customary Law", 62 *Northwestern Law Review* 45, 48 (1967).

54　Oliver C. Ruppel and Katharina Ryppel-Schlichting, "Legal and Judicial Pluralism in Namibia and Beyond: A Modern Approach to African Legal Architecture?", 64 *Journal of Legal Pluralism* 33, 40 (2011).

55　R.E.S. Tanner, "The Codification of Customary Law in Tanzania", 2 *East Africa Law Journal* 105, 114 (1966).

在被置于一个在全新政治环境下运作的规则训练和规则使用的机制中。"[56] 结果就是，"规范无法保留其原有内容，成为一个不同法律体系的构成要素"。[57] "村庄长老，一旦作为法庭中的证人提供证据……就发现他们的观点此时被剥离于提出它们时的特定语境，且被赋予一种非人格化的权威。"[58] 法典或司法先例的习惯法的表述由于使之固化而进一步转变了它，与此同时，不成文的习惯法却随着变动不居的环境而变化。[59]

由于有这些差异，欧洲法官对习惯法的法典化和司法适用不可避免地会改变其内容与运作（如前所述，这也发生在印度的印度教法和伊斯兰教法中）。习惯法的转型也出现在当地人任职的原住民法院。原住民法官并不必然熟知他们所管辖区域内的习惯法，并且对纠纷中的社会关系和事务分歧缺乏全面了解。他们在法律和法律实践中接受的训练，以及英国法官对其判决的更高层级的审查，包含着地方法官下意识和潜意识中仿效的守法主义律令。"它使得他们的心思都用在自己工作的规则方面，因而弱化了他们在情感上对习惯法的理解，且削弱了他们实现在社群诸多要求间达成平衡的

69

56　Martin Chanock, *Law, Custom, and Social Order: The Colonial Experience in Malawi and Zambi* (Cambridge: Cambridge University Press: 1985) 62.

57　Gordon Woodman, "Customary Law, State Courts, and the Notion of the Institutionalization of Norms in Ghana and Nigeria", in Anthony Allott and Gordon R. Woodman, eds., *People's Law and State Law: The Bellagio Papers* (1985) 157.

58　D.H.A. 科尔夫（D.H.A. Kolff），"印度和英国的法律机器：英属印度的法律与社会评述"（The Indian and the British Law Machines: Some Remarks on Law and Society in British India），载于莫姆森和摩尔（Mommsen and Moore），同前注 7，第 230—231 页。

59　Kwamena Bentsi-Enchill, "The Colonial Heritage of Legal Pluralism", 1 *Zambian Law Journal* 1, 23, 27 (1969).

能力。"[60]

有许多人类学家指出，习惯法并不具有真正的习惯色彩，而是一种在经历社会、政治与经济关系巨大改变的情况中，增进殖民当局以及当地精英利益的发明。[61]在法院中得到承认的并非社群内鲜活的社会关系，而是全新经济环境下对既有习俗有所选择的表述与阐发。[62]习惯法一旦在法律制度和实践的语境中得到法院承认，它就成为"司法性习惯法"，[63]是法律行动者（英国法官和原住民法官）的创制——这与英格兰的普通法非常类似，后者并非人们遵循的习俗（尽管自远古时期起，就有关于习俗的主张），而是法官不断创造的结果。[64]

70

植根于社会的非正式村庄法庭

如我们所见，殖民地正式的法律制度设计包含三个层次：（1）由宗主国法官任职的位于主要城市的殖民地法院，它对海外定居者以及现代经济领域中与国家相关的事务和商业活动适用殖民地法、

60　Alexander Nekam, "Aspects of African Customary Law", 62 *Northwestern Law Review* 45, 48 (1967).

61　Frederick Snyder, "Colonialism and Legal Form: The Creation of 'Customary Law' in Senegal", 19 *Journal of Legal Pluralism* 49 (1981).

62　Frederick Snyder, "Customary Law and the Economy", 24 *Journal of African Law* 34 (1984).

63　阿洛特（Allott），同前注 52。

64　这一转型出现在承认习惯法的国家法院中，与非官方的村庄法院形成鲜明对比。参见弗朗茨·冯·本达-贝克曼（Franz von Benda-Beckmann），"源自语境的法律：评有关传统法律的创制的讨论"（Law Out of Context: A Comment on the Creation of Traditional Law Discussion），载于《非洲法杂志》（*Journal of African Law*）第 28 期（1984年），第 28 页。

移植过来的民法典或普通法,并对所有城市市民适用刑法;(2)由
宗主国法官任职的地区或区域法院,适用殖民地法、法典或普通法;
并且涉及当地人时,在身为顾问或习俗证明者的当地专家辅助下,
适用习惯法和宗教法;(3)当地人,通常是首领或大人物,任职的当
地或村庄法院,典型地以非正式形态适用习惯法或宗教法,在有限
的情况下参照国家法。殖民活动结束后,这一基本制度安排依旧被
保留下来。受过专业法律训练的当地人逐渐在前两个层次中获得
司法职位,当地人与欧洲人之间地位上的区分得到废除。

　　不过在殖民活动进行或结束后,许多这类社会中的大量法律活
动并不发生在方才描述的正式法律体系之中,乡村地区尤为如此;
在村庄层面,它们都出现在非正式的法庭内。这些法庭中有一些得
到官方承认而具备司法功能,但许多却不是这样,国家法律体系与
其运作基本没有关联。[65]

　　首先去非正式的地方法庭而非国家法院解决纠纷,不出所料过
去是且现在依旧是许多地区社群内得到人们惯常遵循的习俗性活
动。[66]这些法庭由适用地方习惯法的村庄首领、长老抑或社群内德
高望重之人任职,这些人召开临时集会,通常与在场的其他人展开

71

----

[65]　一个例子就是纳米比亚对某些传统权威的承认,这些权威与在纳米比亚其他
地区没有得到正式承认的传统权威的运作方式大体一致。参见奥利弗·C.拉佩尔和凯
特琳娜·瑞佩尔-施利希廷(Oliver C. Ruppel and Katharina Ryppel-Schlichting),"纳
米比亚及其他地区的法律与司法多元主义:探究非洲法律构造的现代视角?"(Legal
and Judicial Pluralism in Namibia and Beyond: A Modern Approach to African Legal
Architecture?),载于《法律多元主义杂志》(Journal of Legal Pluralism)第 64 期(2011
年),第 33、44—45 页。

[66]　Lloyed Fallers, "Customary Law in the New African States", 27 Law and
Contemporary Problems 605, 608, 613 (1962).

讨论。他们负责的纠纷包括财产、继承、离婚、通奸、儿童监护、债务、盗窃、对财产的意外伤害或损害，对巫术的指控、强奸，以及杀人以外的袭击。[67]他们并不区分刑事犯罪和民事不法行为，尽管也涉及刑罚，但其目的是修复与和解。判决通常并不由国家律政官员执行，反而依靠源自社群的社会压力来履行判决。

这些法庭在下述意义上植根于社会：主持法庭的人与诉讼当事人彼此熟知，双方具有多重持续不断的交往，在社群内共享着同一种过往与未来。"法官和当事人，以及当事人之间，在意义超越了法院或特定诉讼暂时性的相互关系中展开互动。"[68]此外，由于他们源自同一个社群，他们对案件情形和可适用的规范了如指掌。听审的目标因此就是形成和解、修复亲属团体和社群中的裂痕，使得人们能够继续共同生活——通盘考虑，就是得出一种被视为公正或至少可接受的结果。"要想实现这个目标，他们就需要将自己的分析扩展到覆盖当事人双方关系的所有历史，而非仅仅是他们中一方提出的范围狭窄的法律议题。"[69]判决的作出结合了公开辩论以及对于相关事实和合适规范与结果的讨论，也包括谈判和解决分歧的社会压力。得到确定的救济，尽管也会包括身体刑或驱逐，但通常包含支付货款或履行服务，以及／或道歉。当事人与社群成员参加的传

67　有关这些法院的一个过时但却内容丰富的论述，参见 J.H.M. 贝蒂（J.H.M. Beattie），"班约罗的非正式司法活动"（Informal Judicial Activity in Bunyoro），载于《非洲行政杂志》（*Journal of African Administration*）第 9 期（1957 年），第 188 页。

68　J. van Velsen, "Procedural Informality, Reconciliation, and False Comparisons", in Max Gluckman, ed., *Ideas and Procedures in African Customary Law* (Oxford: Oxford University Press 1969) 138.

69　同上注。

统节日庆典或和解仪式宣告诉讼活动告一段落。[70]

　　尽管村庄法庭缺乏正式地位，但殖民地法律体系暗暗地依赖它们来处理大量争端解决事务。在去殖民化后，许多新独立的国家认为确立国家法的垄断地位至关重要，它们激进到废除非正式村庄法庭的地步。可是"在每一个这样的立法中，基于习惯法举行的仲裁要么明示要么默示地得到豁免，因此习惯法下的仲裁得以继续存在"。[71] 换句话说，通过给传统法庭贴上"仲裁"的标签，国家法维持着自己的垄断地位，但这些法庭的运作与之前别无二致。

　　非正式法庭被证明是非常有韧性的。在印度尼西亚脱离荷兰获得独立后，倡导统一法律体系的法律人明确废除了（一直得到荷兰承认的）村庄习惯法法院。[72] 但实际上没有什么变化。国家法院的诉讼成本高昂且旷日持久，只要有可能，人们就会避开它们。甚至在村庄习惯法法院被正式废除后，"出于维持地方凝聚力和团结的一般愿望，习惯法依旧在大部分案件中发挥作用。村庄与玛尔加（*marga*，教区）首领不再裁判案件，而被认为是在作出仲裁或调解"。[73]

72

　　70　参见威廉·A.夏克（William A. Shack），"罪与无辜：古拉格族法律体系中的问题与方法"（Guilt and Innocence: Problem and Method in the Gurage Judicial System），载于马克斯·格鲁克曼（Max Gluckman）编，《非洲习惯法中的理念与程序》（*Ideas and Procedures in African Customary Law*），牛津：牛津出版社 1969 年版（Oxford: Oxford University Press 1969），第 158 页。

　　71　N.A.奥伦努（N.A Ollennu），"非洲司法权威的结构与传统法庭中的证据与证明问题"（The Structure of African Judicial Authority and Problems of Evidence and Proof in Traditional Courts），载于格鲁克曼，同前注 68，第 112 页。

　　72　Mervyn A. Jaspan, "In the Quest of New Law: The Perplexity of Legal Syncretism in Indonesia", 7 *Comparative Studies in Society and History* 252, 260–61 (1965).

　　73　同上注，第 262 页。

近来有关非洲、亚洲、南美洲以及太平洋地区后殖民语境中非国家的非正式法庭与国家法律体系之间关系的比较研究，发现了国家对待非正式法庭的一系列手段：从对非国家法庭的积极遏制（很少见）；到虽然没有正式承认非国家法庭但默认其得到国家的接受和鼓励（大多数情况）；到国家正式承认非国家法庭，赋予它处理挑选出来的地区或事务的排他性或非排他性管辖权，并且在某些情况下也提供国家对其判决的执行（不太常见）。[74]（需要明确的一点是，该研究排除了殖民地和后殖民地国家创设的当地或村庄法院，它们属于国家法院；该研究涉及不由国家创设或财政支持的非正式法庭。）无论与国家具有何种特定关系，非国家法庭在处理后殖民社会乡村社群的基本法律问题中，都发挥着重要作用。这一点在作者认为属于国家遏制非国家法庭的一种情况中也得到了证实。在努力创设由国家法院适用习惯法的统一国家法律体系的过程中，博茨瓦纳规定人们组成习惯法法庭审理案件违法，但结果却是"实际上，没有得到正式承认的首领法院得到正式警察机关的容忍甚至支持"。[75] 这个例子再一次表明律政官员心目中国家法一元论图景的诱人，以及社群法在持续展开的社会互动过程中的韧性。非正式法庭为社群提供了纠纷解决功能，这是国家法律体系由于缺乏制度能

73

74　参见米兰达·福赛斯（Miranda Forsyth），"国家与非国家法律体系之间关系的类型学"（A Typology of Relationship Between State and Non-State Justice Systems），载于《法律多元主义和非正式法期刊》（*Journal of Legal Pluralism and Unofficial Law*）第 56 期（2007 年），第 67 页。我的论述精简了福赛斯七种分类的类型学。这位作者的研究考察了澳大利亚、新西兰、萨摩亚、基里巴斯、东帝汶、瓦努阿图、斐济、巴布亚新几内亚、所罗门群岛、图瓦卢、托克劳、南非、马拉维、尼日利亚、赞比亚、莫桑比克、莱索托、博茨瓦纳、孟加拉国、菲律宾、秘鲁和哥伦比亚。

75　同上注，第 73 页。

力、定位以及地方性知识而难以实现的，同时非正式法庭以符合社群需求、与社群理解相一致的方式实现这一功能。

非国家法庭和国家法庭之间的界限已经变得模糊不清且彼此交织，常常通过非正式的制度安排和关联加以界定。国家官员会把案件指派给非国家法庭处理，依靠它们来辅助社会纠纷的解决，并且可能承认其判决（比如，听从它们有关土地的判决）；习惯法法庭在遇到超出自己解决或执行能力的案件时，会交由国家法院审理。一些政府官员作为社群中德高望重的人士也会恰好是习惯法法庭的一员。[76] 尽管国家和非国家法庭有不同的规范与程序，并且会导致择地行诉，但在实现法律功能的过程中出现了事实上的分工。

传统精英不断提升的权力

间接统治以多种方式提升了传统领袖的权力。根据习惯，首领权威一直都是在部落之中，但在殖民地国家创设的基于领土的法院体系，首领掌管着在其领土之内却不属于其部落的当地人，同时对该领土外部落成员依旧拥有个人权威，这是他们权威的极大扩张。[77] 因为殖民地国家对乡村地区的掌控有限，首领和头目在刑法方面肩

76　参见诺亚·科伯恩和约翰·登普西（Noah Coburn and John Dempsey），"阿富汗的非正式纠纷解决机制"（Informal Dispute Resolution in Afghanistan），载于《美国和平研究所特别报告》（*United States Institute of Peace Special Report*）2010 年版，第247 页。

77　雅勒·西门森（Jarle Simensen），"司法管辖权属于政治：殖民时期的黄金海岸"（Jurisdiction as Politics: The Gold Coast During the Colonial Period），载于莫姆森和摩尔（Mommsen and Moore），同前注 7，第 263 页。

74 负着大部分责任，要调查和拘留违法犯罪者，在国家法院的刑事审判中充当证人。[78] 他们自己也审理案件。"通过被纳入殖民地法律体系，并负责强制性殖民地法律规制的实施，非洲法庭不仅以这种方式受到改变，还自由掌控着不成文的刑事习惯法，法庭可用它来惩罚任何自己不喜欢的行为，这不违背任何成文法律。"[79] 人们也指责首领将自己的司法权用于腐败目的，不只是索贿受贿，还为了施加罚款而向人们提起诉讼。[80] 对于审理纠纷的首领来说，司法费用和罚金是其重要的收入来源。[81]

他们的权力极具影响力地增长，与他们对土地的权威有关。在习惯法土地保有中，土地典型地不以非限嗣继承地产权加以买卖。公有土地产权为共同所有，人们虽然无法拥有不受限制的处置权，但有权掌控和使用土地上的产物。社群和家庭中的社会关系，包括灵魂方面的元素以及与祖先的关联，都与土地一同打包在可回溯至好几代人之前并承载未来义务的关系中。依据封建土地所有制这一为人熟知的观念，英国行政官推定最高首领以信托形式持有土地，次级首领向下依次排列，每一层级都行使着分配财产和土地使用的权力。为了防范首领对权力的滥用，殖民地法律常见的一种情形就是限制土地出售，特别是限制出售给外国人，不过土地可以租

78　Martin Chanock, "The Law Market: The Legal Encounter in British East and Central Africa", in Wolfgang J. Mommsen and J.A. de Moore, eds., *European Expansion and Law: The Encounter of European and Indigenous Law in 19th and 20th Century Africa and Asia* (Oxford: Berg 1992) 284.

79　同上注。

80　西门森（Simense），同前注 77，第 271—272 页。

81　Ulrike Schmid, "Legal Pluralism as a Source of Conflict in Multi-Ethnic Societies: The Case of Ghana", 46 *Journal of Legal Pluralism* 1, 33–34 (2001).

赁出去,且最终决定权是在传统领袖手里。此外,殖民地国家将传统或部落地区以及公有土地(属于王国或国家的)委派给国家掌控,部落领袖在管理这些土地时拥有话语权。

由于首领掌控着土地分配,人们前所未有地服从于他,影响了亲属与婚姻规则,这一切都彼此紧密相关。[82] 一些首领通过对土地上生活的人民征收年租而将自己对土地的掌控加以货币化,声称这是惯例中贡赋的一种形式。[83] 首领也将拥有土地的权利出售或租赁给大型农业公司,并授予其开采特许权。[84] 在一个地区,由于不同首领"彼此重合的租赁和双重授权",它形式上租赁出去的土地"超出了国家的总面积"。[85] 这不仅增加了最高首领和小首领之间有关租赁准许权的纠纷,也提出了超出总面积的部分——其中有巨大份额由首领保留——如何分配的问题。一个研究结论指出,传统精英"能够运用自己的政治平台来影响管理当地司法管辖权的立法,使之符合自己的利益,并压榨习惯法体系来确保自己的物质利益"。[86] 世界银行的一份报告表明,"许多传统法律形态被认为歧视边缘群体,并巩固了当地社群内根深蒂固的歧视性权力结构"。[87]

75

82　Martin Chanock, "The Law Market: The Legal Encounter in British East and Central Africa", in Wolfgang J. Mommsen and J.A. de Moore, eds., *European Expansion and Law: The Encounter of European and Indigenous Law in 19th and 20th Century Africa and Asia* (Oxford: Berg 1992) 288.

83　西门森(Simense),同前注 77,第 264—265 页。

84　Pauline E. Peters, "Inequality and Social Conflict Over Land in Africa", 4 *Journal of Agrarian Change* 269, 290–300 (2004).

85　西门森(Simense),同前注 77,第 267 页。

86　同上注,第 257 页。

87　Leila Chirayath, Caroline Sage, and Michael Woolcock, *Customary Law and Policy Reform: Engaging with the Plurality of Justice Systems* (Washington, D.C.: World Bank Legal Department Paper 2005) 4.

　　在今天整个南半球，传统领袖在许多地区都行使着巨大的权力，不过形态各异。他们在分配土地和利益方面拥有行政权威；在颁布习惯法和向立法机构就法案具有的影响提供建议方面，拥有立法权威；在解决当地民事与刑事纠纷中拥有司法权威。在乡村地区，他们的权威依旧是实质性的。在多民族定居的城市地区，他们的权力就受到了削弱，在与权威的传统渊源关系并不那么紧密的源自不同民族的年轻人之间的冲突中，尤其如此。[88] "缺乏强有力的共同纽带，当事人就没那么有动力接受一个对他们不利的结果或认为判决具有约束力。"[89]

　　国家官员警惕作为权力竞争来源的传统领袖，但也依靠他们去处理地方层面的一系列政治与法律议题。传统领袖依靠他们在地方社群中获得的支持以及基于习俗和传统的意识形态正当性，来保护他们的权力与特权免受国家的蚕食。有时传统领袖构成对国家官员的制约，反过来也一样。有时政府官员和传统领袖都会为了自己的利益而利用自己的地位获得对于公有土地的权利或掌控。[90]

　　在去殖民化后，许多国家的传统领袖都因同殖民地当局合作而遭到反对。社会主义政府、受过教育的专业人士以及社会内其他进步人士，都倾向于废除或削减传统领袖的政治与法律权力，视他们

　　88　参见于尔格·赫尔布林、沃尔特·卡林和普洛斯珀·诺比拉伯（Jurg Helbling, Walter Kalin, and Prosper Nobirabo），"肯尼亚的司法救济、免责与法律多元主义"（Access to Justice, Impunity and Legal Pluralism in Kenya），载于《法律多元主义杂志》（*Journal of Legal Pluralism*）第 47 期（2015 年），第 8—13 页。

　　89　Thomas Barfield, Neamat Nojumi, and J. Alexander Thier, "The Clash of Two Goods: State and Nonstate Dispute Resolution in Afghanistan", in Deborah Isser, ed., *Customary Justice and the Rule of Law in War-Torn Societies* (Washington, D.C.: United States Institute for Peace 2011) 17.

　　90　彼得斯（Peters），同前注 84，第 297 页。

为阻碍创建现代化统一国家法律体系的反动残余。传统首领也被尖锐地批判为地方上的食利者。

不过虽然存在权力滥用的情形，传统首领却服从于社会与政治形态的责任制（以及国家法律的约束），并且有许多人承认自己对社群和文化传统的责任。在今天，依旧有大量当地人口支持他们。一项涉及 26,000 人面对面访谈的有关 19 个非洲国家的研究表明，"绝大多数人相信，[传统当权者]依旧应当在地方统治中发挥关键且越来越重要的作用；传统当权者似乎在民众中享有广泛正当性，它强化了该制度的韧性"。[91]与有人所假设的观点相反，该研究发现民众对于传统当权者的支持不仅出现在乡村人口中，也出现在受教育人士、妇女、年轻人以及城市居民中。[92]他们得到大众支持似乎基于人们对其在解决地方纠纷中所发挥的重要作用的认可，并受到如下文化立场的巩固，即尊重首领的地位，它早于且幸免于殖民活动所带来的扭曲。

有关土地的不确定性与冲突

法律多元主义所引发的诸多议题中，那些和土地相关的或许是最为复杂的，它们充满了冲突且影响深远。这些冲突包括彼此重合的有关所有权或占有权的主张、边界纠纷、圈地围场、土地的放牧使用、继承份额、政府对土地的攫取，以及租金、使用费和源自土

91　Carolyn Logan, "The Roots of Resilience: Exploring Popular Support for African Traditional Authorities", 112 *African Affairs* 355 (2013).

92　同上注，第 368—371 页。

77 地特许权收入的分配。尽管各个国家的情况差别极大，但一个宽泛的概括（最符合非洲）是城市地区中适用国家的土地法和登记——主要的例外就是城市边缘地区无权的非正规聚居地——但在乡村地区，社群中适用习惯法土地所有制。

从殖民时期延续至今的一个冲突的来源，就是家庭耕作的小块土地上的小规模自给农业试图延缓出于生产性目的的大规模土地兼并——这些土地通常被国家当局收走或被首领或头目取走，然后租赁或出售给私人企业。今天土地冲突频繁发生，因为人口增长以及人们向城市移居（寻找工作、逃避纠纷或饥荒）使得土地越来越稀少和昂贵；广泛的商业化大牧场（养牛、养猪等）和农业（种植园）经营，以及工厂、办公室和公寓的建设，使得土地越来越被商品化，城市地区房价上升。[93]

土地纠纷出现在如下法律领域中，它包含着对财产权和土地保有权利的彼此冲突的概念化（国家法与习惯法对立），彼此共存的不同法律权威体系（正式国家法院与非正式的地方法庭对立），以及土地使用的不同模式（经济最大化与自给农业对立）。在最一般层面，对于土地的不同态度包含着两种非常不同的世界观以及社会和经济组织形式。

在发达资本主义社会，土地是一种个人用于不同目的的经济资产：它是居住或收取租金的处所，是会升值的投资，是用来贷款抵

---

[93] 参见彼得斯（Peters），"非洲有关土地的不平等与社会冲突"（Inequality and Social Conflict Over Land in Africa），载于《耕地变迁杂志》（*Journal of Agrarian Change*）第 4 期（2009 年），第 269、290—300 页。我的论述受到如下有关土地纠纷极妙概述的启发：克劳斯·戴宁格尔（Klaus Deininger），《土地政策与土地改革的监督与评价》（*Monitoring and Evaluation of Land Policies and Land Reform*），世界银行出版社 2009 年版（World Bank Publications 2009）。

押或出售的资产,是去世后留给挚爱的一种财富形态。土地是意义明确的(*univocal*)——它是一项有诸多用途的经济资产。在南半球的大部分地区,特别是乡村地区,土地就更为复杂,是当地人们生活世界的一个核心要素。土地涉及财富,是政治权力与社会地位的一个来源,是人们居住和维持生活的场所,是社会保障的源泉,是文化与民族身份的一部分,是亲属与社群关系的一个侧面,是灵魂的所在地,是与将土地交由未来子孙后代代管的祖先斩不断的关联。[94] 不过如前所述,土地是传统领袖政治、社会、经济以及法律权力的基础,他们通常有权分配土地并从中获得租金以敷个人使用和社群分配,同时也会主持针对土地纠纷作出决定的习惯法法庭。土地是意义模糊的(*multivocal*)——有诸多含义和用途,并对社会生活的诸多方面具有潜在影响。

　　土地问题以许多方式身陷法律多元主义。一种方式是习惯法中土地保有被切分成与国家土地法并不一致的不同层次和部分。国家财产制度和等级体系典型地是以下述范畴构建的,它们将不动产视为个人(包括实体)以不同方式所有的一种经济资产:非限嗣继承地产权、共同财产权或共同占有、土地上的地役、终身所有权和剩余继承权,以及基于租赁权和信托的契约权利。习惯法中土地

78

94　有关土地不可或缺的作用在下述研究中有所体现:扎伊德·阿布巴卡里、克莉丝汀·里克特和亚普·泽芬贝亨(Zaid Abubakari, Christine Richter, and Jaap Zevenbergen),"财产的多元继承法律、实践与新兴类型——对更新土地登记的意义"(Plural Inheritance Laws, Practices and Emergent Types of Property—Implications for Updating the Land Register),载于《可持续性》(*Sustainability*)第 11 期(2019 年),第 1 页。有关这两种对法律的意识形态化理解在亚洲的冲突,参见:Yuka Kaneko, Origin of Land Disputes: Reviving Colonial Apparatus in Asian Land Law Reforms, in Yuka Kaneko, Narufumi Kadomatsu, and Brian Z. Tamanaha, eds. *Land Law and Disputes in Asia*, London: Routledge forthcoming 2021。

所有制通常以公有财产为中心，它将不同的占有或拥有的权利与责任赋予家庭、亲属团体、宗族或社群；它是人们商讨的对象；人们向它寻求准许；人们用它来从事种植、狩猎抑或畜牧活动；人们从中获得当下或未来的利益；人们允许他人使用它；在死后人们将之传递给子孙；人们会转让它。习惯法中的土地保有包含着个人以及公共的权利与责任："研究表明，非洲绝大部分农场是由具有不同主张、权利以及责任的小型家庭单位来经营的，尽管在最一般意义上该地区的土地通常被归属于诸如酋邦或宗族这样的集体。"[95] 国家法承认的所有权名义和土地登记并没有覆盖习惯法土地保有中权利和责任的所有内容，这就引发了如下两种相应制度之间的冲突：前者是国家所遵循的制度，而后者则是社群所遵循的制度。[96] 当权利得到承认且土地经过登记后，习惯法上的土地保有权可能会被正式取消，但正式记录可能无法反映社群内土地的实际占有情况和人们对它的理解。因为拥有习惯法中土地保有权的人们有可能不识字且缺乏必要的文件或证明，此外，确认权利的活动会导致许多人的权利受到剥夺。

79　　　　在许多这样的国家中，相当比例的土地是通过未经正式承认或登记的习惯法方式转让而获得的，在不断扩张的城市周围，其周边地区的财产权也是如此；在非洲，只有大概 10% 的土地得到正式承

95　彼得斯，"非洲有关土地的不平等与社会冲突"，载于《耕地变迁杂志》第 4 期（2009 年），第 269、274 页。有关个人和集体所有权论战的概述，参见塔尼亚·墨里·李（Tania Murray Li），"本土性、资本主义和强占不动产的管理"（Indigeneity, Capitalism, and the Management of Dispossession），载于《当今人类学》（Current Anthropology）第 51 期（2010 年），第 385 页。

96　阿布巴卡里、里克特和泽芬贝亨，同前注 94，第 13 页。

认，在非洲和亚洲主要地区的城市边缘地带，有多达 50% 或更多的人口生活在非正式制度安排中。[97] 即便当权利的确存在且在正式制度中登记过，通过转让或继承而获得财产权的当事人并非总会去变更登记，因此通过确认权利的工作获得的进步可能随后会付诸东流。

这些土地制度的并存引发了不确定性和冲突。当土地被售出后，一个所有权纠纷的结果就取决于该交易是有法律记录还是口头完成的，也取决于该纠纷是由习惯法法庭还是国家法院审理的——抑或取决于这两者。当权利在国家财产记录中得到登记，国家法院会判定出售有效，但习惯法法庭却可能依据习惯法理由作出裁判。一项有关肯尼亚的研究发现，在当地治安法院起诉的土地纠纷中，有 89% 之前曾在长老组成的习惯法委员会起诉过。[98] 它包含一个地区 27 个案件构成的样本，且没有表明有多少案件通过长老委员会得到满意解决，但这么高的比例说明在追求想要的结果时，人们愿意前往习惯法法庭和国家法院。一项有关非洲西部土地冲突的独立研究发现如下证据：相较于人们只有单一场所来裁决土地纠纷的统一体系，在现行法律制度（事实上的和法律上的）允许将案件既提交给国家法院也提交给传统法院时，暴力等级会更高——尽管这

97　伊曼纽尔·弗林蓬·鲍玛和玛加斯·沃克（Emmanuel Frimpong Boamah and Margath Walker），"后殖民时期加纳的阿卡拉的法律多元主义、土地制度和规则敏感的城市空间的生产"（Legal Pluralism, Land Tenure and the Production of Nomotropic Urban Spaces in Post-Colonial Accra, Ghana），载于《地 理 研 究 论 坛》（Geography Research Forum）第 36 期（2016 年），第 86、97 页（比如，在阿卡拉城的城市边缘地区有 60% 的土地没有登记）。参见戴宁格尔（Deininger），《土地政策与土地改革的监督与评价》（Monitoring and Evaluation of Land Policies and Land Reform），世界银行出版社 2009 年版。

98　参见赫尔布林、卡林和诺比拉伯（Helbling, Kalin, and Norbirabo），同前注 88。

种更高等级暴力的根源尚不明确。[99]

法律多元主义通常会出现的第二个与土地相关的语境，就是继承。有关无（有效）遗嘱继承的国家法（具体规定了人们去世时若无遗嘱，财产如何继承）、习惯法以及宗教法规定，可能在处理被继承人不动产时有所不同。一个国家可能包括习惯法中不同的继承制度：有父系继承——将财产交由儿子，如无儿子就交由兄弟（女儿不会得到任何财产，遗孀对之拥有使用权）；有母系继承——财产通过女性及其子女传递；[100] 以及伊斯兰教继承——为各个家庭成员提供财产份额，妻子有权拿到丈夫财产的八分之一（这些财产在所有妻子中进行分配），儿子可以获得两倍于女儿份额的财产。[101] 人们通常并不登记通过继承转让的土地，因此有关财产权的官方记录并不符合家庭和社群中得到承认的所有权。

多种继承制度的共存对于女性来说格外重要，她们是许多家庭的当家人，但土地权利并不稳固。有关撒哈拉以南非洲15个国家的乡村与城市地区的调查发现，根据习惯法继承规则，大部分遗孀在其丈夫去世后没有获得任何财产（相反，这些财产都到了丈夫其

---

99 参见克里斯廷·艾克（Kristine Eck），"土地法：社群冲突与法律权威"（The Law of the Land: Communal Conflict and Legal Authority），载于《和平研究杂志》（*Journal of Peace Research*）第51期（2014年），第441页。作者承认存在多种司法管辖权可能在因果关系上不会导致暴力增加，但它本身体现出引发更高程度暴力的潜在因素。艾克（Eck），同本注，第450页。

100 阿布巴卡里、里克特和泽芬贝亨（Abubakari, Richter, and Ievenbergen），同前注94，第6—9页。

101 Ruth Evans, "Working with Legal Pluralism: Widowhood, Property Inheritance, and Poverty Alleviation in Urban Senegal", 23 *Gender & Development* 77, 80 (2015).

他亲属和孩子手里）。[102] 相较于习惯法和宗教法，遗孀通常在国家
法下坚持获得更高份额的财产。在殖民时期，女性"很快学会在殖
民地法院寻求救济"以便在国家家事法和继承法下获得更好的法律
对待。[103] 今天后殖民时期的国家法院同样为女性在离婚和继承案件
中提供更好的权益保护，不过她们必须克服获得这些权益的实质障
碍。诉诸国家法院的救济，要求她们知晓法律、拥有结婚证和财产
证书，拥有必要的资金能够聘请法律援助或争取当地妇女权利非政
府组织（NGO 们）的支持，并且愿意承担社群中的社会谴责——"去
法院解决婚姻纠纷被视为不可饶恕的罪行"。[104]

　　在土地交易的四种可能关联中，有三种会导致不确定性，而最
具确定性的第四种关联是最不常见的。[105] 当转让满足习惯法土地保
有要求，可缺乏土地权且 / 或该权利没有在国家土地登记处注册，
所有权就处于不确定状态，银行也不太可能接受该财产作为贷款抵
押物。土地权利可能出于下述理由而没有向登记处提出或登记：由
于必须向官员行贿而使登记的成本可能很高昂，权利确认或登记过
程可能会用时数年，继承土地的人未能完成登记，抑或其他原因。
当财产权得到国家登记，可习惯法土地保有要求未能满足时，所有
权会很脆弱，因为它会受到基于习惯法理由的挑战。[106] 最不确定的

81

102　Amber Peterman, "Widowhood and Asset Inheritance in Sub-Saharan Africa: Empirical Evidence from 15 Countries", 30 *Development Policy Review* 543 (2012).

103　Martin Chanock, "The Law Market: The Legal Encounter in British East and Central Africa", in Wolfgang J. Mommsen and J.A. de Moore, eds., *European Expansion and Law: The Encounter of European and Indigenous Law in 19th and 20th Century Africa and Asia* (Oxford: Berg 1992) 297.

104　埃文斯（Evans），同前注 101，第 87 页。

105　参见鲍玛和沃克（Boamah and Walker），同前注 97，第 95—100 页。

106　同上注，第 97 页。

关联就是土地既没有依据习惯法获得，也没有在国家登记的土地权中得到体现——这种情况存在于非洲和亚洲主要城市的许多非正规聚居区中。最具确定性的关联是习惯法得到满足且权利得到国家登记时，但这是成本最高的选项且其完成需要花费最多的时间与精力。

根据一项估算，全球多达十亿人依据与正式国家法不一致的财产制度主张财产权利、进行财产安排，涵盖范围包括从家庭世世代代在没有正式权利的条件下生活（尽管依旧在交换和传递财产权）的城市的非正式聚居区（像巴西的贫民窟）到人们遵从习惯法土地保有制度的乡村地区；可是人们渴望国家法下确定的财产权，他们举起可能拥有的任何文件来支持自己的法律主张（古老的授权或契据、纳税记录、家庭记录、出售或租赁协议等），即便它对土地权而言在法律上无效。[107] 拥有未得到国家法律承认的土地的人们，永远都无法抵抗国家或拥有正式法律权利之人对土地的收回，后者能够诉诸站在他们一方的国家强制力。

更加复杂的是，在国家财产法与有关财产的习惯法和宗教法的对比之上，还有以此得到实施的彼此差异极大的正式财产制度的多元主义。在几十年的时间跨度中，非洲和东南亚一些地区从殖民时期实施的财产法，转变为社会主义财产法、转变为西方发展组织出于经济发展目的而实施的自由主义财产法。这些极为不同的财产

107　丹尼尔·菲茨帕特里克（Daniel Fitzpatrick），"破碎的财产制度"（Fragmented Property Systems），载于《宾夕法尼亚大学国际法杂志》（*University of Pennsylvania Journal of International Law*）第 38 期（2016 年），第 137 页。有关这些议题非常富有启发的探索，参见克里斯蒂安·伦德（Christian Lund），《法律的十分之九：印度尼西亚长期的不动产侵占》（*Nine-Tenths of the Law: Enduring Dispossession in Indonesia*），康涅狄格州纽黑文：耶鲁大学出版社 2020 年版（New Haven, CT: Yale University Press 2020）。

制度及其影响并未完全得到消化。

人权方面习惯法与宗教法的冲突

　　后殖民社会中的宪法和立法通常包含承认习惯法与宗教法的条款，也包括承认国家法与人权的条款。在国际权利宣言中，尤其是《世界人权宣言》（*Universal Declaration of Human Rights*）和《联合国消除对妇女一切形式歧视公约》（*Convention on the Elimination of all Forms of Discrimination against Woman*, CEDAW）得到其中许多国家的接受。这些接受中包含着一种潜在的冲突，因为某些习惯法实践据称会违反人权。[108]不过这种冲突体现出法律多元主义——国家法、习惯法、宗教法、国际法以及人权——在过去几十年间逐渐显露的另一个层面。[109]在这些情形中，政权法、社群法以及跨政权法体现出不同形态的联合，相互支持且／或彼此冲突，当事人诉诸它们当中的任何部分来靠近自己所欲的地位。

　　国际法和这一冲突中的两方都有关联。《联合国土著人民权利宣言》（*UN Declaration of the Rights of Indigenous Peoples, 2007*）承认"保持和加强他们独特的政治、法律、经济、社会以及文化制

　　108　有关阿富汗发生的冲突，冷峻的论述请参见佩尔·塞瓦斯蒂克（Per Sevastik），"法治、人权与免责：阿富汗个案"（Rule of Law, Human Rights and Impunity: The Case of Afghanistan），载于《海牙法治杂志》（*Hague Journal on the Rule of Law*）第 12 期（2020 年），第 93 页。

　　109　参见休·法兰（Sue Farran），"法律多元主义是人权的障碍吗?"（Is Legal Pluralism an Obstacle to Human Rights?），载于《法律多元主义杂志》（*Journal of Legal Pluralism*）第 52 期（2006 年），第 77 页。

度"的权利。[110]《土著和部落人民公约》(*The Indigenous and Tribal Peoples Convention, 1989*)承认当地人民有依据"他们自己社会、经济、文化和政治制度"生活的权利。[111]"在对这些人民适用国家法律与规制时,应当对其习俗或习惯法加以应有的注意。"[112]但另一方面,几乎得到联合国每个成员国批准的《联合国消除对妇女一切形式歧视公约》承认妇女在"政治、社会、经济和文化领域"的平等,与男性在缔结和解除婚姻方面拥有同样权利,拥有同样的财产权和获得雇佣的权利,以及其他与习惯法和宗教法存在潜在冲突的条款。

83　　反对习惯法和宗教法包括三大主题:(1)对女性的歧视性对待,(2)严酷的刑罚,以及(3)不当的审判程序。女性典型地不具备成为传统首领的资格,且无法参与长老委员会,因此她们被排除在决策者之外。依据习惯法和宗教法中有关占有、离婚、继承抑或配偶去世的规定,女性通常并不持有或得到土地。在一些地区,习惯法或宗教法(或两者的混合)允许童养媳,强迫强奸受害者和强奸犯结婚,将女子送与受害者家庭作为对伤害或过错的补偿,赦免荣誉谋杀,*限制女性在家庭之外的工作,以及有关离婚、通奸和继承的法律更偏向于男性而非女性。[113]国际发展法律组织(International

---

110　《联合国土著人民权利宣言》第五条(2007年)(*UN Declaration of the Rights of Indigenous Peoples*, Article 5 [2007])。对此宣言投下反对票的四个国家都是殖民者社会:澳大利亚、加拿大、新西兰和美国。

111　《土著和部落人民公约》,第169号,第1(b)条,国际劳工组织1989年。

112　《土著和部落人民公约》,第169号,第8.1条,国际劳工组织1989年。

＊　指的是凶手谋杀家庭成员以挽回家族荣誉,受害者基本都是女性,谋杀的理由多是女性"不检点"、想要离婚、拒绝指定婚姻等,手段非常残忍。——译者

113　有关习惯法和宗教法不利于女性的实践的详细论述,参见国际特赦组织(Amnesty International),《阿富汗:法治的重建》(*Afghanistan: Re-Establishing the Rule of Law*),2003年版,第7页(可参见该组织的网络报告。——译者)。

Development Law Organization）这一重要的发展机构近来的一份报告总结道：

> 在许多习惯法法律体系中，女性在作为监护人的角色方面，以及她们的财产权和免于性暴力与家暴的自由权方面，受到惯常性歧视。此外，惩罚可能是剥削性的且/或取消了女性的基本人权；这些惩罚包括继承妻子的活动（遗孀被强迫和其过世丈夫的一个男性亲属结婚），洁净仪式（遗孀被强迫和姻亲中的一位男性或陌生人进行性行为），逼婚以及交换妇女或年轻女子作为解决犯罪或赔偿的手段。[114]

尽管这在外人看来深恶痛绝，但在社会语境中分析上述行为是有帮助的。遗孀和其丈夫的一个亲属结婚，是她获得赖以为生的土地并以此维持生计的一种手段；强奸罪的受害者可能遭受排挤与歧视，因此与强奸犯结婚是重新获得社会尊重的一种方法。[115] 即便如此，这些行为也难以得到外人的接受，这些社会中的激进分子（通常得到国际非政府组织的支持）一直致力于通过诉诸人权、国际宣言和国际法来削弱或改革它们。

　　与刑罚相关，习惯法和宗教法所激发的人权关切包括酷刑、严厉的身体刑罚（用尖物刺穿、击打、用石头砸）、神明裁判、和对巫术的惩罚。"或许针对习惯法程序最显著的批评"，报告指出，"就 84

114　Erica Harper, *Customary Justice: From Program Design to Impact Evaluation* (Rome: IDLO 2011) 23.

115　同上注，第 25 页。

是它们未能支持国际人权和刑事正义标准。它们所施加的刑罚包括身体刑、侮辱、流放、报复性谋杀、儿童订婚与逼婚。这些刑罚尤其违背了国际法中规定的生命权,免于残酷、非人道和有辱人格的对待以及免于歧视性对待"。[116] 然而许多人在这些社会中认为这些刑罚是恰如其分的(但是他们却可能认为,西方的监禁对于依赖被监禁者的家庭而言,是残忍和有害的)。对法律程序的反驳包括如下内容:"它们缺乏保护当事人权利的程序性措施,诸如无罪推定抑或辩护权和正当程序";"查明事实或评估证据的方法论可能是任意武断的抑或违背人权";"不基于现代科学理性主义的不合理的举证活动,通常导致同样不合理的判决"。[117]

在国际层面通常会有让当地习惯法和宗教法遵从人权的提议。《联合国政治权利和公民权公约》(*UN Convention on Political and Civil Rights*)所保障的公正审判权明确适用于如下情形,即"当一个国家在其法律秩序中承认依据习惯法或宗教法的法院承担或被赋予司法任务时"。"必须确保只有当下述要求得到满足时,这些法院作出的有约束力的判决才能得到国家承认:这些法院审理的诉讼只限于小型民事与刑事案件,满足公约中公正审判和其他相关保障的基本要求。"[118] 公约中的核心权利是:"如下权利得到保障,即获得法律所确立的胜任、独立且不偏不倚的法庭进行的公正且公开的

116　Erica Harper, *Customary Justice: From Program Design to Impact Evaluation* (Rome: IDLO 2011) 24.

117　同上注,第23页。

118　联合国人权委员会(UN Human Right Committee),第32号"一般性意见"(General Comment 32),第14条,法院与法庭面前的平等权以及公平审判权,2007年8月23日。

审理"，[119] 这是"一项绝对权，没有任何例外"。[120] 这项要求源自西
方审判观念，它包括免受解雇的独立司法人员以及不会对"面前任
何特定案件心怀偏见"的没有偏私的法官。[121]

上述一系列主张可能在抽象层面听起来很有吸引力，但在这些
语境中没什么意义。我们要牢记习惯法法庭涉及这样一种集会，其
中的裁判者"一般不仅了解当事人，也知晓和纠纷有关的历史以及
其他可能被认为对纠纷解决至关重要的事务，比如违法者赔偿损失
的能力"。[122] 植根于社会的非正式习惯法法庭试图及时修复社群和
谐的优势，恰恰属于使得它们与正式法源中正当程序要求并不一致
的特征（回想导论中雅蒲岛的例子）。将正式国家法院的正当程序
要求强加给习惯法法庭，不仅会扭曲它们的运作方式，实际上也并
不可行。审理纠纷的首领或长老是社群的一员，与社群其他成员通
过延伸的网络彼此相关，社群（包括纠纷涉及的人士和家庭）通常
直接参与诉讼。这并不符合一位独立法官适用法律的学说。尽管
在许多方面这并不是一种完美的类比（特别是就刑罚而言），但习惯
法法庭更适宜被比作调解或衡平，旨在获得对涉案人员和更广泛的
社群而言可接受的结果。

国际特赦组织在其有关在阿富汗建立法治的报告中，提出一
项并不切合实际的提议。这份报告详细阐述了阿富汗国家法律体
系的功能失灵、腐化堕落以及对人权的违反；接着它转而处理非

119　联合国人权委员会（UN Human Right Committee），第 32 号"一般性意见"
（General Comment 32），第 3 部分第 15 条，第 4 页。

120　同上注，第 3 部分第 19 条，第 5 页。

121　同上注，第 3 部分第 20、21 条，第 6 页。

122　哈珀（Harper），同前注 114，第 27 页。

正式的习惯法和宗教法法庭，也即族长议会（*jirgas*）和协商会议（*shuras*），它们在阿富汗被广泛用于纠纷解决。该报告建议：

> 规制非正式司法制度：非正式司法制度的权限必须在法律中加以明确，以便清除任何有关阿富汗非正式司法机制角色的含混暧昧。法律必须规定非正式制度和正式司法制度之间的关系。为了在保护人权方面尽到应有的审慎义务，［政府］必须确保族长议会和协商会议如果被准许继续发挥作用的话，应当完全遵从国际人权法。如果这一点无法得到保证，这些非正式司法机制就必须被废除。有迹象表明族长议会和协商会议有践踏人权行为的所有案件都必须得到彻底调查，参与该活动的人士都必须接受审判。[123]

这些建议既格格不入又傲慢无知。[124] 其格格不入体现在，用许多篇幅揭露国家法律体系可悲的失败后，它所提出的针对习惯法法庭违反人权的解决方案就是将它们置于（失灵的）国家法律体系的密切监督之下。其傲慢无知体现在如果这些法庭未能尊重人权就"必须被废除"这个建议（用什么来取代它们呢？）。这预设了政府有权废

---

[123]　国际特赦组织（Amnesty International），《阿富汗：法治的重建》（*Afghanistan: Re-Establishing the Rule of Law*），2003 年版，第 47—48 页。

[124]　有关这一建议和第 32 号意见的深刻批判，参见海德·阿拉·哈穆迪（Haider Ala Hamoudi），"将中心主义思想去殖民化：法律多元主义和法治"（Decolonizing the Centralist Mind: Legal Pluralism and the Rule of Law），载于戴维·马歇尔（David Marshall）主编，《国际法治运动：合法性危机和前路》（*The International Rule of Law Movement: A Crisis of Legitimacy and the Way Forward*），马萨诸塞州，剑桥：哈佛人权项目 2014 年版（Cambridge, MA: Harvard Human Rights Program 2014）。

除这些根深蒂固的、有许多都是在国家制度鞭长莫及的乡村地区运作的法庭。如对这些制度的一份详细综述所言，"习惯法体系呈现出非凡的韧性，从政府的变迁、冲突、自然灾害以及国家试图废除它们的尝试中死里逃生"。[125] 几个世纪以来，协商会议和族长议会都在发挥着作用，并且现在处理着阿富汗大部分民事与刑事纠纷；对遵守其结果的社群中的人们而言，它们快捷、易接近且为人熟知。[126]

法学家和发展领域的实务工作者必须放弃他们的如下假定，即唯一正当的法律形态就是西方的正式国家法模式。减少和妇女以及刑事司法相关的违反人权现象，是一项超越习惯法法庭本身的长期工作。这些现象的根源在于习惯法和宗教法所表现出来的文化观念。当这些观念发生改变而逐渐不那么有问题时，人权冲突就会减少。支持习惯法法庭（尽管有缺陷，但它们在当地妇女当中通常很受欢迎）的妇女权利倡导者推荐从男性和女性的教育和意识培养入手，包括组织当地女性来推动改革。[127] 我们一定要牢记的是，习惯法、宗教法和法庭并非是在历史中固定不变的传统制度，而是持续演进的当下创造，并且体现出社群中的文化态度与宗教观点。

125 Erica Harper, *Customary Justice: From Program Design to Impact Evaluation* (Rome: IDLO 2011) 37.

126 参见 J. 登普西和 N. 科伯恩（J. Dempsey and N. Coburn），"传统纠纷解决和稳定性"（Traditional Dispute Resolution and Stability），载于《美国和平研究所》（*United States Institute for Peace*），2010 年版，第 2 页。

127 参见雷切尔·西德尔和安娜·巴雷拉（Rachel Sieder and Anna Barrera），"女性和法律多元主义：安迪斯山脉地区原住民统治制度的教训"（Women and Legal Pluralism: Lessons from Indigenous Governance Systems in the Andes），载于《拉美研究杂志》（*Journal of Latin American Studies*）第 49 期（2017 年），第 633 页。

发展机构近来向非国家法的转向

大约在第二次世界大战结束时，各殖民地的独立指日可待，许多人认为有必要抛开殖民统治的印记，就连法律多元主义也不例外。受过教育的当地精英以及专家，特别是律师，其中有很多都在西方接受过教育，他们推动作为经济发展和加入现代世界关键因素的国家统一法律体系（国家法一元论）的建立。也出现了针对传统首领的反抗活动，这些首领在许多地方被视为殖民地国家的同伙，以及利用自身权力来发展自己利益及其所青睐群体的策略性行动者。

在20世纪60、70年代，人们逐渐熟知的法律和发展运动通过自愿引进，在整个南半球掀起了一股移植西方法律和法律制度的浪潮，它得到西方发展机构的推动，也受到追求经济与政治现代化的继受法律移植的政府的欢迎。在20世纪90年代和21世纪前十年，作为外国投资以及世界银行和国际货币基金组织发展贷款与补贴的条件，需要完成大量法律改革。"法治"的发展——改善国家法律体系的协作活动——成为世界银行、美国国际开发署（USAID）和其他发展组织的"咒语真言"。可是，纵然有这些多种多样的努力，国家法律体系只体现出有限的功能性改善，习惯法和宗教法依旧与国家法相伴而生。

最近的一项研究表明，整个南半球61个国家的宪法"明确承认传统统治形态和习惯法"与国家政治与法律制度共存。[128] 习惯法

128　Katharina Holzinger, Florian G. Kern, and Daniela Kromrey, "The Dualism of

和传统权威在撒哈拉以南的非洲国家中得到宪法明确承认的程度
最高（大概有 50% 的国家同时承认两者）。接着是南亚、东亚以及
太平洋地区（48% 的国家承认习惯法，34% 的国家承认传统权威），
之后是美洲（20% 的国家同时承认两者）。[129] 估计全世界有 57% 的
人口生活于同时存在习惯法和国家法的国家。[130] 研究发现人们向
习惯法法庭起诉争议寻求解决的比例非常高，比如阿富汗是在 80%
到 90%，[131] 马拉维是 80% 到 90%，孟加拉国是 60% 到 70%，布隆
迪是 80%。[132] "在许多发展中国家，国家法律体系之外运作的习惯
法体系，通常是规制和解决纠纷的主导形式，涵盖了非洲各个部分
中多达 90% 的人口。"[133] 对整个利比里亚 2300 户家庭的调查发现，
民事案件中有 3% 诉诸国家法院，有 38% 诉诸习惯法法庭，有 59%
不诉诸任何裁判渠道，刑事案件中比例也与此差不多。[134] "很明显，
在非洲大部分地区，传统权威将会驻守于此，至少在可预见的将来

Contemporary Traditional Governance and the State: Institutional Setups and Political
Consequences", 69 *Political Research Quarterly* 469, 469 (2016).

129　参见凯塔琳娜・霍尔津格、鲁斯・黑尔、阿克塞尔・拜耳、丹妮拉・M. 贝尔
和克拉拉・诺伊佩尔–温茨（Katharina Holzinger, Roos Haer, Axel Bayer, Daniela M.
Behr, and Clara Neuper-Wentz），"原住民群体权利的宪法化、传统政治制度和习惯法"
（The Constitutionalization of Indigenous Group Rights, Traditional Political Institutions,
and Customary Law），载于《比较政治研究》（*Comparative Political Studies*）第 52 期
（2019 年），第 1775、1794 页。这些数字只是基于宪法，并不包括在制定法中承认习惯
法和部落权威的国家。

130　霍尔津格、克恩和克罗姆里（Holzinger, Kern, and Kromrey），同前注 128，第
469 页。

131　同前注 89（Barfield, Nojumi, and Thier），第 17 页。

132　Ewa Wojkowska, *Doing Justice: How Informal Justice Systems Can
Contribute* (Oslo: UN Development Program 2006) 12.

133　奇拉亚特、塞奇、伍尔科克（Chirayath, Sage, Woolcock），同前注 87，第 3 页。

134　哈珀（Harper），同前注 114，第 26—27 页。

是这样。"[135]

　　上述社会中人们不将争议向国家法院起诉以寻求解决的理由有很多种。[136] 国家法律体系可能运转失灵，缺乏训练有素的律师和法官，缺乏资金，且人手不够、技术装备短缺。比如，卢旺达有 750 万人口，但仅有 50 位新聘任的法官；马拉维有 900 万人，只有 300 位法官。[137] 其他常见理由是国家法院可能路途遥远；对大部分人来说法律和法庭费用过于高昂；人们不熟悉法院使用的程序和法律规则；在多民族的社会中，法院使用的语言不同于当地方言；国家法院法官并不理解社会语境或社群规范；人们可能认为国家法律体系是压迫性的且 / 或充满腐败；法院案件审理时间漫长；有胜诉方和败诉方的法院结果可能无法消除社会分裂；同时可能会有在社群内部解决纠纷的社会压力。[138] 相反，地方法庭就易于进入、成本低廉、方便理解和运作透明；它们运用人们熟悉的程序和规范，立刻产生结果，有效解决争端。

　　人们之所以诉诸习惯法法庭还有一个更深层次的理由。国家法律体系在双重意义上被从社群中清除出去。首先，法律制度、规范和程序都源自它们所衍生的西方社会，被嫁接到在社会、文化、经济和政治环境方面与之完全不同的社会中——它们是这种在几代后都格格不入的外来移植物。其次，国家法律制度包含科层制法律

135　Carolyn Logan, "The Roots of Resilience: Exploring Popular Support for African Traditional Authorities", 112 *African Affairs* 353 (2013).

136　哈珀（Harper），同前注 114，第 26—30 页。

137　Laure-Helene Piron, "Time to Learn, Time to Act in Africa", in Thomas Carothers, ed., *Promoting the Rule of Law Abroad* (Washington, D.C.: Carnegie Endowment 2006) 275, 291.

138　沃契科斯卡（Wojkowska），同前注 132，第 13 页。

组织中(立法机关、法院、检察官、警察)运作的高度技术化的语言、技术和程序。高度技术化的法律制度在任何地方都脱嵌于社群关系。相反,非正式法庭涉及社群内人们直接参与和实施他们自己的法律,不受法学专家的干预和排除,后者会用自己那些无法理解的术语、程序和行为接管案件。传统法庭和习惯法与宗教法是人们所了解的事物,也是认为与自身相一致的事物。如一位评论家所言,"习惯法框架根本没有被视为法律,而是一种生活方式,关乎人们如何生活——另一方面,国家法是某种被强加的、外来的事物"。[139]

　　经过几十年的努力,且在构建南半球国家法律体系能力方面花费几十亿美金却收效甚微后,[140]国际发展机构近来开始倡导对习惯法法庭投入更多关注与支持。[141]特别是联合国开发计划署(UNDP),[142]世界银行,[143]国际发展法律组织(IDLO),[144]美国和平研究所(USIP)[145]针对习惯法体系的重要意义发布报告。国际发展法律组织报告指出:"习惯法司法制度的问题及其在推动法治方面的作用, 90

139　Erica Harper, *Customary Justice: From Program Design to Impact Evaluation* (Rome: IDLO 2011) 28.

140　参见布莱恩·Z.塔玛纳哈(Brian Z. Tamanaha),"社会的首要性和法律与发展运动的失败"(The Primacy of Society and Failures of Law and Development),载于《康奈尔国际法杂志》(*Cornell International Law Journal*)第 44 期(2011 年),第209 页。

141　富有信息量的概述参见罗纳德·扬瑟(Ronald Janse),"法治改善中转向法律多元主义?"(A Turn to Legal Pluralism in Rule of Law Promotion?,载于《伊拉斯谟法律评论》(*Erasmus Law Review*)第 6 期(2013 年),第 181 页。

142　Ewa Wojkowska, *Doing Justice: How Informal Justice Systems Can Contribute* (Oslo: United Nations Development Programme 2006).

143　奇拉亚特、塞奇、伍尔科克(Chirayath, Sage, Woolcock),同前注 87。

144　哈珀(Harper),同前注 114。

145　伊塞尔(Isser),同前注 89。

成为司法改革领域中最有前景——也是最为棘手——的发展。"[146]

世界正义工程(WJP)法治指数承认,在许多先前是殖民地且国家法律体系脆弱的国家中,非正式的司法制度可以是"及时且有效的"。不过非正式法庭并没有被列在国家排名的因素之中,因为"这些制度的复杂性以及系统地衡量其公正与有效的困难,使得对整个国家的评估异常具有挑战性"。[147] 不过世界正义工程的指数是国家法一元论学说的另一个产物。由于世界正义工程无法衡量非正式司法法庭的效用,后者的存在就被无视了。鉴于在许多国家中有相当比例的人口使用这些制度,对于它们明显的忽略就损害了该指数的可信度。

西方发展机构对习惯法法庭功能性效用的承认绝不等于对其热情洋溢的支持。这种承认姗姗来迟且几乎算是勉为其难,它是对现实的实用主义妥协。在许多这些国家中,国家法律体系失灵,但非国家的习惯法体系却能满足地方需要,并且这些社会中的大多数人都青睐于后者。在这些条件下继续无视习惯法法庭与习惯法是愚蠢的。

过去三十年间,依据国际法对当地人权利的承认,美洲当地的人权激进分子也强烈鼓吹承认习惯法。许多拉美国家在 20 世纪 90 年代制定的宪法条款中明确承认了法律多元主义——巴拉圭、尼加拉瓜、墨西哥、哥伦比亚、秘鲁、玻利维亚、厄瓜多尔和委内瑞

146　参见本书前言,黛博拉·伊赛尔(Deborah Isser),"维护正义"(Doing Justice),载于黛博拉·伊赛尔编,《战乱城市的习俗性正义与法治》(*Customary Justice and the Rule of Law in War-Torn Cities*),华盛顿:美国和平机构 2011 年版(Washington, D. C.: United States Institute for Peace 2011),第 5 页。

147　World Justice Project Rule of Law Index 2020 (Washington, D.C. 2020) 12.

拉[148]——并且加拿大近来作出支持当地人权利的政治承诺。[149]与自 91
始至终承认法律多元主义的、间接统治的后殖民国家不同，上述正
式承认代表着一种非同小可的转变。在某些地区，非正式习惯法制
度的存在依旧没有得到认可，但在其他地区，社群由于战争、迁徙
或政府镇压而遭受更大撕裂时，当下对于习惯法的呼吁反映出地方
性司法的复兴。"今天的当地民族认为自己的政治—法律自我统治
制度具有正当性的主要理由之一，就是他们认为这些制度是这些群
体集体历史与身份的构成性要素。"[150]

148　参见唐娜・李・范・科特（Donna Lee Van Cott），"玻利维亚和哥伦比亚
法律多元主义的政治分析"（A Political Analysis of Legal Pluralism in Bolivia and
Columbia），载于《拉丁美洲研究杂志》（*Journal of Latin American Studies*）第 32
期（2000 年），第 207 页；安娜・巴雷拉（Anna Barrera），"将法律多元主义转变为
国家惩罚背书的法律：评价玻利维亚和厄瓜多尔新宪法与法律的意涵"（Turning
Legal Pluralism into State-Sanctioned Law: Assessing the Implications of the New
Constitutions and Laws in Bolivia and Ecuador），载于《德国全球与区域研究所工作论
文》（*GIGA Working Papers*），2011 年 8 月（可于研究所网站获得该论文。——译者）。

149　参见约翰・博罗斯、拉里・沙特朗、乌娜・E. 费茨杰拉德和里莎・施瓦
兹（John Borrows, Larry Chartrand, Oonagh E. Fitzgerald, and Risa Schwartz）主 编，
《相互交织的法律秩序：实施〈联合国土著人民权利宣言〉》（*Braiding Legal Orders:
Implementing the United Nations Declaration on the Rights of Indigenous Peoples*），加
拿大滑铁卢：国际政府创新中心 2019 年版（Waterloo, Canada: Centre for International
Governance Innovation 2019）。加拿大的法学家讨论原住民法是否存在，参见哈德
利・弗里德兰（Hadley Friedland），"反思框架：评价、理解以及适用原住民法的方
法"（Reflective Frameworks: Methods for Accessing, Understanding, and Applying
Indigenous Laws），载于《原住民法杂志》（*Indigenous Law Journal*）第 11 期（2012
年），第 1 页。澳大利亚对原住民习惯法作出了有限的调整。参见詹姆斯・克劳福德
（James Crawford），"澳大利亚的法律多元主义和原住民族"（Legal Pluralism and the
Indigenous Peoples of Australia），载于 O. 门德尔松和 U. 巴克西（O. Mendelson and U.
Baxi）主编，《从属人民的权利》（*The Rights of Subordinated People*），德里：牛津大学
出版社 1994 年版（Delhi: Oxford University Press 1994）。

150　Rachel Sieder and Anna Barrera, "Women and Legal Pluralism: Lessons from

除了关切对待妇女和人权的态度，对这些法庭会强化地方权力结构的担忧，向更广泛承认习惯法法庭的实践提出了两种主要反对意见。一种反对意见来自国家律政官员，他们担心插手这些法庭会使得资源从国家法律体系的发展领域中流走。"他们指出，由于和非正式制度一同协作，当国家急需支持的时候，国际共同体会推动且转向对非国家制度的关注。"[151] 对此担忧的回应是，承认习惯法法庭并不必然意味着对之加以实质性资助——相反，对之注入资金反而会扭曲现有的激励机制，影响它们的运作方式。此外，认真对待习惯法法庭并不意味着放弃建构国家法律体系的努力。更准确地说，它意味着在从事法律发展工作时，能够对这些社会中运作着的所有法律制度有更具整体性的认识、关注和参与。

对构建一元论法律国家抱持信心的发展领域的实务工作者，也应从现实主义视角出发来看待这些制度如何在其自身社会中运作。法律服务的高昂成本和漫长的法庭诉讼（这需要花费好几年时间）导致美国和英国有许多人的法律需求无法得到满足。因此，可以说良好运作的国家法律体系并非灵丹妙药，即便在向法律体系投入大量资金的更为富有的国家中也是如此。从这个角度来说，非正式的社群法庭在有效处理问题方面的效益不应被低估。

92

第二种反对意见是承认习惯法法庭会给择地行诉与不确定性创造机会："强化习惯法会导致多套彼此竞争与重合的法律，这虽然为人们提供了选择，却会'阻碍原告获得司法救济，妨碍对冤情

Indigenous Governance Systems in the Andes", 49 *Journal of Latin American Studies* 633, 643 (2017).

　　151　Noah Coburn and John Dempsey, "Informal Dispute Resolution in Afghanistan", *United States Institute of Peace Special Report* 7(2010).

的有效处理'。这会带来混乱或增加不稳定性。"[152] 即便存在阐明国家法院和习惯法法庭各自司法管辖权的规则,法律多元主义也不可避免地会创造择地行诉的机会,因此富人就更有能力剥削穷人。不可否认,这确实是有问题的。但在目前的情况下,没有完美的解决办法。替代性法庭的出现能够推动每种法庭的改善,因为它们的权力和地位都取决于对使用者的吸引力,并且相较于运转失灵的法庭,人们会诉诸那些可接近的有效运转的法庭。最重要的是习惯法法庭很受欢迎且被广泛适用,它们满足了人们的需要。

社会、文化、经济、政治因素与法律多元主义

　　后殖民语境中的法律在今天有浓厚的多元主义色彩。对后殖民社会的法律有几十年研究经验的人类学家约翰・科马洛夫和琼・科马洛夫夫妇(John and Jean Comaroff)如此形容当下的情况:

　　　　由于历史困境,后殖民地不倾向于围绕一个由高度中心化国家维持的、单一且纵向统一的主权组织起来。更准确说,它们存在于多个局部主权横向编织而成的"壁毯"之中:这些主权统领着领土及其居民,统领着由信念或文化联合起来的人民的集合体,统领着贸易领域,统领着关系网络、财产制度、实践领域,且非常常见的是统领着这些事物间各种各样的联合;

152　Erica Harper, *Customary Justice: From Program Design to Impact Evaluation* (Rome: IDLO 2011) 34.

这些主权的寿命或短或长，在不同程度上受到实施强制的能力的保护，且总是不完整的。[153]

93　将一元论法律图景投射在这些情境中是不切实际的。后殖民语境中的法律是碎片化社会中复杂的"百衲衣"（bricolage）。*一个社会中民族细分的程度越高，习惯法和传统权威就越有可能得到承认。[154]

　　大致区分三类群体，有助于我们理解这一法律情境。这些社会拥有现代政府和商业部门，以城市中心为基础，雇佣受过教育或部分接受教育的人士，这些人购置产业、签订合同，等等——他们是新兴中产阶级，通常渴望以权利为基础的现代法律体系。[155] 国家法律体系的运作主要与这一现代领域中的人们和组织（包括公民和外国人）有关。这些社会也包含乡村区域，在这些地区中教育程度低的人们生活在民族或部落群聚而成的村庄中，作为劳工（农作物种

153　John L. Comaroff and Jean Comaroff, "Law and Disorder in the Postcolony: An Introduction", in Jean Comaroff and John L. Comaroff, eds., *Law and Disorder in the Postcolony* (Chicago: Chicago University Press 2006).

　　*　"bricolage" 指的是拼凑修补，用现有的材料进行制作。作者以此突显法律制度具有无法摆脱的特定社会／社群的历史印记。本书中作者一再提及的罗杰·科特瑞尔曾用这一概念来描述法理学应有的样态，即法理学研究不应当受制于法哲学的方法和问题域，而应当是不同学者针对自己所关注的问题，运用各自的理论资源展开研究。——译者

154　参见凯塔琳娜·霍尔津格、鲁斯·黑尔、阿克塞尔·拜耳、丹妮拉·M. 贝尔和克拉拉·诺伊佩尔-温茨（Holzinger, Haer, Bayer, Behf, and Neupert-Wentz），同前注129，第 1797—1801 页。

155　参见约翰·L.科马洛夫（John L. Comaroff），"反思南非及其他地区的殖民国家：派系、碎片、事实与拟制"（Reflections on the Colonial State in South Africa and Elsewhere: Factions, Fragments, Facts and Fictions），载于《社会身份》（*Social Identities*）第 4 期（1998 年），第 321 页。

植、矿产开采、林业、渔业等），为了微薄的薪水工作，抑或从事货币经济以外的自给农业、畜牧、捕鱼、狩猎、捕猎、采集。在这些环境中，传统领袖和习惯法法庭依旧有效运作，但国家法院则对此鞭长莫及且很少得到使用。在上述城市和乡村环境之间，是不断扩张的城市中范围越来越大的多民族的城市边缘地带，其中充斥着寻求更好生活的乡村地区移民，他们作为非正式居民生存于此，并在非正式经济中工作。这种第三类群体生活在国家法律体系和习惯法法庭的边缘：他们外在于国家法律体系，因为他们在非正式经济中工作，缺乏正式的财产权，且非正式地区中国家法律的实施是有限的（且主要是惩戒性的）；他们外在于习惯法体系是因为人们日益脱离乡村中心，习惯法法庭的控制力就受到削弱，在多民族背景中尤为如此。上述概括并不严密且边界模糊，提出来只是用于解释说明。

　　这些社会在多重维度上是高度多元的：文化、民族、种族、种姓、宗教、社会内部 / 外部、教育、经济、阶级以及政治方面都是如此。法律多元主义体现了这些潜在的区分。一些人偏好世俗国家法而另一些人则钟情他们自己社群或宗教的律法。人们使用他们最熟悉的法律——这些法律契合他们的期待和规范性立场——以及可以获得的法律。当他们接触到不止一种法律平台时，他们通常会挑选 94 出自己认为最有利的那个，并且会为了实现自己的目标而诉诸不止一个平台。这在法律多元主义情境中时有发生。

　　另一个广泛命题和殖民统治时期发挥作用的治理机构的分工有关。殖民法律体系致力于支持殖民国家，维护主要城市的秩序，并推动侨民经营的和贸易相关的商业公司；地方治理以及法律和秩序主要留给适用习惯法和宗教法的去中心化的部落权威与宗教权威负责。这一制度上的分工产生出根深蒂固且自我强化的具有路径依赖性质的结构。殖民活动结束后,具有掠夺性、汲取性和殖民性的国家与法律制度被继承下来,并且极为常见的是这一切在当地政府的掠夺性活动中得以延续,与此同时,通过确保国家机器及其经济资源和强制力的控制地位,民族与宗教冲突偃旗息鼓。国家法律权威及其主要对应物构建并维持达成他们代代相传的任务的制度能力,该能力使之具有声望、权力以及收入。许多这类社会缺乏足够的教育制度和政府收入——缺乏社会与经济资本——来支撑国家法律体系的有效运转或扩展国家法律体系以便在乡村地区或村庄层面取代传统权威。同时也不存在取消这一分工的迫切需求,自国家法律体系奋力处理自身任务以来尤为如此。

国家、传统以及宗教权威可能各自执行着彼此冲突的法律规范,典型的情况是它们捍卫各自领地免受他者侵袭,但在许多地方它们确立起一种行之有效的权宜之计。彼此共存的法律体系之间的关系可以从三种范畴来理解:合作、竞争以及冲突。[156] 这些法庭之间的合作关系可以是具有社会凝聚力的(但它们的合作方式也会是共同压迫某些不受欢迎的群体)。竞争性互动会推动共存的法庭改善它们自身的运作以便满足人们需要(但也会导致为了吸引用户的逢迎行为)。共存法庭之间的冲突性关系加剧了法律的不确定

---

156 一篇充满洞见的有关后冲突情境中法律多元主义的文章区分了四种原型:冲突、竞争、合作和互补。我没有采纳互补是因为合作关系大致包括那些属于互补的关系。参见杰弗里·斯温森(Geoffrey Swenson),"理论与实践中的法律多元主义"(Legal Pluralism in Theory and Practice),载于《国际研究评论》(International Studies Review)第 20 期(2018 年),第 438 页。

性，并且可能会激化社会冲突。在法律多元主义的某个单一语境中，这些相互关系可能会出现其中的一种、两种甚或全部，会随着时间发生变化或由于不同事务而浮现。

尽管广泛存在的期待是后殖民国家最终会向统一法律体系演化，但对大部分观察者来说，显而易见，法律多元主义是这些国家可预见的未来。回想早先有关帝国不干涉社群法的讨论——这不过是在国家层面对同样制度安排的继承。从国家法一元论立场来看，法律多元主义似乎存在无可救药的缺陷。可就其本身来说，法律多元主义是具有深刻社会与法律异质性特征的环境中的一种功能性制度安排。法律多元主义所体现的这些社会中多层次的多元主义，无法被忽略也不会随主观愿望而消失。

法治与法律多元主义

有关法治的含义或要求，可谓仁者见仁、智者见智。[157] 大部分表述拥有的共同核心理念，就是当政府官员与公民受到法律约束且大体上遵守法律时，法治就存在。这涵盖了政府与公民之间的互动（纵向）以及公民彼此之间的关系（横向）。法治的一个主要好处就是人们提前知晓自己行为的法律后果，使得他们在涉及政府和其他公民方面具有安全性和可预测性。人们通常假定后殖民国家的法律多元主义对立于法治，因为恰恰是彼此共存的法律体系的出现，

157　参见布莱恩·Z.塔玛纳哈，《论法治：历史、政治与理论》（*On the Rule of Law: History, Politics, Theory*），剑桥：剑桥大学出版社 2004 年版（Cambridge: Cambridge University Press 2004）。

导致了法律事务上的不确定性。在一元论学说中，消除法律不确定性是发展统一的国家法律体系的主要证成理由之一。

不过一种更广泛的视角指出，法律多元主义可能实际上有助于实现法治的本质功能。[158] 如前所述，在许多这种情形中，国家法律体系都是移植物，并不符合社会中许多人的规范与理解，在乡村社群中尤为如此；并且国家法律体系由于一系列原因而运转失灵，其中包括缺乏律师和法官、支撑法律制度的资源不足以及问题重重的社会、经济与政治条件。这些条件与西方法治社会有根本差异，在后者中，法律在几个世纪以来的演进与社会、文化、经济以及政治方面的支持性因素彼此交织。同样的模式无法适用于这两种不同情形。

有关财产权、婚姻与子女抚养责任、继承、债务与合同，还有人身伤害的习惯法与宗教法的制度安排，在他们的社群中掌管着日常生活与社会交往。社群中运用的习惯法和宗教法得到人们的充分理解且与其规范性期待一致，因此整体上是可预测的，并为他们的互动以及纠纷如何得到解决提供了某种程度的确定性。实际上，从社群成员的角度出发，国家法反而是不可预测的（更别提由于高昂的成本和遥远的距离，国家法实际上是无法获得的）。由于这些理由，习惯法和宗教法的存在就服务于法治的横向功能，即人们在社群内与他人的社会互动中大体上受到法律的约束并遵守法律。这些与习俗和宗教领袖的决定和行为有关的法律内容，也能够实现

158　参见布莱恩·Z.塔玛纳哈，"法治与发展中的法律多元主义"（The Rule of Law and Legal Pluralism in Development），载于《海牙法治杂志》（*Hague Journal of the Rule of Law*）第3期（2011年），第1页。

法治的纵向功能（不过典型情形是国家政府官员无法对非正式习惯法和宗教法法庭负责，这种责任必定出现在国家法律体系中）。

阐明这一点的另一种方式，就是想象一切习惯法和宗教法及其法庭都突然消失不见了——由于持续不断地压制——只剩下国家法和国家法律体系。当人们想要从事一项重要的事务（离婚、继承等）或在日常事务中遇到麻烦（财产纠纷、人身伤害赔偿等），人们就不再有可依据的熟悉的法律理由，也不再有可用来解决纠纷的可诉诸的或可理解的场所。这难免使得社群内法律的确定性与法治受到实质性减损。从这个角度出发，后殖民社会中与日常社会交往相关的法律多元主义有助于法治，因为如果没有法律多元主义，在许多社群中人们就没有可诉诸的替代性法律。

第 3 章　西方法律多元主义

　　西方广为接受的一种信念就是国家垄断着法律。在更细致的考察下，这种国家法一元论观点的理想化投射暴露出巨大的漏洞。欧洲境内的罗姆人（吉卜赛人）社群几千年来一直根据自身的法律生活。新西兰、加拿大、澳大利亚和美国都存在着原住民的法律与法庭，它们与国家法之间有各种各样的关联。在许多西方国家中，犹太教法和伊斯兰教法及其制度既与国家法彼此交织又独立于它而存在。所有这些例子都涉及社群法律秩序（习惯法与宗教法）的延续，它要远远早于现代国家且以不同形态得以存续，不断适应着且幸免于国家法的扩张与渗透。在许多这些语境中，国家法试图抑制或贬低这些社群法，否认它们的法律地位，但即便如此，这些法律依旧存在且被其拥趸视为法律。本章（和下一章）表明在国家层面巩固法律的一元论方案即便在高度发达的西方法律体系中也尚未完成，这体现出社群法的残存使得西方法律体系与过往的法律多元主义之间存在着连续性。与前两章一样，本章的讨论并不求面面俱到，而是对每种社群法及其与国家法互动的例证性内容加以简要勾勒。

罗 姆 人 法

数百万罗姆人散落分布在欧洲的诸多社群以及美国和加拿大境内，总共涉及 40 个国家——这些人离开印度北部已有千年之久，拥有共同的文化、语言和律法。[1]虽然现在许多罗姆人社群是定居的，但在历史上它们是流动或半流动的。千百年来他们都遵循自身自主的社群法生活，甚至当法律在现代国家得到巩固后依旧繁荣发达，但常常会受到国家以及多数人口的迫害。罗姆人虽然维系着关系紧密的社群，却也融入他们生活的社会当中，通常皈依于当地占据主导地位的宗教。他们的法律活动随地点而有所不同，所以只能提出一些并非适用于所有地方的概论。

罗姆人法是以社群为基础的法庭所践行的口耳相传的传统，它被广泛运用于商业安排（包括合同、债务、欺诈、不公平竞争）、婚姻与离婚、通奸、盗窃、侵犯名誉以及其他扰乱社群的事务。[2]罗姆人社群中的纠纷典型地由社群中德高望重的人物出面非正式地加以解决。只有此路不通后，才会召集被称为"克里斯"（*kris*，意思是正义）的临时法庭，不过并非所有罗姆人社群都会召开"克里斯"。[3]诉讼

98

1　有关罗姆人的一本信息丰富的文集参见沃尔特·O. 韦罗克（Walter O. Weyrauch）主编，《吉卜赛法：罗姆人的法律传统与文化》（*Gypsy Law: Romani Legal Traditions and Culture*），伯克利：加州大学出版社 2001 年版（Berkeley: University of California Press 2001）。

2　参见埃琳娜·马鲁什科娃和韦塞林·波波夫（Elena Marushiakova and Vesselin Popov），"东欧的吉卜赛法院"（The Gypsy Court in Eastern Europe），载于《罗姆人研究》（*Romani Studies*）第 17 期（2007 年），第 67、92—97 页。

3　同上注，第 71—73 页。

可以由受到伤害的原告或社群提起。主持"克里斯"的是为此场合精挑细选的男性法官,通常是诉讼双方各选一位,再由德高望重的第三位法官加以权衡。[4]当事人双方提出各自主张、证人质证之后,就是出席法庭的人士展开讨论,直到对一项公正的结果达成全体一致。法官和法庭参与者会援引"先例、传统实践、生平事迹或民间传说"。[5]"总而言之,决定吉卜赛人法庭形态与运作的基本理念,就是共识这个概念。这个法庭的每个判决不仅要得到其成员的一致接受,也要得到整个社群,包括被告在内的接受。"[6]

救济主要是金钱赔偿;在罗马尼亚的一个社群中,金钱赔偿的数量从 1000 到 10,000 欧元不等,有一次高达 100,000 欧元。[7]被告的偿付能力是决定赔偿金额的一个因素。[8]败诉的一方可以通过要求召开另一个"克里斯"来提出上诉,此时前一个"克里斯"中的法官会出面解释他们的裁判。如果败诉一方没有支付罚金,获胜一方有权执行该判决,必要的话包括通过武力来执行。[9]这在极少数情况下会导致血仇。"克里斯"也能下令将一方驱逐出社群,这

99

---

4   参见埃琳娜·马鲁什科娃和韦塞林·波波夫(Marushiakova and Popov),同前注 2;T.A. 阿克顿(T.A. Acton),"三角选择:吉卜赛法中价值优先作为更一般的理解正义多种情形的范例所具有的结构性影响"(A Three-Cornered Choice: Structural Consequences of Value-Priorities in Gypsy Law as a Model for More General Understanding of Variations of Justice),载于《美国比较法杂志》(*American Journal of Comparative Law*)第 51 期(2003 年),第 639、642—643 页。

5   马鲁什科娃和波波夫(Marushiakova and Popov),同前注 2,第 87 页。

6   同上注,第 78 页。

7   Claude Cahn, "Romani Law in the Timis County Ciambas Community", 19 *Romani Studies* 87, 93 (2009).

8   马鲁什科娃和波波夫(Marushiakova and Popov),同前注 2,第 87 页。

9   卡恩(Cahn),同前注 7,第 93 页。

是最后诉诸的惩罚。当事人双方一般都会服从判决。在召开"克里斯"的社群中，将罗姆人之间的纠纷诉诸国家法院是"绝对无法接受的"。[10]

国家法和罗姆人法在许多事务上都有冲突，并且尽管某些国家法院认为罗姆人的法律规范是对被指控犯罪的罗姆人的"文化辩护"，但罗姆人法与制度很少得到国家法的承认[11]（文化辩护指的是在国家层面的案件中，子社群的文化立场被纳入考量来否认犯罪意图、评价行为的合理性抑或减轻犯罪行为的严重性）。在某些地区，国家律政官员由于遵从罗姆人法律程序而拒绝追查罗姆人之间发生的刑事案件。[12] 国家律政官员会遇到困难，也是因为罗姆人通常不配合国家调查和司法程序。由于上述原因，"主导当局通常并不干涉吉卜赛社会，并且在冲突发生时在许多方面对罗姆人的文化无能为力"。[13]

从大部分西方法律体系的立场出发，在罗姆人社会中发挥作用的罗姆人法并不是"法律秩序"。但尽管否定其法律地位，充满凝聚力的罗姆人社群通过他们自身基于社群的法律来生活、安排他们

10　Elena Marushiakova and Vesselin Popov, "The Gypsy Court in Eastern Europe", 17 *Romani Studies* 83(2007).

11　参见艾达·那夫斯塔德（Ida Nafstad），"少数群体法律文化在法律上的沉默：以瑞典刑事法庭中的罗马人为例"（Legal Silencing of Minority Legal Culture: The Case of Roma in Swedish Criminal Courts），载于《社会与法律研究》（*Social & Legal Studies*）第 28 期（2018 年），第 839 页。

12　马鲁什科娃和波波夫（Marushiakova and Popov），同前注 2，第 98 页。

13　沃尔特·O.韦罗克和莫林·安妮·贝尔（Walter O Weyrauch and Maureen Anne Bell），"自主的法律创制：以吉卜赛人为例"（Autonomous Lawmaking: The Case of the 'Gypsies'），载于韦罗克，同前注 1，第 52 页。

彼此的关系并解决他们的纠纷——与此同时也意识到国家法中与之产生竞争的法律体系。罗姆人领会了两套法律体系，他们自己的社群法以及国家法，但国家法律体系将自身呈现为排他性的法律秩序，通过遮蔽自己之外的任何法律形态来维持这一形象。

新西兰、加拿大、澳大利亚和美国的原住民法

100　　　新西兰、加拿大、澳大利亚和美国都是移民国家，它们最初是殖民地，与前一章中描述的情况非常类似，后来由于大规模的移民迁入以及侵略性的军事统治，当地人口在数量上被超过且被边缘化了。今天这些具有资本主义经济的自由民主国家，呈现出一种高度发达统一的国家法律体系的面貌。可是原住民法值得关注的不同表征却以尚未彻底统一的方式同国家法（在其之内或之外）处于各种各样的关系之中。

殖民国家和殖民者对待原住民的方式包括战争、承认原住民政治与法律权威的和平条约、额外的战争与屠杀、殖民者对当地土地和资源的攫取、对当地人民的强迫迁徙和同化，以及文化、政治、经济和法律方面的边缘化。[14] 这一历史以国家律政官员如下行为模式为标志：他们摆出对当地社群法心怀敌意且身居统治者地位的姿

14　参见简·伯班克和弗里德里克·库珀（Jane Burbank and Frederick Cooper），《世界史中的帝国：迥异的权力与政治》（*Empires in World History: Power and Politics of Difference*），普林斯顿：普林斯顿大学出版社 2010 年版（Princeton, NJ: Princeton University Press 2010）。

态,宣告国家法一元论立场至高无上。

在原住民权利积极分子以及《联合国土著人民权利宣言》(UNDRIP)和其他国际支持的推动下,过去的几十年间,有迹象表明英联邦殖民国家(但不包括美国)在某种程度上愿意重新考虑原住民社群及其法律的地位。《联合国土著人民权利宣言》第 5 条指出:"土著人民有权维护和加强其特有的政治、法律、经济、社会和文化机构,同时保有根据自己意愿充分参与国家政治、经济、社会和文化生活的权利。"该宣言在 2007 年由 144 个国家赞成、11 个国家弃权以及 4 个国家反对而通过,显然,这四个反对的国家就是新西兰、加拿大、澳大利亚和美国,不过后来这四个移民国家转变了它们的立场。

对于殖民国家中法律多元主义的研究,与新近对原住民族困境的关注相辅相成。有关原著民法的讨论,隶属于更宏大的文化、政治以及经济议题,包含着原住民语言以及生活方式的残存、更广泛的政治体中的自我决定、社会与经济问题的缓解(贫穷、糟糕的健康状况、不良的教育条件、经济机遇的匮乏、家庭暴力、犯罪)以及部落经济资源的掌控或收回(林业、渔业、采矿、狩猎、赌场等)。

原住民权利的倡导者提出了一系列立场:在原住民社群中保留或创设非正式或正式的法庭;在国家法律案件中承认原住民法律(特别是家庭关系、土地保有的案件,以及刑事案件中的文化辩护);改革官方国家法律以便更好体现原住民价值(比如,资源管理、敬畏自然、修复性正义 / 司法);以及最有抱负的,将当地民族纳入政治与法律主权之中。这些不同立场的一个共同主张就是,原住民法律传统的存在比移民国家早几千年,经受了国家的一再打击,以某种方式（至少在社群内）存续至今。[15] 根据这一观点，即便国家法承认了原住民法，原住民法的存在也自始至终独立于所谓的承认。另一个共同主张是原著民法基于价值而非严格基于规则，囊括了社群内部人与人（包括祖先和未来世代）之间的关系、人与环境的关系以及自然和生活的精神方面。与所有法律传统一样，原住民法并非冰封在历史中，而是由持续演进的法律规范、价值、原则以及适于当下情境的实践构成的。

　　在移民国家中，新西兰拥有的原住民人口比例最大，毛利人大概占人口总数的 15%。英国国王与毛利人之间关系的根本文件是《怀唐伊条约》（*Treaty of Waitangi*, 1840）。在签订该条约时，大概有 125,000 毛利人和只有几千人的殖民者，但后者通过移民而数量激增；毛利人和殖民者（及其毛利人同盟）之间不时会出现小摩擦以及暴力冲突，这通常与殖民者土地收购不当有关。[16] 由于英语和毛利语对该条约第一条的翻译不同，自一开始该条约就成为争端的主题。在英文本中，首领给予女王"主权的一切权利与权力"，但毛利语的译本中用的是一个表达统治或政府的词，它不具有英语中主权观念绝对至高无上这个含义。[17] 这种语言—概念上的分歧使得极为重要的单个文件含义中出现了法律多元主义。条约第二条确认首

　　15　参见法尔迈因·托奇（Valmaine Toki），"毛利方式——一种宪法权利？个案研究"（TIkanga Maori—A Constitutional Right? A Case Study），载于《共和国法律报》（*Commonwealth Law Bulletin*）第 40 期（2014 年），第 32、34 页。

　　16　参见毛利习惯法，收录于新西兰国会图书馆（可于该图书馆网页获得。——译者）。

　　17　参见《新西兰百科全书》（*Encyclopedia of New Zealand*）中"怀唐伊条约"（Treaty of Waitangi）词条。

领有关土地、房产、森林、渔业和其他财产的现有权力将保持不变。

和其他英国殖民地一样，最初殖民国家并没有取代殖民城镇之外的原住民法庭和法律，鉴于殖民国家有限的权力，这种取代并不现实。[18]《1852年新西兰宪法法案》承认毛利人居住区"在他们彼此之间的一切关系和处理彼此事务时，应当保留他们自身的统治，应当区分出特定的区域，在其中，这些法律、习俗或惯例应当得到遵循"。[19]"这一情形意味着在签订《怀唐伊条约》后，一些毛利人社群（如果不是全部的话）依旧遵从他们自己的传统价值、习惯法、惯例、规范和制度。"[20]对于向殖民者犯下的严重罪行，首领会将违法犯罪的毛利人送交英国地方法官。这个制度是双轨法制（bi-jural），"殖民者管理殖民者，毛利人根据自己的习惯法和制度管理自己"。[21]许多国家法令和法院判决都承认毛利人的习惯法，在有关土地权利和犯罪刑罚方面尤其如此。[22]国家法律体系内提起的只和（定居区）毛利人有关的诉讼中，地方法院依靠毛利人首领作为当地顾问发挥咨议作用。[23]

当殖民者在19世纪最后几十年间逐渐占据人口的绝大多数时（在1880年有50万人），他们对毛利人习惯法的态度发生了转变，

---

18 该论述主要归功于法律委员会（Law Commission）有关毛利人法的特别报告：《新西兰法律中的毛利人习俗和价值》（*Maori Custom and Values in New Zealand Law*），2001年版。

19 引自罗伯特·约瑟夫（Robert Joseph），"为奥特亚罗瓦—新西兰的首部法律再创法律空间"（Re-Creating Legal Space for the First Law of Aotcaroa-New Zealand），载于《怀卡扎法律评论》（*Waikato Law Review*）第17期（2009年），第74、78页。

20 同上注，第75页。

21 同上注，第78—79页。

22 法律委员会（Law Commission），同前注18，第18—19页。

23 同上注，第20页。

从接受变成了冰冷的消灭。19 世纪 60 年代的土地战争中，毛利酋
邦遭到严重削弱，将大片土地输给了英国国王。至少从正式国家法
律制度的角度出发，1877 年的帕拉塔诉惠灵顿主教案（*Wi Parata v. Bishop of Wellington*）宣告了毛利人法的终结。首席大法官彭德格
斯特（Pendergast）宣布《怀唐伊条约》"完全无效"且"没有价值"，
因为它是由"没有任何形式的法律或公民政府的野蛮人"签订的，
这些野蛮人无法和文明开化的民族订立条约。[24] 此外他总结道，承
认毛利人习惯法中财产权的《1865 年原住民权利法案》和《1873 年
原住民土地法案》无效，因为"这些习惯法并不存在"，而且"制定
法中的语句不能指称现实中并不存在的事物"。[25] 后续立法废除了
对当地顾问的使用，并将一些毛利人行为入罪，用殖民法下个人权
利资格取代对于原住民土地保有的集体持有。[26] 此后毛利人法就在
国家法律体系中被边缘化了。[27] 但尽管受到官方的清除，毛利人的
法律价值与实践直到第二次世界大战时期都在部落地区的村庄中
以非正式形态继续存在着，[28] 直到今天，都体现在传统聚居区（毛利

24　帕拉塔诉惠灵顿主教（Wi Parata v. Bishop of Wellington [1877] 3 NZ Jur. [N.S].S.C.），相关表述引自约翰·塔特（John Tate），"帕拉塔的三个先例"（The Three Precedents of Wi Parata），载于《坎特伯雷法律评论》（*Canterbury Law Review*）第 10 期（2004 年），第 273 页。

25　引自约瑟夫（Joseph），同前注 19，第 80 页。

26　法律委员会（Law Commission），同前注 18，第 22—25 页。

27　参见约翰·道森（John Dawson），"新西兰法律体系抵抗承认毛利习惯法"（The Resistance of the New Zealand Legal System to Recognition of Maori Customary Law），载于《南太平洋法律杂志》（*Journal of South Pacific Law*）第 12 期（2008 年），第 56 页。

28　约瑟夫（Joseph），同前注 19，第 75 页；约瑟夫·威廉斯（Joseph Williams），"奥特亚罗瓦法：在现代新西兰法中注入毛利人元素的创举"（Lex Aotearoa: An Heroic

会堂，公众集会）和毛利人社群内的价值中。

尽管受到法律人士和公众的强烈抵制，改善毛利人地位的政治压力，以及毛利人法律学者和律师提出更大程度地承认毛利人习惯法规范和价值的一系列倡议的持续不断的努力，自 20 世纪 70 年代起步，并在此后稳步加速。[29] 这一努力近来孕育出了成果。

通过各种各样的立法法案和法院判决，包括《怀唐伊条约》的再生效，原住民权利在如下方面得到承认：渔业、原住民土地资格、与祖先土地和自然资源（水、土壤、森林）的固有关系、家事法院有关子女抚养的判决中扩展的亲属关系的原住民价值、刑事审判中惯例性关系、针对青少年罪犯的社群司法集会以及对毛利人文化象征符号的保护。[30] 最高法院在最近的一个判决中首次承认毛利人的习惯法（毛利习俗，*tikanga*）（在本案中是一种葬礼习俗）应当在普通法中得到考虑，不过习惯法的承认标准及其对特定案件的影响这些问题尚未得到解决。[31] 倡导者敦促说，如果毛利人法想要在法律体系中得到更高程度的承认，法官就必须在识别毛利习俗及其意涵方面受到更好的训练，这特别是因为毛利人法是基于价值的，习惯性规范要在强调关系、社群、平衡、互惠、灵魂和其他因素的包罗万

104

Attempt to Map the Maori Dimension in Modern New Zealand Law），载于《怀卡托法律评论》第 21 期（2013 年），第 1、11 页。

29　有关对承认毛利人法律和权利的反抗，参见戴维·V. 威廉斯（David V. Williams），"原住民习惯法权利和奥特亚罗瓦新西兰的宪法"（Indigenous Customary Rights and the Constitution of Aotearoa New Zealand），载于《怀卡托法律评论》第 14 期（2006 年），第 120 页。

30　参见威廉斯（Williams），同前注 28。

31　该案就是塔卡摩尔诉克拉克（*Takamore v. Clarke* [2012] NZSC 116, [2013] 2 NZLR 733），威廉斯（Williams），同前注 28，第 15—16 页对之有描述。

象的价值中得到解释。[32] 但即便当这一切都小心翼翼（sensitivity）地被安排妥当后，毛利人法的倡导者警示说，普通法学说会以维护国家法支配地位的方式掌控和塑造容纳毛利人法的方式。[33]

近来值得关注的一个行动是在立法上承认旺格努伊河及其周边地区是具有法律人格的"不可区分的、流淌不息的整体"。[34] 这是毛利人对于自然的精神价值以及现代法律地位、权利、义务和责任之间的糅合，它表明毛利人的法律原则与价值如何能够以不局限于毛利人社群的方式更广泛地影响到国家法律体系。世界范围内有一些地区近来出于环境保护的目的，将法律人格赋予自然物体，但上述行动中与众不同的毛利人因素在于，承认河流是流淌不息的整体且与伴随它的毛利人社群不可分割地彼此交织，是某种无法被所有的事物。[35]

如我接下来将要表明的那样，新西兰在历史上和当下对原住民法的处理，在加拿大和澳大利亚都有明显的对应物（在某些方面美国有所不同）。今天原住民法的倡导者通常会参考原住民同行学者的著述，形成一种跨国的工作网络或体系。不过纵然有近来的这些发展，和其他移民社会中的原住民法一样，毛利人法在新西兰国家法中依旧地位有限。

加拿大的法律由三条得到正式承认的源流汇聚而成：英国普通

32　Carwyn Jones, "A Maori Constitutional Tradition", *New Zealand Journal of Public and International Law* 187 (2014).

33　Ani Mikaere, "Tikanga as the First Law of Aotearoa", 10 *Yearbook of New Zealand Jurisprudence* 24 (2007).

34　Te Awa Tupua (Whanganui River Claims Settlement) Act 2017.

35　Abigail Hutchison, "The Whanganui River as a Legal Person", 39 *Alternative Law Journal* 179 (2014).

法、法国民法（在魁北克地区）以及原住民法元素（别忘了非正式的
罗姆人法、犹太教法和伊斯兰教法，稍后会提到）。自最初接触后， 105
几个世纪以来当地民族都保留着基于社群的法律体系，它们与英国
和法国法律制度彼此共存。[36] 当地民族和国王之间的关系最初是由
主权者之间的条约来安排的。慢慢地国家转而主张完全主权，将当
地民族视为臣属而非相互平等的民族，从 19 世纪中叶到 20 世纪都
一再地试图同化原住民。[37] 直到 1969 年，一项提出彻底取消印度安
人身份的政府政策正式声明才最终在原住民权利倡导者的尖锐批
评下被撤回。[38] 加拿大法院直到 20 世纪 80 年代早期都认为议会有
权取消一切原住民权利。[39]《1982 年宪法法案》为原住民权利提供
了更稳固的基础，它有一个条款指出"加拿大原住民族现有的原住
民权利和条约权利据此得到承认和确认"，[40] 不过后来法院对此条款
用语的解释又将原住民法律和权利置于了从属地位。[41]

36　参见詹姆斯·萨克杰·扬布拉德·亨德森（James Sakej Youngblood Henderson），
"加拿大'第一民族'的法律继承；米克马赫模式"（'First Nations' Legal Inheritances in
Canada; The Mikmaq Model），载于《马尼托巴法律杂志》（*Manitoba Law Journal*）第
23 期（1996 年），第 1 页。

37　同上注，第 27—28 页。

38　John F. Leslie, "The Indian Act: An Historical Perspective", 25 *Canadian
Parliamentary Review* 32 (2002).

39　参见约翰·博罗斯（John Borrows），"追踪轨迹：作为原住民权利的原著民统
治"（Tracking Trajectories: Aboriginal Governance as an Aboriginal Right），载于《英
属哥伦比亚大学法律评论》（*University of British Columbia Law Review*）第 38 期（2005
年），第 285、307　308 页。

40　Canada Constitution Act 1982, Section 35 (1).

41　参见布伦达·L. 冈恩（Brenda L. Gunn），"超越范·德·皮特：将国际法、原住
民法和宪法组织起来"（Beyond Van der Peet: Bringing Together International, Indigenous
and Constitutional Law），载于约翰·博罗斯、拉里·沙特朗、乌娜·E. 费茨杰拉德和里
莎·施瓦茨（John Borrows, Larry Chartrand, Oonagh E. Fitzgerald, and Risa Schwartz）

　　原住民法律规范和实践目前存在于不同语境当中，得到国家法以及国家体系之外的承认，在有关家事法、土地权利和一般纠纷，以及狩猎、捕鱼、种植与生态治理方面尤为如此。[42] 国家法处理原住民法的方式主要有五种：(1)赋予收养和婚姻这类原住民制度法律效力；(2)在刑事和民事案件中评价行为合理性时，考虑原住民信仰；(3)授权得到承认的原住民群体制定在国家法院中执行的规则；(4)尊重自治区和原住民社群的自我决定；以及(5)将习惯法纳入国家法。[43]

106　　　有各种各样的制度安排。亚伯达的米提人拥有听审有关土地和使用权纠纷的正式法庭。[44] 卡里尔人拥有非正式法庭，由在涉及婚姻、继承、资源管理和其他事务的纠纷中作出裁判的首领主持。[45] 尼斯加民族和政府订立条约，只要他们有关家事法、继承、资源使用、土地等事务的法律原则与地方法律（provincial law）一致，就被吸纳入地方法律之中。[46] 努勒维特地区政府承认一系列因纽特人的

主编，《相互交织的法律秩序：实施〈联合国土著人民权利宣言〉》(*Braiding Legal Orders: Implementing the United Nations Declaration on the Rights of Indigenous Peoples*)，加拿大滑铁卢：国际政府创新中心 2019 年版 (Waterloo, Canada: Center for International Governance Innovation 2019)，第 135—144 页。

42　参见约翰·博罗斯 (John Borrows)，"加拿大原住民法律传统" (Indigenous Legal Traditions in Canada)，载于《加拿大法律委员会报告》(*Report for the Law Commission of Canada*)，2006 年版。

43　这一清单取自有关承认原住民法困境的一篇信息丰富的文章：柯尔斯顿·安克 (Kirsten Anker)，"后殖民法学和多元主义转向：从创造空间到身居其位" (Post-Colonial Jurisprudence and the Pluralist Turn: From Making Space to Being in Place)，载于尼科尔·拉凡和安德鲁·哈尔平 (Nicole Roughan and Andrew Halpin) 主编，《追寻多元主义法学》(*In Pursuit of Pluralist Jurisprudence*)，剑桥：剑桥大学出版社 2017 年版 (Cambridge: Cambridge University Press 2017)，第 272—274 页。简便起见，我省略了安克给每种策略贴的标签：翻译、调适、授权、遵从和容纳。

44　博罗斯 (Borrows)，同前注 42，第 58—59 页。

45　同上注，第 59—65 页。

46　同上注，第 65—73 页。

价值、原则以及立法实践、规制和程序。[47]各种各样的原住民社群参与解决纠纷的传统商议、道歉以及调解程序。[48]更一般来说,《原住民土地管理法》(*First Nations Land Management Act*, 1999)允许印第安地区的人群有权创设自己的土地使用法典。

尽管有上述实例,原住民法律传统在原住民社群中已经遭到严重削弱,且在国家法律体系中得到的承认也有限。近来的工作奋力争取"承认和复兴"[49]抑或"原住民法的复原与复兴"。[50]有关加拿大原住民法的文献回顾指出,"本报告所回顾的研究成果的一个共同起点就是如下法律事实:在过去的150年里,加拿大国家及其立法和法院,几乎没有为原住民法的承认与适用留有空间"。[51]

国家法院容纳原住民法的努力所取得的成果有限。这两种彼此共存的制度拥有不可通约的意识形态和截然不同的价值、原则以及司法裁判取向。比如,在刑事犯罪案件中,国家法具有惩罚性取向,关注将法律规则适用于单个案件;但原住民法具有修复性取向,关注社群。此外,国家法官只是肤浅地了解原住民法,缺乏调和这两者的指引。最近加拿大最高法院的一个里程碑式判决认为,有关原住民土地权利主张的问题,必须既要考虑普通法也要考虑原住民法;[52]

107

47　John Borrows, "Indigenous Legal Traditions in Canada", *Report for the Law Commission of Canada* (2006) 74–77.

48　参见迈克尔·科尔(Michael Coyle),"加拿大的原住民法律秩序:文献综述"(Indigenous Legal Orders in Canada: A Literature Review),载于《西部大学法律出版》(*Western University Law Publications*)第 92 期(2017 年)。

49　同上注,第 9 页。

50　"我们的展望"(Our Vision),原住民法研究组,维多利亚大学法律中心。

51　科尔(Coyle),同前注 48,第 4 页。

52　*Tsilhqot'in Nation v. British Columbia*, 2014 SCC 44.

但是在实践中,法院认为原住民法事关历史性与证据性事实而非法律,因此扭曲了原住民法,限制了它们的范围,使之止步不前。[53]

如前所述,当西方国家法律体系与原住民法并列且试图将之纳入自身时,就总会出现以上问题。法律是作为其生身环境的社会整体中不可分割的一部分。从一个制度中提取出特定法律元素并将之注入到另一个制度里,不可避免地会导致该制度发生转变——这不仅是因为它脱离了自身运作的原初社会—法律语境,还因为它是从一种完全不同的继受法律制度角度得到吸收的。

《联合国土著人民权利宣言》(UNDRIP)为原住民法律和权利事业提供了主要的政治支持。[54]为了满足自己对《联合国土著人民权利宣言》的允诺,加拿大政府近来提出一项接下来的立法计划,要在更大程度上承认原住民法律和权利。这项立法的前言指出:"原住民一再表达,承认性立法必须基于下述理解制定,即权利包括资格,都是与生俱来的,而非以国王的理解、标准或承认为前提。"[55]如果立法确认这一主张,它就会承认原住民法律和权利拥有自身的独立基础,这就从根本的意义上(要比民法和普通法在国家法中共存更为根本)将加拿大法律理解为是多元主义的。[56]至关重要的是,

---

53 参见弗雷泽·哈兰德(Fraser Harland),"认真对待原住民视角"(Taking the Aboriginal Perspective Seriously),载于《原住民法杂志》(*Indigenous Law Journal*)第16期(2018年),第21页。唐·库图维尔(Don Coutuvier),"跨法律秩序的司法推理:努勒维特的教训"(Judicial Reasoning Across Legal Orders: Lessons From Nunavut),载于《女王法律杂志》(*Queens Law Journal*)第45期(2020年),第319页。

54 参见博罗斯等(Borrows et al.),同前注41。

55 导言与宗旨,原住民权利框架的承认与实施概览(Preamble and Purpose, Overview of a Recognition and Implementation of Indigenous Rights Framework)。

56 对于该立法来说,下述情形并不是一个好兆头:近来一项调查表明34%的加

倡导者坚持原住民法律秩序拥有独立的地位，无需顾及国家法的承认，并且即便国家法明确否认原住民法的存在，这一地位也不会改变。原住民法律秩序的地位源自依靠该秩序生活的社群，而非国家选择如何对待它们。

108

　　大致说来，澳大利亚和新西兰与加拿大遵循同样的模式。但一个主要差别是它的原住民是采集狩猎的人群，缺乏酋邦这样在其他地区存在的大型政治结构。结果就是英国殖民者和移民的入侵所遇到的抵抗程度较低，也没有和原住民订立条约来为自己的攫取辩护。他们诉诸国家法一元论学说，主张澳大利亚是不属于任何人的土地（terra nullius）和无主之地（territorium nullius），这两者相应指的是没有任何人占领的土地，没有市民社会、主权者或法律现象。[57] 法学家推理说，由于原住民没有法律，就不存在要尊重或适应的既有法律——因此英国普通法和殖民地立法就被写入空白的法律列表。为国家和殖民者利益张目的法学家通过这一推理来为夺取原住民所占有的土地辩护，他们基于的理论就是原住民没有财产权，因此并不拥有居住了上千年之久的土地。

　　起初，这里的殖民政策和在其他地区适用的一样：英国法用来

拿大人青睐原住民社群具有更高程度的独立和自我统治，但 66% 的加拿大人认为他们都作为加拿大人应当拥有同样的规则和制度。参见克里·威尔金斯（Kerry Wilkins），"策略化的《联合国土著民族权利宣言》实施：一些根本问题"（Strategizing UNDRIP Implementation: Some Fundamentals），载于博罗斯等人（Borrows et al.），《相互交织的法律秩序：实施〈联合国十著人民权利宣言〉》（*Braiding Legal Orders: Implementing the United Nations Declaration on the Rights of Indigenous Peoples*），加拿大滑铁卢：国际政府创新中心 2019 年版，第 179 页脚注 13。

　　57　参见"承认原住民习惯法"（Recognition of Aboriginal Customary Laws），载于《澳大利亚法律委员会 31 号报告》（*Australian Law Commission Report*）1986 年版，第 39、60 段。

处理殖民者之间以及殖民者和原住民之间的事务，而原住民之间的纠纷，特别是在边远地区的，就由原住民适用自己的惯例。渐渐地，国王主张处理一切事务的权力，包括处理原住民间关系的，但在实践层面国家的干预有限。[58] 原住民不被允许在案件中提供证词，因为他们被认为是不值得信任的，[59] 这使得涉及原住民的法律问题很难处理，会对原住民不利。一项不承认原住民法的官方政策——它是更广泛的同化政策的一部分——一直被执行到 20 世纪。这些彼此共存的法律制度之间的冲突在此时期层出不穷——当得到考虑的诉讼根据习惯法合法但在国家法下不合法时，尤为如此。比如，原住民习惯法允许将处死或刺死作为惩罚（报应），但执行这些行为的人却违反了禁止谋杀和袭击的国家法，会受到国家的追诉。[60] 这种情形中，依据他们自身社群法来活动的原住民感知到的不公正，会产生将习惯法视为减轻情节的立法和法院判决——这遭到法学家和移民的诸多反对。除了这一调适外，罕见官方对于习惯法的承认。

　　在 1971 年有关原住民提出土地权利主张的一个案件中，法院明确处理了原住民是否拥有法律的问题。副检察长指出，原住民的习俗并非法律，因为法律要求制度化的实施。大法官布莱克本回应道：

　　　　副检察长观点的言下之意……就是……法律是主权者命令这一奥斯丁式的定义。他主张，无论怎样，在把一个规则描

58　"承认原住民习惯法"（Recognition of Aboriginal Customary Laws），载于《澳大利亚法律委员会 31 号报告》（*Australian Law Commission Report*）1986 年版，第 39—45 段。

59　同上注，第 6 段。

60　同上注，第 49—57 段。

述为法律时都要有外在形式的执行机制……

在我看来这些反对意见都不令人信服……一个发达社会的官员所履行的职责的专业化，并不意味着同样的职责在初级社会中没有得到履行，只是并非由那么专门负责的官员履行而已……

我不认为试图提出一种可以对所有目的有效、解答所有问题的法律定义是有意义的……我青睐一种更为实用的方法……证据表明，有一种精致且细腻的制度，高度契合人们所生活的国度，它为社会提供了稳定的秩序且令人瞩目地不受个人恣意或势力的无常影响。如果有一种制度可以被称为"法律而非个人的统治"，那就是展现在我眼前的这个。[61]

布莱克本有关国家法一元论之外法律的论述，要比当时和现在许多法理学家的观点更为精致复杂。二十年后，澳大利亚最高法院在马博案中裁定，授予财产权的原住民习惯法有权得到法律承认。法院认为，"如我们今天所知，事实并不符合支持殖民地继受英格兰普通法的'缺乏法律'或'野蛮人'学说"。[62] 在此判决后制定的立法确认了原住民的权利资格主张。

如今在习惯法的土地保有外，原住民法的领域遍及国家法律体系之内和之外。在部落社群中，非正式法庭依旧处理原住民之间的事务。国家创设的由原住民任职的原住民法院在昆士兰州和西澳 110

61　*Milirrpum and Others v. Nabalco Pty Ltd and the Commonwealth of Australia* (1971) 17 FLR 141, at 266–268.

62　马博诉昆士兰州 [Mabo v. Queensland (No 2), (1992) 175 CLR 1]，第 38 段。

大利亚州已经运转了几十年。[63]国家法院在刑事案件中有关合理性、监禁以及刑罚问题上已经将原住民法纳入考量范围，在民事责任的损害赔偿，以及家事法（婚姻、收养）和继承事务方面也是如此。[64]还有保护原住民狩猎和捕鱼权利以及圣地的立法。[65]

反对更广泛承认原住民法的人们提出了一些反对意见：习俗中的"报复制度"违背了反对酷刑的人权，并且习惯法允许童养媳制度且妇女的待遇很差。[66]一种基于国家法一元论的普遍反对意见是，考虑原住民习惯法会导致法律在澳大利亚公民中得到不平等的适用。[67]支持更高程度承认原住民法的人们指出，原住民社群中对原住民法的支持与服从程度依旧很高，不承认原住民法会破坏社群的凝聚力以及长老的传统权威，适用陌生于他们生活方式的法律是不公正的，并且原住民明白他们的法律会随着当下境况以及人权规范演化，且必须与之一致。[68]尽管过去四十年间两份重要的法律委

---

63 "承认原住民习惯法"（Recognition of Aboriginal Customary Laws），载于《澳大利亚法律委员会31号报告》（*Australian Law Commission Report*）1986年版，第83段。

64 同上，第70—82段。

65 有关习惯法的绝佳资源就是"1986年澳大利亚法律委员会报告"（1986 Australian Law Commission Report）以及"原住民习惯法：澳大利亚西方法律与原住民法和文化的互动"（Aboriginal Customary Law: The Interaction of Western Australian Law with Aboriginal Law and Culture），载于《澳大利亚法律改革委员会》（*Law Reform Commission of Australia*），2006年版，最终报告（Final Report），第94号项目（Project 94）。

66 参见"原住民习惯法"（Aboriginal Customary Law），同前注65，第69—71页。

67 参见"承认原住民习惯法"（Recognition of Australian Customary Laws），同前注57，第38段，第166—168页。

68 参见同上注，第103—112页；汤姆·卡尔玛（Tom Calma），"习惯法融入澳大利亚法律制度"（The Integration of Customary Law into the Australian Legal System），载于《澳大利亚人权委员会》（*Australian Human Rights Commission*）（可在委员会网站阅读该文。——译者）。

员会报告敦促在更高程度上承认习惯法,但"这些建议,大体来说,一直被视而不见"。[69]

　　美国和其他殖民国家一样,在有关美洲原住民的政策和关系方面历经了诸多变迁。[70] 在所有殖民国家中,对待原住民的模式是一种相对权力函数:在当地部落人口规模巨大时,就把原住民当作和殖民者平等的人——当殖民者人口大量增加且国家权力变得势不可当时,就会变成殖民者对原住民的单边统治。这在下述事实中一览无余:1893 年独立的夏威夷王国被比它强大得多的美国武力吞并,并且后来也没有享有美洲原住民部落在今天获得的对其主权的承认,尽管两者具有相似的原住民身份。

　　美洲原住民早先被视为有资格得到尊重的主权民族。但是他们却臣属于源自猎取土地的殖民者的持续不断的压力,殖民者的这种行为得到美国政府背书,引发了战争并且许多部落被迫迁徙到保留地中,*此外还有旨在同化的政策。[71] 美国最高法院在 19 世纪早期的判决确立部落是"国内从属性民族",拥有不受国家规制的自

111

　　69　AJ Wood, "Why Australia Won't Recognize Indigenous Customary Law", The Conversation, June 9, 2016.
　　70　简洁的概述可参见马修·L.M. 弗莱彻(Matthew L.M. Fletcher),"最高法院的印度法简史"(A Short History of Indian Law in the Supreme Court),载于美国法律协会的《人权法杂志》(Human Rights Magazine),2014 年 10 月 1 日。
　　*　保留地是美国政府从印第安人部落原来拥有的土地中划出来供部落全体成员继续居住的那一部分土地,印第安人不得随意离开,非印第安人不得擅自进入。保留地内的印第安人处于军队和联邦官员的控制下,被迫进行"美国化"。这个制度开始于 19 世纪 50 年代,之后开始不断推广,其宏观背景是美国西进运动中的土地问题:白人通过"发现"而占领原本属于印第安人的土地,迫使印第安人西迁。但随着西进运动深入,已经不再有大片遥远土地供印第安人迁居,只好在原有土地上划定其居住范围,并将他们原有的活动地域最大限度地开放给白人。——译者
　　71　伯班克和库珀(Burbank and Cooper),同前注 14,第 9 章。

我统治权。[72] 在 19 世纪末美国最高法院主张，国会对印第安人部落拥有全权，一改先前对印第安人主权的承认。20 世纪的一系列案件确认了印第安人在部落土地上的自我统治权——包括制定和实施适用于部落成员的法律的权利——但也确认了国会单方面废除条约、改变印第安人权威范围的权力。[73] 这一主张最初由美国最高法院在 1886 年提出，建立在国家法一元论主权学说之上。美国最高法院宣布，尽管印第安人部落拥有某些主权特质，"在美国地理边界内"（在并不被承认为国家的领土中），"排他性主权这一权利必须掌握在国家政府手中"。[74]

如美国最高法院近来所承认的，国会和各州一再违背和美洲原住民部落达成的承诺与条约。[75] 一个恶名昭彰的例子，就是 1833 年国会承诺希腊民族拥有完整自治权时，希腊民族却为了给殖民者种植园让路而被强制驱逐出乔治亚州和阿拉巴马州，并迁徙至俄克拉荷马州东部。这便是声名狼藉的"泪水之路"（Trail of Tears），成千上万的希腊人和其他美洲原住民在途中死亡。国会违背了它的承诺，在 1901 年废除了希腊部落法院（以便强迫他们做出其他让步）。此后几十年间俄克拉荷马和其他州的国家法院管辖印第安人之间有关土地的案件，尽管这并不符合与印第安人部落达成的条约以及联邦法律。

112

72　这些案件被称为马歇尔三部曲：约翰逊诉麦金托什（*Johnson v. M'Intosh*, 21 US 543 [1823]）；彻罗基族诉乔治亚州（*Cherokee Nation v. Georgia*, 30 US 1 [1831]）；伍斯特诉乔治亚州（*Worcester v. Georgia* 31 US 515 [1832]）。

73　参见美利坚合众国诉卡加玛（*United States v. Kagama*, 118 US 375 [1886]）；洛内·伍尔夫诉希契科克（*Lone Wolf v. Hitchcock*, 187 US 553 [1903]）。

74　美利坚合众国诉卡加玛，同前注 73，第 380 页。

75　麦格尔特诉俄克拉荷马州的判决简报（*McGirt v. Oklahoma*, Slip Opinion, 591 US _ 2020）描述了这些事件。

　　美国最高法院将原住民与国家的关系描绘成彼此重叠的主权，但合众国拥有绝对的优先性。一方面，它承认印第安人部落拥有"与生俱来的从未被消灭的有限主权"。[76] 另一方面，他们被囊括进美利坚合众国意味着他们服从于国家权力，因此印第安人部落的主权"只是在国会容许的范围内存在，会遭到完全废止"。[77] 这两者结合的结果就是"印第安人部落依旧拥有不被条约或制定法撤销的主权要素"。[78] 体现出美洲印第安人部落成员受到隔离和贬低对待的一点，是他们直到 1924 年才被授予美国公民身份。大量联邦制定法具体规定了印第安人部落、联邦政府以及各州在有关部落土地的不同事务方面的各自权限。[79]

　　在今天美国全境内有 574 个得到联邦承认的部落。在部落社会中，无论是小型的社群联合体还是大型的部落政府，都存在着许多原住民法律制度。"在一些部落中，传统的非司法性纠纷解决机制继续与调解法院（Peacemaker courts）、特殊管辖权法院（诸如行政委员会、博彩、小额诉讼法院）以及一般管辖权法院一同发挥作用。"[80] 正式的部落法院适用习惯法，通常会与长老协商，它们也适用法典和宪法律，它们自己的以及源自其他部落法院的先例，还有国家法和联邦法，产生出完全混杂的法律内容。[81] 纳瓦霍民族拥有

76　*United States v. Wheeler*, 435 U.S. 313, 322–23 (1978).

77　参见弗莱彻（Fletcher），同前注 70，第 23 页。

78　同上注。

79　详细的清单，参见部落法庭清算所（Tribal Court Clearing House）网页上的公法 280（Public Law 280）规定。

80　Nell Jessup Newton, "Tribal Court Praxis: One Year in the Life of Twenty Indian Tribal C", 22 *American Indian Law Review* 285, 292–93 (1998).

81　同上注，第 293、304 页。

高度发达的政府，管理着 20 万人口，其领土横跨犹他州、亚利桑那州和新墨西哥州，它的法院体系在一年中要处理大约 2 万个案件（包括民事、刑事、交通、家事等）。[82] 希腊民族拥有立法机构、行政机构、处理刑事和民事案件的法院、警察部门以及每年 350 万美金以上的预算。部落中有数不胜数的制度安排与变化，它们在规模、组织和制度发展方面样态迥异。在像纳瓦霍民族这样得到稳固确立的法院体系之外，有关部落法和原住民法庭的情况我们所知不多，包括有多少法庭正在运转（一项研究表明至少有 188 个法庭得到确认，但实际数量可能是这个的两倍）我们也并不知晓。[83]

　　这里我会讨论法定权力和管辖权规则，它们呈现出属人管辖权和属地管辖权的混合。[84] 在部落土地方面，部落政府对其公民拥有完整的法定权力，包括征税的权力；组织化程度最高的部落制定了一系列刑事和民事法律，拥有自己的警察、检察官和法院。[85] 尽管联邦政府对重大犯罪（谋杀、绑架、乱伦等）拥有管辖权，但对由于

　　82　参见纳瓦霍民族官方网站"欢迎来到纳瓦霍民族"（Welcome to the Navajo Nation）。

　　83　参见伊丽莎白·A. 里斯（Elizabeth A. Reese），"另一种美国法"（The Other American Law），载于《斯坦福法律评论》（*Stanford Law Review*）第 73 期（2021 年），第 555 页。

　　84　这一讨论要感谢马修·L.M. 弗莱彻（Matthew L.M. Fletcher），《美国印第安人部落法》（*American Indian Tribal Law*），纽约：阿斯彭 2011 年版（New York: Aspen 2011）；安德烈亚·威尔金斯（Andrea Wilkins），《推动国家—部落合作》（*Fostering State-Tribal Collaboration*），马里兰州拉纳姆：罗曼和利特菲尔德 2016 年版（Lanham, MD: Rowman & Littlefield 2016）；罗伯特·J. 米勒（Robert J. Miller），"美国印第安人主权与美利坚合众国的对比"（American Indian Sovereignty Versus the United States），载于《劳特里奇原住民批判研究手册》（*Routledge Handbook of Critical Indigenous Studies*），2020 年。

　　85　米勒（Miller），同前注 84，第 23 页。

发生在部落土地上的事件而导致的部落成员之间的刑事或民事案件,部落政府拥有管辖权。不过对于部落土地上的非部落成员,部落政府规制和管辖的权力有限。它们对部落土地上非印第安人之间的犯罪没有管辖权,对于非印第安人针对印第安人的犯罪几乎没有管辖权(近来在家暴问题上存在例外),[86]并且对于非部落成员缺乏一般的民事管辖权,但基于共识或对部落的巨大伤害而存在情况不明的例外。[87]联邦法律授予一些指定的州拥有和部落权威共存的有关刑事和民事案件的管辖权。许多部落反对这种授权,认为这是对其权威的侵蚀;与此同时,各州抱怨说它们缺乏处理这些案件的资金,对于自己的管辖权威并不确定,且不熟悉部落社群。[88]

　　于是总体来说,部落政府和法院针对部落土地上部落成员间的诉讼行使刑事和民事管辖权,但不管辖部落土地上涉及非印第安人的诉讼。[89]这一制度安排包含两个方面。在它产生之初,印第安人针对印第安人行使的管辖权被认为要比让他们服从已开化民族的标准更为公平。如美国联邦最高法院在 1883 年所解释的那样,如果对其印第安人同伴实施犯罪行为的印第安人被带到国家法院面前,"法院对于他们的审判不是由其同伴作出的,不是根据其民族习俗,也不是根据他们土地上的法律,而是由一个不同民族的长官作出的,所依据的是一个他们没有完全了解的社会状况中的法律,

114

86　*Oliphant v. Suquamish Indian Tribe*, 435 U.S. 191 (1978).

87　*Montana v. United States*, 450 U.S. 544 (1981); *Strate v. A-1 Contractors*, 520 US 438 (1997).

88　威尔金斯(Wilkins),同前注 84,第 51—54 页。

89　尽管部落权威对非成员无效(这既包括非印第安人也包括并非部落成员的印第安人),但这一豁免最初是针对非印第安人宣布的,它所适用的人群是非印第安人。

它对立于他们的历史传统、他们的生活习惯、他们野蛮天性中最根深蒂固的偏见；这种审判不啻于根据白人道德准则来衡量印第安人的复仇"。[90] 这一推理反过来，自然就意味着白人不会向印第安人的法律和法庭负责。尽管依据白人文明优先性的假设，这两种共存的司法制度之间的巨大差异在当时得到了辩护，但这并没有解释为什么这种基本的制度安排延续到了今天。

这种基于部落土地之上属地管辖权的部落权威，与对非印第安人的属人管辖权豁免之间常见的联合，非常类似于 19 世纪和 20 世纪早期全球范围内西方国家的治外法权主张，即西方人不受未开化民族法律体系的审判。对于社群法和原住民权利而言，身份地位的持续重要性体现在有关谁——哪一群体和哪一个人（有多少血缘才算足够）——有资格获得当地人或原住民身份的争议中。

更普遍来说，上述有关殖民国家的讨论体现出国家（政权）法和原住民（社群）法处于各式各样的关联与互动模式中。我们不仅看到拥有多种法律形式共存的主权与制度安排可塑性强且随时间而变化——从相互承认到压制到有限承认——也能够看到这些变化受到关键经济利益以及试图决定该关系走向的主导政权态度的推动。并且在所有这四个国家中，国家法一元论学说以及在此基础上的法律理论都被法学家用来得出如下结论，即清除和抑制原住民法。法学理论通过塑造和提出法学家用以建构法律的概念与论证而产生了真正的影响。奥斯丁式（也是博丹和霍布斯式）法律理论作为主权的专有产物在几个世纪之久的权力争夺中，一再被法学家用来表达国家法的至上性与排他性。可是国家律政官员对原住民法的否定以及消

90　Ex Parte Crow Dog, 109 US 556, 571 (1883).

灭它的努力并不成功，因为它依旧以多种形态体现在社群当中。

　　在本节末尾，值得强调的另一点是有关法律多元主义的讨论通常聚焦于国家法如何对待原住民法，将之呈现为前者对于后者的单向容纳。但是正式的国家法律体系能够从原住民法律实践中有所借鉴并与之结合为一个整体。在 20 世纪 90 年代，刑法领域特别是青少年犯罪中兴起了"修复性正义 / 司法"运动。修复性正义 / 司法背后的理念就是罪犯、受害者以及附近社群（immediate community）彼此照面以便通过对话和道歉达成和解。社群的参与和非正式性是这一过程的重要组成部分，它外在于通常情况下国家法对刑事罪犯的处理。修复性正义 / 司法的支持者援引来自美洲原住民群体、夏威夷人、毛利人和其他民族的例证，认为自己的基础是原住民的纠纷解决。相较于普通的司法程序，参与这一过程的受害者和罪犯都体现出更高的满意度，[91] 在过去的二十年间修复性正义 / 司法项目被推广到全世界许多不同语境当中。[92] 它更为广泛的

　　91　参见戴维・B. 威尔森、阿吉玛・奥拉基尔和凯瑟琳・S. 克里布雷尔（David B. Wilson, Ajima Olaghere, and Catherine S. Krimbrell），"修复正义的有效性：青少年司法中的原则——一种元分析"（Effectiveness of Restorative Justice: Principles in Juvenile Justice: A Meta-Analysis），载于《国家刑事司法咨询服务》2017 年 6 月（可于网站阅读该文）；杰夫・拉蒂莫、克雷格・道登和丹妮尔・缪斯（Jeff Latimer, Craig Dowden, and Danielle Muise），"修复正义实践的有效性：一种元分析"（The Effectiveness of Restorative Justice Practices: A Meta-Analysis），载于《监狱杂志》（*The Prison Journal*）第 85 期（2015 年），第 127 页。

　　92　相关概述，参见德克兰・罗什（Declan Roche），"修复正义的诸维度"（Dimensions of Restorative Justice），载于《社会议题杂志》（*Journal of Social Issues*）第 62 期（2006 年），第 217—238 页。参见约翰・布雷思韦特（John Braithwaite），《修复正义和修复规制》（*Restorative Justice and Responsive Regulation*），牛津：牛津大学出版社 2002 年版（Oxford: Oxford University Press 2002）。

运用体现在随着法律服务成本上涨而在许多社会中超出普通人的负担能力，纠纷解决的一种可能途径就是基于情境的非正式社群，至少是人们彼此之间拥有多重持久关系的亲密社群。这些法庭遍布南半球以及西方世界的原住民社群，且有潜力发挥更具普遍性的作用。

犹太教法院和伊斯兰教法庭

116　　　如前所述，宗教法庭在国家法律体系发展之前和之后的几百年间一直以不同制度形态发挥着作用：像中世纪教会法这样独立的教会法；神权政治中一部分国家法或正式的国家教会；像米勒特这样半自治的制度；敌视特定宗教的社会中宗教社群内存在的非正式法律；由国家法院执行其裁决的仲裁机构。任何特定语境中宗教法和国家法的关系都是历史和政治环境的产物。这些不同的制度安排具有一些共通性：法律在信徒社群中得到遵守；宗教法被认为源自神的旨意，因此对信徒具有约束力且高于国家法（和其他宗教法）；它们涵盖婚姻、离婚、养育子女、性关系、继承、交易和债务以及神圣事物等内容，不过这些事物中某些方面由国家法管辖；它们都作出调整，使得自身能够继续相对于进行统治的政权法发挥作用。政权法律秩序以某种方式和遵循不同系列规则的宗教社群法区域共存，贯穿于整个历史。

　　在宗教社群中，重要的是要强调这些宗教法一直以来都被认为是具有约束力的法律——无论国家法在官方如何描述它。想一想当下美国社会中的犹太教法（*halakhah*）。犹太人这个少数宗教群体常常受到国家制度的迫害，两千多年来，他们都一直保留着犹太教法院（Beth Din）来解决社群内部纠纷。[93] 犹太教法律认为国家法对犹太人具有约束力（"政权的法律就是法律"），至少在政权并非不公正时如此，但要求犹太人将自己的纠纷诉诸犹太教法院而非国家法院。[94] 犹太人当局对于能够在国家法中有效运作的社群法的建构，有着漫长的历史。

比如，美国犹太教法院（Beth Din of America, BDA）是美国最优秀的犹太教法庭，它针对离婚、个人地位和商业纠纷作出裁判。美国犹太教法院与国家法展开合作，指出"美国犹太教法院的裁判方式与世俗法律对有效裁断的要求相一致，因此它的判决在美利坚合众国及其各州的民事法院中是可执行的"。[95] 美国犹太教法院官方的《规则与程序》第 2a 条表明，"当事人双方应当被视为已经将这些规则作为他们同意诉诸裁决的一部分"。[96] 但是尽管如此强调在国家法内的可执行性，美国犹太教法院也表明自己是犹太教法庭，受到犹太教法约束且适用该法。第 3c 条指出，"美国犹太教法院承认犹太教法院所理解的犹太教法，提供了支配犹太教法院或其任何合议庭的判决规则与程序规则"。[97] 第 3e 条指出，当事人双方在他们的职业或贸易活动中接受通行商业惯例时，犹太教法院会在判决中"以犹太教法允许的最大程度"适用这些商业惯例。[98]

117

93　参见莫伊舍勒·福格尔（Moishele Fogel），"犹太人教会和国家：犹太人、哈拉卡与国家关系的演进"（Synagogue and State: The Evolution of the Relationship Between the Jewish People, Halacha, and the State），载于"卡达斯宗教自由所"（Cardus Religious Freedom Institute）2019 年 2 月 11 日。

94　同上注，第 8—12 页。

95　规则和程序（Rules and Procedures），美国犹太教法院（Beth Din of America），前言。

96　同上注，第 1 页。

97　同上注，第 5 页。

98　同上注，第 5 页。

　　这些情境中发挥作用的两套法律制度对同一情境的理解是相当不同的。美国法院并不执行犹太教法院的判决或法律；相反，犹太教法院的判决会在普通合同法下得到执行；与对仲裁裁决的一般性遵循相一致，美国法院"从未推翻过美国犹太教法院提出的仲裁决定"。[99]与此相反，犹太教法院就其本身来说是在国家法律制度语境下适用犹太教法的犹太教法庭——是一种混杂融合。美国犹太教法院的程序仿效着标准仲裁规则，它的犹太教法官精通犹太教法与国家法。[100]埃默里大学法学教授兼美国犹太教法院的犹太教法官迈克尔·布洛德（Michael Broyde）指出，"'犹太教法院'能够融合宗教法与世俗法，是其成功的锁钥"。[101]从国家法的角度来看，只有一种法律体系在发挥作用，但美国犹太教法院认为有两套制度。此外，从犹太教法的角度出发，犹太教法要高于国家法律体系——前者决定了后者对其支持者具有约束力——尽管它出于必要向国家法作出了实用性调整。

118　　犹太教法高于国家法这一主张在以色列显而易见，这里的犹太教法院并不服从以色列最高法院削减其管辖权的要求。"犹太教法院法官碰头并正式宣告，他们拒绝［约束其管辖权的］该决定且不会遵循它，因为'他们认为自己只受宗教法的约束，而不受国家法

99　Michael J. Broyde, Ira Bedzow, and Shlomo C. Pill, "The Pillars of Successful Religious Arbitration: Models for American Islamic Arbitration Based on the Beth Din of America and Muslim Arbitration Tribunal Experience", 30 *Harvard Journal of Racial & Ethnic Injustice* 33, 36 (2014).

100　Michael J. Broyde, *Sharia Tribunals, Rabbinical Courts, and Christian Panels* (New York: Oxford University Press 2017) Chapter 7.

101　同上注，第 15 页。

或［最高法院］先例的约束'"。[102] 这就造成了宗教法律体系和国
家法律体系这两者间的直接冲突，对于所处理的事务，每一种制度
都主张自己相对于另一方的优先性。出于宗教法理由而情愿违背
国家法的行为并不局限于犹太教法院。以色列近来的一项研究提
问，"如果在宗教法和国家法院的判决之间出现冲突，你会遵循哪
一个?"——97% 极端正统的犹太人和 56% 的伊斯兰教徒回答说他
们会遵循宗教法。[103]

伊斯兰教法庭与犹太教法院有诸多类似之处，但前者在西方
世界受到的争议更多。伊斯兰教法建立在《古兰经》和穆罕默德的
(Hadith) 教导之上，并结合了伊斯兰教学者与法学家的著述，将信
徒 (Ummah) 社群的宗教、道德与法律义务融为一体。不存在单一
或统一的伊斯兰教法。在逊尼派与什叶派的分野之外，逊尼派包含
四大伊斯兰教法学经典流派 (fiqh)。此外，伊斯兰教法因国家和地
域而有所不同，在特定地区内被视为伊斯兰教法的事物包含着当地
习俗与（阿拉伯、土耳其、南亚等）传统的混同。西方国家的伊斯兰
教徒也通过与周围文化观点的互动以及国家法施加的限制创造了
混合型的伊斯兰教法。[104]

---

102 Rabea Benhalim, "Religious Courts in Secular Jurisdictions: How Jewish and
Islamic Courts Adapt to Society and Legal Norms", 84 *Brooklyn Law Review* 745, 798
(2019).

103 Tamar Hermann, Ella Heller, Chanan Cohen, Dana Bubil, and Fadi Omar, *The
Israeli Democracy Index* 2016 (Jerusalem: The Democracy Institute 2016) 84–85, 176.

104 参见普拉卡什·沙和维尔纳·缅斯基（Prakash Shah and Werner Menski），
《欧洲的移民、迁徙与法律体系》（*Migration, Diasporas, and Legal Systems in Europe*），
伦敦：劳特里奇 2006 年版（London: Routledge 2006）；伊赫桑·伊尔马（Ihsan Yilmaz），
《现代国家中的伊斯兰教法、政治与社会》（*Muslim Laws, Politics, and Society in Modern
Nation States*），伯灵顿：阿什盖特 2005 年版（Burlington: Ashgate 2005）。

伊斯兰教法律和法庭存在于美国的伊斯兰教社群中，[105] 但由于反对伊斯兰教的民粹主义公共情绪，它们的存在感较低。在"9·11"袭击之后，美国有十个州通过法律禁止州法院适用伊斯兰教法（其中一个州宣布伊斯兰教法无效），[106] 有十二个州制定了表面上中立的法律禁止一切宗教法或外国法[107]（避免产生针对伊斯兰教徒的印象的努力，给在此之前几乎没有公共争议的犹太教法院带来威胁）。近来一项调查发现，半数伊斯兰教信徒在过去的 12 个月中感受到反对伊斯兰教的歧视。[108] 尽管有公然的敌意，许多州的法律以宗教自由的名义针对伊斯兰教法的要求作出调整，包括穿戴头巾以及其他宗教约束。[109]

　　欧洲国家针对伊斯兰教法作出了更大程度上的调整。[110] 有两个

　　105　一个既有的实例就是德克萨斯州达拉斯的伊斯兰教法庭，参见该州伊斯兰教法庭官网。

　　106　参见艾琳·西森（Erin Sisson），"美国仲裁中沙利亚法的未来"（The Future of Sharia Law in American Arbitration），载于《范德堡跨国法杂志》（*Vanderbilt Journal of Transnational Law*）第 48 期（2015 年），第 891、899—908 页。

　　107　毛里茨·S. 伯杰（Maurits S. Berger），"理解西方的沙利亚法"（Understanding Sharia in the West），载于《宗教与国家》第 6 期（2018 年），第 236、262 页；本哈利姆（Benhalim），同前注 102，第 775 页。

　　108　"美国伊斯兰信徒关切自身在社会中的地位，但依旧相信美国梦"（U.S. Muslims Concerned about Their Place in Society, but Continue to Believe in the American Dream），载于皮尤研究中心（Pew Reasearch Center），2017 年 7 月 26 日。

　　109　参见尤金·沃洛克（Eugene Volokh），"美国法院中的宗教法（特别是伊斯兰教法）"（Religious Law (Especially Islamic Law) in American Courts），载于《俄克拉荷马法律评论》（*Oklahoma Law Review*）第 66 期（2014 年），第 431 页。

　　110　调查显示东欧和南欧（匈牙利、意大利、波兰、希腊——有三分之二是负面看法）对于伊斯兰教徒的看法相比于西欧（荷兰、瑞典、法国、德国、英国——三分之一或以下是负面看法）更为负面。参见迈克尔·利普卡（Michael Lipka），"伊斯兰教徒和伊斯兰教：在美国及世界的重要发现"（Muslims and Islam: Key Findings in the US and Around the World），载于皮尤研究中心（Pew Reasearch Center），2017 年 8 月 9 日。

因素促成这一点：在西欧国家中有 5% 到 10% 的人口是伊斯兰教徒（与之相比，美国只有 1.1%），其中有许多人是在过去这几十年间移民过去的，因此他们的生活方式无法被忽视；《欧洲人权公约》第 9 条承认每个人都有权"在礼拜、传教和实践仪式中表达自己的宗教或信仰"，同时第 11 条规定了集会和结社自由。[111] 比利时、西班牙、德国和法国法院有时在家事法纠纷中直接适用伊斯兰教法（会遵循一些限制），[112] 在其他事务中，包括屠夫用动物举行祭祀仪式以及在工作场所穿戴头巾等，也是如此；德国社会保障部门为了给予第二个（或更多个）妻子退休金，承认一夫多妻制婚姻在法律上有效。[113] 希腊的一个行省拥有正式伊斯兰教法庭，针对家事法和继承作出判决（这是奥斯曼帝国时代以及土耳其—希腊分离条约的剩余遗产），保加利亚和马其顿也是如此。[114] 欧洲大量的伊斯兰教法律活动与纠纷解决都发生在像地方上的清真寺这样的非正式背景下，但是有关

120

111　《欧洲人权宣言》第九条第一款。有关支持承认伊斯兰教法的各种欧洲法的分析，参见多萝塔·安娜·戈兹德克（Dorota Anna Gozdecka），"作为法律原则的宗教多元主义"（Religious Pluralism as a Legal Principle），载于罗素·桑德伯格（Russell Sandberg）主编，《宗教和法律多元主义》（*Religion and Legal Pluralism*），萨里：阿什盖特 2015 年版（Surrey: Ashgate 2015），第十一章。

112　参见卢多维卡·德奇莫（Ludovica Decimo），"宗教法和现代法律体系的关系"（The Relationship Between Religious Law and Modern Legal Systems），载于《旱烟袋——跨文化法律与人文评论》（Calumet—Intercultural Law and Humanities Review）第 6 期（2018 年），第 1、8 页。

113　参见马赛厄斯·罗厄（Mathias Rohe），"沙利亚规则在欧洲的适用：范围与局限"（Application of Sharia Rules in Europe: Scope and Limits），载于《伊斯兰世界》（*Die Welt des Islams*）第 44 期（2004 年），第 323 页。

114　Konstantinos Tsitselikis, "The Legal Status of Islam in Greece", 44 Die Welt des Islams 402, 41419 (2004).

它们数量的信息有限,因为它们几乎没有得到研究。[115]

近来有关欧洲伊斯兰教法的许多关注都集中于英国,它有庞大的伊斯兰教信徒。2008 年大主教罗恩·威廉斯(Rowan Williams)倡导英国法律制度在更大程度上承认伊斯兰教法时激起了公众反对的呼声。[116]自 20 世纪 80 年代以来,非正式的伊斯兰教法委员会(一种组织网络)就一直在伊斯兰教社群中发挥作用。它们以一种非透明的方式在仲裁框架之外运作,它们的裁决在国家法院中不可执行——威廉斯建议这一点应当得到解决。2008 年英国政府正式承认伊斯兰教仲裁法庭(Muslim Arbitration Tribunals, MAT),使得它们的裁决能够在法院中执行。[117]不过大部分伊斯兰教法委员会没有伊斯兰教仲裁法庭正式和透明,它们的裁决也不具备国家法院执行的资格。实际上,一些伊斯兰教法委员会表露出不愿意获得国家法正式承认的意愿,认为后者"缺乏伊斯兰教意味"。[118]

同样出现的是宗教法与国际法的杂糅混同。伊斯兰教仲裁法庭的《程序规则》规定裁决是"依据《古兰经》的律令以及得到承认的伊斯兰教圣法学派(Schools of Islamic Sacred Law)所确定的先知活

115　Maurits S. Berger, "Understanding Sharia in the West", 6 *Journal of Law, Religion and State* 246–248 (2018).

116　Rowan Williams, "Civil and Religious Law in England: A Religious Perspective", 10 *Ecclesiastical Law Journal* 262 (2008).

117　布罗德(Broyde),同前注 100,第 176 页。

118　参见萨米亚·巴诺(Samia Bano),"追寻宗教与法律多样性:答复坎特伯雷大主教和英国的'沙利亚论战'"(In Pursuit of Religious and Legal Diversity: A Response to the Archbishop of Canterbury and the 'Sharia Debate' in Britain),载于《天主教法学杂志》(*Ecclesiastical Law Journal*)第 10 期(2008 年),第 283、299 页。有关伊斯兰教法委员会的批判性研究,参见伊尔哈姆·马尼亚(Elham Manea),《女性和沙利亚法:英国法律多元主义的影响》(*Women and Sharia'a Law: The Impact of Legal Pluralism in the UK*),伦敦:陶鲁斯 2016 年版(London: Taurus 2016)。

动"作出的；并且"在得出结论时，法庭应当考虑英格兰与威尔士以及得到承认的伊斯兰教圣法学派的法律"。[119] 它们的规则规定了与 1996 年《仲裁法案》相一致的程序（该法案印在它们程序规则的页面上），提供开庭审理通知书、获得代理人的权利、陈词的机会以及其他的标准仲裁要求。每个法庭必须由一名伊斯兰教法学者以及一位适格的事务律师抑或英格兰或威尔士的出庭律师组成。*这些法庭诉诸伊斯兰教法学以及"英格兰的司法与实践现实"。[120]

121

　　公众反对西方国家法律制度承认伊斯兰教法的呼声一直很高，但反对承认犹太教法的声音就不那么强。批评的声音分为两大类：这两种宗教法的内容都对女性不公平或具有压迫性；以及如下一元

---

119 《伊斯兰教仲裁法庭程序规则》（*Procedure Rules of Muslim Arbitration Tribunals*）第 1 条（1）款和第 8 条（2）款。

*　这一段落当中的一些术语和表述涉及英国普通法的内容。在谈论普通法时，英国往往是一个法律而非地理概念，它大多是指英格兰（England）；同时由于在历史上威尔士地区很早就纳入英格兰国王的掌控下，在法律上提到有关英格兰的规定时，都适用于威尔士地区。1978 年英国的《法律解释法》中明确认可了这一点，它规定任何制定法中提到的英格兰如果没有特别指明，同时包括威尔士。事务律师（solicitor）出现于 15 世纪英格兰的衡平法院。当时起草诉讼文书和契据的工作由书记员担任，对其他事物的法律代理则由事务律师出面。他与代理人（attorney）并不同。代理人分为私人代理人和法律事务代理人，前者指的是接受委托替代他人从事一定行为的人，后者是在西威斯特敏斯特较高级别普通法法院执业的人，此时对应于衡平法院中的事务律师。在今天，事务律师主要办理一般法律及业务咨询、财产转让、信托、公司业务、为出庭律师准备案件和提供说明等。在某些案件中，也可以代理当事人在郡长法院和其他初级法院出庭。出庭律师（barrister）是 15 世纪以来，英格兰法律制度中被授予出庭律师资格并被准许在高级法院执业和在诉讼中代表当事人出庭的。1990 年《法院和法律服务法》出台前，出庭律师享有在高级法院的独占性的出庭权，在该法颁布后，事务律师如果完成必需的培训，也可取得在高级法院出庭的权利。出庭律师也做文书性工作，比如起草法律文件等，他一般不是由当事人直接聘请，而是由当事人的事务律师代表当事人聘请。出庭律师只能单独执业，不能与其他出庭律师合伙。——译者

120　John R. Bowen, "How Could English Courts Recognize Shariah?", 7 *University of St. Thomas Law Journal* 411, 422 (2010).

论立场，即统一的法律制度应当适用于社会中每一个人。[121] 两种宗教都赋予男性离婚的权利，但对女性则付之阙如。在犹太教法中，丈夫必须要给自己将要与之离婚的妻子一笔补偿（*get*）——他可以通过撤销该补偿来阻止自己的妻子再婚。根据伊斯兰教法，丈夫通过说出被称为休妻（*talaq*）的惯用语来终止婚姻。[122] 因此丈夫对其妻子具有实质影响力，不仅掌控着她们是否可以离婚或再婚，也影响着他们前妻未来子女的身份。此外，通过民事程序而非宗教程序离婚且通过民事程序再婚的伊斯兰教信徒的妻子，如果前往伊斯兰教国家（当她离异的前夫提出诉讼时）会有被刑事起诉通奸的危险。不用说，这些要求都与自由民主社会中离婚以及平权法案不一致，也与女性平等的人权规范不符。由于英国半数以上伊斯兰教信徒的婚姻都未经民事婚姻程序注册，情况就变得更为复杂。[123] 伊斯兰教徒的婚礼（*nikah*）可以在私人家庭或清真寺举行。但是如果他们不同时完成国家法下的民事婚姻手续，他们的婚姻就不合法。

对于女性而言，她们身临其险。犹太教和伊斯兰教女性有权诉诸国家法院解除民事婚姻，但这不会解除她们的宗教婚姻。由于存在多种法庭且没有统一的层级秩序，她们能够在不同宗教法院间择

121　有关反对意见的讨论，参见迈克尔·J. 布罗德（Michael J. Broyde），《伊斯兰教法庭、犹太教法院以及基督教法庭》（*Sharia Tribunals, Rabbinical Courts, and Christian Panels*），纽约：牛津大学出版社 2017 年版（New York: Oxford University Press 2017），第 9 章。

122　鲍恩（Bowen），同前注 120，第 414 页。

123　参见吉莉安·道格拉斯、诺尔曼·多伊、索菲·吉列特–雷、罗素·桑德伯格和阿斯玛·卡恩（Gillian Douglas, Norman Doe, Sophie Gilliat-Ray, Russel Sandberg, and Asma Khan），"规制婚姻与离婚中宗教法庭的角色"（The Role of Religious Tribunals in Regulating Marriage and Divorce），载于《儿童与家庭法季刊》（*Child & Family Law Quarterly*）第 2 期（2012 年），第 139 页。

地行诉,并且研究表明,当事人会选择她们相信会对自己有利的法院;如果她们对第一个法庭的结果不满意,甚至会找第二个法庭起诉。[124]这些法庭中的法官,充分意识到周遭社会规范与国家法律制度之间的张力,一直努力帮助妻子们避免陷入不可接受的境地。英国的正统犹太教社群在《2002 年离婚(宗教婚姻)法案》中成功找到一个条款,将民事离婚的准许推迟到丈夫支付补偿为止。[125]美国犹太教委员会在 2015 年作出一项决议并得到美国犹太教法院的支持,该决议倡导使用婚前协议,通过契约的方式确保"犹太教法院有足够权威保证该补偿不会用作讨价还价的筹码"。[126]英国的伊斯兰教法院在民事离婚手续已经办妥但丈夫拒绝说出休妻惯用语的案件中准许离婚。[127]荷兰法院接受当夫妻双方分居而丈夫拒绝同意离婚时女性提出的侵权赔偿主张。[128]在西方国家,犹太教和伊斯兰教女性领导了平等对待女性的运动,倡导通过国家法以及宗教法内部的变革。[129]这些不同的行动涉及改善妻子地位的多种策略;一些倚重国家法律体系同宗教法庭展开竞争,而在另一些情形中则是两种制度通力协作。

122

124　参见罗素·桑德伯格、吉莉安·道格拉斯、诺尔曼·多伊、索菲·吉列特-雷、阿斯玛·卡恩(Russel Sandberg, Gillian Douglas, Norman Doe, Sophie Gilliat-Ray and Asma Khan),"英国的宗教法庭:实践中的联合治理"(Britain's Religious Tribunals: Joint Governance in Practice),载于《牛津法学研究杂志》(*Oxford Journal of Legal Studies*)第 33 期(2013 年),第 263、287 页。

125　道格拉斯(Douglas)等,同前注 123,第 152 页。

126　本哈利姆(Benhalim),同前注 102,第 791 页。

127　道格拉斯(Douglas)等,同前注 123,第 152 页。等,同前注 123,第 153 页。

128　伯杰(Berger),同前注 107,第 271—272 页。

129　比如,参见卡拉马(KARAMAH)网站:《伊斯兰女性法律人支持人权》(*Muslim Women Lawyers for Human Rights*);"生活在伊斯兰教法中的女性"(Women Living Under Muslim Laws),载于"渠道基金:支持全球女性权利"网站(Channel Foundation: Supporting Women's Rights Around the Globe)。

伊斯兰教女性对伊斯兰教法委员会态度暧昧。[130]伊斯兰教法委员会受理的案件有 90% 是由女性提起的(男性可以单方面地通过宣告休妻而离婚,因此他们无需诉诸裁决)。[131]一些女性笃信伊斯兰教且想要获得宗教上的离婚,但另一些只是达成了宗教婚姻,没有相应的民事婚姻,因此这是她们获得离婚的唯一方式。伊斯兰教法委员会的法官几乎毫无例外都是男性,他们倾向于促成和解,即使对身体上受到丈夫虐待的女性也是如此。英国的一项研究发现,"许多女性报告,她们被期待与自己的丈夫和解且受到鼓励要更理解她们丈夫的缺点,因为女性被视为伊斯兰教家庭的养育者且更易妥协"。[132]一位向伊玛目(Imam)诉说自己因为丈夫的家暴而想要离婚的女性被问道,"哦,会有多么暴力?因为在伊斯兰教中男性可以打自己的老婆!"[133]不仅有关女性角色的传统主义看法占据主导地位,而且一些丈夫用这一程序在像子女监护和资产划分这些国家法规定应当由国家法院解决的其他事务上讨价还价。[134]此外,女性权利的倡导者表露出如下关切,即伊斯兰教法委员会宽赦童养媳、逼婚、婚内强奸、家暴、多配偶婚以及其他违反女性权利的行为。[135]

123

---

130 参见: Samia Bano, "In Pursuit of Religious and Legal Diversity: A Response to the Archbishop of Canterbury and the 'Sharia Debate' in Britain", 10 *Ecclesiastical Law Journal*, 283, 299 (2008).

131 参见《执行摘要,英格兰与威尔士伊斯兰教法适用的独立评论》(*Executive Summary, Independent Review into the Application of Sharia Law in England and Wales*),2018 年版,第 5 页。

132 巴诺(Bano),同前注 118,第 303 页。

133 同上。

134 同上。

135 参见《执行摘要》(*Executive Summary*),同前注 131。艾尼克斯·C(Annex C),"来自女性权益群体的信"(Letter Received from Women's Rights Groups)。

近来英国政府有关伊斯兰教法委员会的一份报告含混地指出，"有证据表明在一些委员会的某些程序中，一些女性的权利和自由确实受到侵犯"，但却没有提供细节内容。[136]

有关伊斯兰教法和女性权利争议，还有两点应当提及。首先，出于并非只针对伊斯兰教法的宗教理由，英国法已经对许多普遍适用的法律加以豁免，比如：如果医生的宗教反对堕胎，并不要求他们参与该类活动；允许设施基于宗教理由限制来自某地或某服务的男性或女性的准入；如果某一宗教要求该职位必须由特定性别担任，则允许雇佣中的性别歧视；允许基于宗教动机对于不同性取向区别对待；以及其他规定。[137] 其次，其他与女性或性别无关的针对伊斯兰教法作出的法律调整并没有导致反对。特别是伊斯兰教的法律原则禁止在贷款中索要或支付利息，因此伊斯兰教银行、保险公司以及向伊斯兰教徒家庭购买者提供抵押贷款的银行就有专门的规定和法律，以便按照伊斯兰教的约束达成交易。[138] 就其本身而言，伊斯兰教法律权威和伊斯兰教银行一直努力以符合伊斯兰教和西方法律对金融事务要求的方式达成交易。[139]

136　*Executive Summary, Independent Review into the Application of Sharia Law in England and Wales* (2018) 9.

137　参见多米尼克·麦戈德里克（Dominic McGoldrick），"伊斯兰教徒在欧洲的调适：从采纳沙利亚法到基于宗教从一般可适用法中退出"（Accommodating Muslims in Europe: From Adopting Sharia Law to Religiously Based Opt Outs from Generally Applicable Laws），载于《人权法律评论》（*Human Rights Law Review*）第 9 期（2009 年），第 603、631 页。

138　同上注，第 631 页。

139　非常丰富的描述参见尼马·梅萨迪·泰伯里（Nima Mersadi Tabari），"伊斯兰教金融与现代世界：国际贸易中掌管伊斯兰教金融的法律原则"（Islamic Finance and the Modern World: The Legal Principles Governing Islamic Finance in International Trade），载于《公司法务》（*Company Lawyer*）第 31 期（2010 年），第 249 页。

124   在欧洲居住的一群伊斯兰教法学家在 1999 年提出一项"法特瓦"（fatwa）——基于伊斯兰教法律学说的法律意见——允许伊斯兰教徒进行抵押贷款，其理由是住房是生活所必须且所有权是改善其生活和经济条件的重要方式；他们也承认许多伊斯兰教徒已经出于必要而获得了抵押贷款，这一决定有助于打消他们的不安。[140]几年后一项针对伊斯兰教徒的调查发现，有 65% 的人已经向抵押贷款支付了利息，[141] 其中有许多人无疑是在这项法律意见之前就已支付。

对国家法承认伊斯兰教法的第二种主要反对意见来自下述群体，他们认为应当有一种适用于所有人的统一法律制度。这便是在"法律面前人人平等"这一旗帜下得到倡导的国家法一元论。[142] 威廉斯大主教承认，该反对意见指出"法律就是法律；每个人都彼此平等地站在公共法庭面前，以至于我们如果想要维护西方合法性的巨大政治领先地位，承认团体身份或更深程度上的补充性管辖权就是与之完全不融贯的"。[143] 但他回应说，一元论法律学说未能顾及人们拥有多重相互关系的多元文化社会的现实，并且宗教社群在人们生活中为之提供了根本意义。[144] 他还强调国家法确立了社会中每

140　Alexandre Caeiro, "The Social Construction of Sharia: Bank Interest, Home Purchase, and Islamic Norms in the West", 44 *Die Welt des Islams* 351, 369–70 (2004).

141　麦戈德里克（McGoldrick），同前注 137，第 619 页。

142　参见丹尼斯·麦依艾恩（Dennis MacEoin），《沙利亚法或"一切人的法律"？——上帝之城：公民社会研究所》（*Sharia Law or "One Law for All?" Civitas: Institute for the Study of Civil Society*），特洛布里治：克伦威尔出版社 2009 年版（Trowbridge: Cromwell Press 2009）。

143　威廉斯（Williams），同前注 116，第 270 页。

144　同上注，第 271—273 页。

位成员都有权享有的自由,但一个人可以选择放弃这种权利:

> 　　对社群宗教纪律的承认与合作的标准应当与下述情况相关,
> 即社群的司法管辖权实际上是否会以必定阻碍这些自由权得到
> 行使的方式,干涉更广范围内社会所保障的自由;显然,鉴于社
> 会的多元化特征,否定一位宗教信徒基于法律承认的权利行动,
> 并不意味着否定任何内在或外在于该社群的人获得该权利。[145]

　　威廉斯也指出,英国法已经对正统犹太教和罗马天主教法律实践提　125
供了有限的调整,所以他的观点只是将同样的模式扩展到伊斯兰教
徒身上。[146]

　　有关西方法律制度对待伊斯兰教法的争论仍在继续,这同时也
牵涉犹太教法庭和其他宗教法制度。双方一直都在努力彼此调适。
但最终国家法和宗教法都主张各自的法律具有约束力且位阶更高。
这种直接冲突在欧洲伊斯兰教法委员会有关离婚的法律意见中一
览无余:

> 　　总之,我想要确认民事法院回应妻子要求而作出的离婚判
> 决,既不是有效的离婚也不是正当的婚姻解除。这意味着该妻
> 子依旧具有妻子身份,且不可与另一位男子自由结婚。在原婚
> 姻存续期间同另一位男子结婚违反了伊斯兰教法且属于犯罪。

145　Rowan Williams, "Civil and Religious Law in England: A Religious
Perspective", 10 *Ecclesiastical Law Journal* 273 (2008).

146　同上注,第279—280页。

更为危险的是如下事实：在她妥善解除婚姻前所生一切子女，都被视为属于她假定自己已经与之离婚的第一任丈夫。遭遇不可忍受情形的妻子，可以向得到承认的机构寻求婚姻解除，在诉讼中该机构被视为且被承认为伊斯兰教徒的司法机构。[147]

这一观点绝非个例。罗马天主教会和正统犹太教也持类似主张。国家法主张一种与此对应的相反立场。2020 年 2 月英国一家上诉法院裁定，根据国家法，伊斯兰教徒婚礼"并非婚礼"，所以伊斯兰教婚姻并不具备法律上承认的婚姻权利。[148]

因此伊斯兰教法并不承认国家法中婚姻与离婚的效力，国家法也不承认伊斯兰教法中婚姻与离婚的效力。一个同时受这两种法律管辖的人——他既是国家公民也是信徒社群的成员——就要与法律多元主义相伴为生且要设法应对。国家律政官员可能坚持认为正式国家法律体系掌控一切，因此信徒对于其自身法律的看法并不重要，但生活在社群内信奉伊斯兰教法的人则看法相反。

遵守宗教法是一个牵涉个人、家庭、社群以及政治因素的复杂问题。2007 年一项英国伊斯兰教信徒的调查涉及人们如何看待如下陈述："如果我可以选择的话，我更愿意生活在接受伊斯兰教法而非英国法统治的英国。"得到的反馈因年龄而有所不同：45 岁以

147　谢赫·海塞姆·阿尔哈达德（Shaykh Haitham Al-Haddad），"法律意见：民事离婚并非有效的伊斯兰教法离婚"（Fatwa: A Civil Divorce is Not a Valid Islamic Divorce），载于《欧洲伊斯兰教法院》（*The Islamic Council of Europe*）（强调符号为本书作者所加）。

148　Harriet Sherwood, "Islamic Faith Marriages not Valid in English Law, Appeal Court Rules", February 14, 2020, The Guardian.

上的人群中有 75% 的调查对象青睐英国法，但在 16 岁到 34 岁之间的人群中这个数字是 50%。[149] 或许令人惊讶的是，年长的一代人要比年轻一代人在伊斯兰教女性同非伊斯兰教徒的婚姻、未经监护人同意的婚姻以及同性恋方面在比例上表现出更高的容忍度。因此这些更有可能在英国长大成人的年轻人反而比年长的一代人更支持在严格的伊斯兰教法的统治下生活。将上述结果同 2013 年在整个东欧、非洲以及南亚的 39 个国家中（它们几乎都是伊斯兰教信徒占据多数）展开的一项广泛调查加以对比。[150] 对于将伊斯兰教法作为国家法实施的支持度在各国有所不同，最高可达 90%（伊朗和阿富汗），最低为 12% 及以下（阿尔巴尼亚、土耳其、哈萨克斯坦、阿塞拜疆）。在为数不多的几个支持将伊斯兰教法作为国家实施的法律的国家中，支持度随年龄而有所变化——"相较于年轻的伊斯兰教信徒，年老的信徒更愿意将伊斯兰教法视为国土上唯一的法律"。[151] 此外，在南欧和东欧（86%）以及中亚（70%），绝对多数的伊斯兰教信徒认为女性应当有权提出离婚，这一数字是中东和北非（33%）以及东南亚（32%）的两倍。

　　有关伊斯兰教法是否应当作为国家法实施，以及有关伊斯兰教法的内容，显然在伊斯兰教信徒当中存在从进步主义到传统主义立场的诸多观点。有关伊斯兰教法和国家法的态度，取决于周围文

　　149　Munira Mirza, Abi Senthilkumaran, and Zein Ja'far, *Living Apart Together: British Muslims and the Paradox of Multiculturalism* (London: Policy Exchange 2007) 46–47.

　　150　参见"世界的伊斯兰教徒：宗教、政治和社会"（The World's Muslims: Religion, Politics and Society），皮尤研究中心（Pew Research Center），2013 年 4 月 30 日。

　　151　同上注。

化、经济、宗教、政治以及法律环境的全方位融合。在西方世界，
很大一部分伊斯兰教信徒发展出受到西方态度与境况影响的世界
主义伊斯兰教[152]（这正如伊斯兰教法的表现形态会因周围因素影响
127　而在全世界有不同形态一样）；西方世界中另一部分伊斯兰教信徒
青睐对伊斯兰教法的传统主义解释。[153]年轻的一代人体现出同时承
认伊斯兰教法和国家法的态度，使得这种多元主义成为其身份的一
部分。[154]

社群法和领域内国家法

本章所讨论的西方法律体系拥有在领土范围内主张垄断性的
高度发达的制度化体系。但如我们在本章所见，大量各种各样的社
群法依旧绵延不绝。一位法学家可能会坚称今天存在的这些法律
形态只是由于得到国家法律体系的准许或基于其所设定的条件——
这明显体现在国家法实施犹太教法院的裁决时，不是将之视为"法
律"而是视为"裁定"。只有当我们假定国家法通过它自己的命令
决定现实时，这一立场才是有说服力的。另一方面，我们要明白本

152　参见"伊斯兰教徒支持进步价值"（Muslims for Progressive Values）。

153　2017年一项有关美国伊斯兰教徒的调查发现，52%的被调查者认为伊斯兰
教法应当按照与现代条件相一致的方式重新加以解释，与之相对，有38%的人偏好传
统理解。参见"美国伊斯兰教徒关切自身在社会中的地位"（U.S. Muslims Concerned
about Their Place in Society），同前注108。

154　参见马赛厄斯·罗厄（Mathias Rohe），"沙利亚和伊斯兰教的大迁徙"
（Sharia and the Muslim Diaspora），载于佩里·比尔曼（Peri Bearman）主编，《阿什盖
特伊斯兰法研究指南》（*The Ashgate Research Companion to Islamic Law*），奥尔德肖特：
阿什盖特2014年版（Aldershot: Ashgate 2014），第261—276页。

章讨论的各种形态的社群法都以某种方式在国家法之前或伴随国家法存在了一千年甚至更久。只要这些社群根据他们自身法律形态生活，这些社群法就可能继续存在。如果事实的确如此，实现一元论理想要付出的代价可能就是灭绝所有社群法或所有社群法都要完全听命于政权法。这意味着国家法一元论——法律在国家中具有排他性、统一性、至上性的主张——就与极权主义具有潜在的亲和性。

第4章 从国家法律多元主义到跨国 法律多元主义

在全球或跨国法律多元主义（这两个词可彼此互换）的旗帜下，法律多元主义研究兴起了最新一股浪潮，比较法、国际法以及跨国法学者都参与其中。[1] 这一工作聚焦于超越民族国家的法律规制现象。有越来越多的国际和跨国法律与规制（公共的、私人的以及混合的）处理诸如货物与服务方面的商贸、移民、货币流动与银行业、污染治理与环境保护、轮船货运与航空、电信与互联网、恐怖主义、像传染病这样的全球健康威胁、毒品走私、知识产权保护以及其他更多跨越国界的事务。跨国组织也越来越具备法律功能，包括联合国、欧盟、世界贸易组织以及许多其他组织都是如此。国际层面创设的法律制度，像人权法或《联合国土著人民权利宣言》，越来越渗透到地方环境中。全球法律多元主义理论家主张，他们所界定的事物与法律人类学家几十年前讨论过的法律多元主义"非常类似"。[2] 如我在本章将要表明的那样，这些发展最好通过各个层面中法律与

1　Paul Schiff Berman, "The New Legal Pluralism", 5 *Annual Review of Law and Social Sciences* 225 (2009).

2　Ralf Michaels, "Global Legal Pluralism", 5 *Annual Review of Law and Social Sciences* 243, 244 (2009).

规制在现代社会的涌现加以理解。

　　本章的基本着眼点是地方、区域、国家、跨国以及国际层面中正式形态的法律和规制（它们逐渐变为私人规制）。我从美国法律制度内部的多元主义入手，然后讨论欧盟的宪法多元主义，最后处理全球法律多元主义。一如既往，本章讨论揭示出与国家法一元论学说不一致的大量法律多元主义现象。为了取代该学说，我提出一种对正式法律形态的描述性解释，我将之理解为同其他政治和法律制度存在各种关联与断裂的、承担不同功能的无数分散式制度，它们并未构成一个统一的、层级性的组织化（一元论）整体。与先前主要是描述性的几章不同，本章最后一部分在讨论全球法律多元主义时，是分析的和批判的，是本书与各种法律多元主义理论的第一次照面。

美国法律制度中的法律多元主义

　　美国法学家通常会主张美利坚合众国是一种双重主权制度。双重主权（或"双重联邦主义"）"这个概念指的是州与国家政府共享独有的且不重合的权威领域"[3]（有关双重主权的论述典型地忽略了美洲原住民部落，体现出后者在美国法学家心目中的边缘地位）。杰出的联邦法官杰克·温斯坦（Jack Weinstein）作出如下解释："州与联邦制度的共存符合每个人双重公民身份的利益，同时使得所有个人都服从于两个主权。当考虑到州与联邦法院这两个相互独立

3　Robert A. Schapiro, "Toward a Theory of Interactive Federalism", 91 *Iowa Law Review* 243, 246 (2005).

体系之间的互动往往使得公民以及理论家错将法律视为密不可分的一个整体时,这个二分法就变得尤为重要。"[4] 如温斯坦所说,"视为密不可分的一个整体"就是法学家在国家法身上投射的一元论学说,这是一种人们广泛持有的隐秘信念,认为美国法律由一种统一且具有层级性的制度安排构成。

美国最高法院审理的一件有关双重联邦制的关键案件指出,[*] 宪法"承认并保留各州的自主与独立,这包括它们在立法以及司法机构方面的独立……在这个意义上,除非得到下述允许[宪法准许或授权联邦政府],对州政府权威的侵犯,就是对其独立性的否定"。[5] 各州管理健康、安全与福利方面的事务,它包括犯罪、家事与继承法、侵权法、财产法、合同和商业法、公司、公共卫生、安全规则、教育以及其他许多内容。50 个州的法律彼此相去甚远,且与联邦政府差异很大。尽管联邦法律制度在许多观察者眼中尤为突出,但超过 99% 的案件是在州法院得到审理的。联邦政府处理其影响超越各州边界的活动,特别是商业活动,处理一切与联邦政府及其部门的功能有关的事情,以及国际事务。法律教义就建立在这一彼此之间有大量且可争议的重叠的权力基本分工之上。"联邦政府与各州拥有广泛的共同权威领域。从麻醉品交易到证券交易以

---

4 Jack B. Weinstein, "Coordination of State and Federal Judicial Systems", 57 *St. John's Law Review* 1, 1 (1982).

* 双重联邦制指的是每一级政府在各自范围内享有主权。这一学说的理论资源是托马斯·杰斐逊的政府分权思想和地方主义政治文化与邦联传统。它主要处理联邦政府与各州之间的关系,法理基础是《美国宪法》第十条修正案:"本宪法既未授予联邦,又未禁止各州享有的权力,皆由各州或人民保留之。"——译者

5 *Erie R.R. Co. v. Tompkins*, 304 U.S. 64, 78–79 (1938).

及教育，联邦与州法律在许多领域中都规制着极为一致的行为。" [6]

美国的法律卷帙浩繁：

> 在美利坚合众国有超过 89,000 个彼此分立的政府单位。
> 在联邦政府与 50 个州政府之下，有 3,033 个郡、19,492 个市
> 政府、16,519 个镇或镇政府，37,381 个特定区政府……在联
> 邦政府自身当中，权力的划分、分割以及分配就令人眼花缭乱。
> 立法机构包括两个议会、435 个国会选区、200 多个委员会与
> 下属委员会。司法机构包括 94 个彼此分立的联邦司法管辖区
> 以及众多专门法院。行政部门的科层机构包括 15 个彼此分立
> 的机关以及 137 个以上的联邦机构和委员会，它们仅在 2006
> 年一年就在联邦公告中差不多印制出 80,000 页拟定的规则、
> 规定和法令。[7]

因此，从地方到地区以及全国，法律在不可胜数的场所得到制定与
使用。国家法一元论学说将这一景象设想为一个彼此融贯的统一
且具有层级性的"不可分割的整体"。

作为对美国法律的描述性理论，一元论法律学说显然站不住
脚。现实中存在的是各种环境中与特定功能紧密相关的大量法律
制度——它们创设、实施并适用法律，却无法直接或间接被整合入
一个支配一切的整体当中。它们是非常分散且去中心化的制度，每

6　*Erie R.R. Co. v. Tompkins*, 304 U.S. 64, 246 (1938).

7　William J. Novak, "The Myth of the 'Weak' American State", 113 *American Historical Review* 752, 765 (2008).

132 一个都有自己的法律目的、权力、义务和权威层级，具有自己的物质和经济资源，通常会有和其他权威彼此冲突的利益及关切，彼此之间的关联即便存在，也是在某些交叉或协作点中松散相连。

它们作为总体发挥作用，每一种法律实体都负责自己被指派的任务。但体现出它们之间分裂的情形层出不穷。比如，警察、法官和检察官在执行和适用法律时开展将他们联系在一起的法律活动，但他们也会拥有通常让其彼此不合的不同动机与责任（有时会制衡、忽略或破坏其他几方的行动）。在新冠疫情时期，拥有法律权力的政府官员之间在各个层面都出现了许多争执，包括州长和市长有关城市封锁和口罩法令的权威与合法性的冲突；许多郡长直言拒绝执行口罩法令（认为它们违宪且侵犯了自由权）。城市和州政府官员激烈反对川普政府在处理黑人人权运动的示威游行时动用联邦执法人员。纽约执法人员对抗美国司法部继续调查唐纳德·川普总统及其金融组织的犯罪活动。这只是近来的一些实例。认为美国法律是一个统一的法律制度的这种看法，要以盲目的信念（a leap of faith）为支撑。*

这一信念的支柱就是美国宪法中的至高条款："本宪法及依照本宪法所制定之合众国法律以及根据合众国权力所缔结或将缔结的一切条约，均为全国的最高法律；即使与任何一州的宪法或法律相抵触，各州的法官仍应遵守。任何一州宪法或法律中的任何内容

---

* "a leap of faith" 指的是尽管我们缺乏证据却依旧决定相信某事为真或会发生，可以理解为放胆一试、盲目相信或乐观等。作者在这里不乏某种反讽意味。法哲学家约翰·加德纳（John Gardner）一本著名文集即题为《法律是信仰之跃》（John Gardner, *Law as a Leap of Faith*, Oxford University Press, 2012）。——译者

与之抵触时,均不得违反本宪法。"[8]

不过至高条款本身并没有创制一个统一的制度。一个统一的法律制度要求法律上明文规定的制度安排,它将跨越州与联邦分界运作的法律权威与司法体系的相应领域组织起来,确保得出统一且一致的结果。根据国家法一元论学说,统一的各州、联邦以及在更低层次拥有不同程度自主性的邦联,以融贯且一致的方式得到组织,它们至少在理论上具备清晰且一贯的法律制度安排,后者将一切都纳入一个统一的层级性制度当中。依据这个标准,美国并不具备统一的法律制度。影响数百万人的一个例子,就是 11 个州和哥伦比亚特区(一块联邦飞地)已经将大麻持有合法化,但该行为根据联邦法律是犯罪,要处以 1000 美元罚金和最多一年的监禁。一个人可以根据州法合法地消费大麻却要在联邦法下被审判入狱。

先前章节中强调的法律多元主义的两个典型特征就是,由于当事人寻求有利结果而出现的择地行诉以及彼此共存的法院间针对业务与权威展开的竞争。择地行诉普遍存在于美国法律制度中。当事人可以在单个州的不同法院间作出选择;他们可以(从 50 个州中)选择在哪个州起诉;他们可以选择是否在州或联邦法院起诉;他们可以选择在哪个联邦地方法院起诉。[9] 一个案件合适的法院取

133

8　Article VI, United States Constitution(实际是第六条第二款。——译者)。

9　参见德布拉·林恩·巴西特(Debra Lyn Bassett),"平台游戏"(The Forum Game),载于《北卡罗来纳法律评论》(North Carolina Law Review)第 84 期(2006 年),第 333 页;玛丽·加维· 阿尔赫罗(Mary Garvey Algero),"为择地行诉辩护:选择诉讼平台的现实主义审思"(In Defense of Forum Shopping: A Realistic Look at Selecting a Venue),载于《内布拉斯加法律评论》(Nebraska Law Review)第 78 期(1999 年),第 79 页。

决于诉讼标的（诉讼标的管辖权），相关当事人与法院所在地的关系（属人管辖权）以及出于当事人和证人方便的考量（属地管辖权）。州法院一般可以听审州与联邦的案件，但联邦法院在破产、专利侵权、移民、海事法以及其他事物方面具有排他性管辖权；在当事人来自不同的州且争议数额超过 75,000 美元时，联邦法院可以基于多元管辖权审理州的案件。

　　因此，州与联邦法院审理的案件在类型上多有重合。由于审理州案件的联邦法院适用其所在州的法律，在一个案件中，比如在密苏里州圣路易斯的联邦地区法院，就可能与几公里之外密西西比河对岸在伊利诺斯州东圣路易斯的联邦地区法院适用不同的法律。这些地区法院也相应地从属于不同的联邦上诉巡回法院，后者可能在解释联邦法律方面有所不同（稍后会加以讨论）。当州法律下的一个案件在州高等法院没有得到解决时，联邦法官必须决定州法院有可能会如何裁判，但在许多情形中州法院后续又（针对类似案件）作出了不同裁判。州法院一方面适用联邦法律，但与此同时主张自己并不受下级联邦法院（在联邦最高法院之下的联邦法院）对联邦法律解释的约束，因此导致在州和联邦法院之间对联邦法律有不同的解释。[10] 有洞察力的诉讼人在决定去哪一个法院提起诉讼时，会考虑这些在法律和解释方面的差异。

134　　择地行诉背后的一个主要动机，是人们感到在不同的议题上，某些州法院和某些联邦地区法院的立场有保守与自由之别：亲被告

10　Amanda Frost, "Inferiority Complex: Should State Courts Follow Lower Federal Court Precedent on the Meaning of Federal Law", 68 *Vanderbilt Law Review* 53 (2015).

或亲原告，亲政府，亲公民自由权，亲企业或亲工人，等等。这种感受源自立法、通行的法律学说、法院程序，也基于人们觉察到的法官的意识形态立场——这会影响案件的结果。

法律史学家劳伦斯·弗里德曼（Lawrence Friedman）观察发现，各州创造出"一种竞争性法律市场"。[11] 这种竞争围绕大量法律与规制展开，也包括适用它们的法院。"美国公司法的一个核心特征就是规制性竞争。公司可以选择哪个州的公司法管理自己的事务，各州（在某种程度上）也竞相吸引公司的加入。"[12] 通过巧妙地制定企业友好型和税收友好型公司法，并创设由制定出弹性标准的法官任职的专门衡平法院来审理公司诉讼，特拉华州成为大公司的心头好，大约有60%的上市公司都迁入该州，不过随之而来的公司诉讼则与之并不成比例。[13] 侵权法领域的择地行诉也很普遍。在20世纪90年代和21世纪前十年的伊利诺伊州与密苏里州的小型辖区内，州法院由于被认为具有支持原告的倾向而吸引了不成比例的大规模侵权行为与集体诉讼案件。[14] 国会通过法律将大型集体诉

11　Lawrence M. Friedman, *American Law in the 20th Century* (New Haven, CT: Yale University Press 2002) 596.

12　参见约翰·阿穆尔、伯纳德·布莱克以及布莱恩·柴芬斯（John Armour, Bernard Black, and Brian Cheffins），"特拉华的平衡法案"（Delaware's Balancing Act），载于《印第安纳法律杂志》（*Indiana Law Journal*）第87期（2012年），第1345页。近年来在特拉华州等级的案件数量持续下降，但移入的公司数量依旧很高。

13　同上注，第1348—1350页。

14　同上注，第286—291页（大规模侵权指的是基于一个不法行为或者多个具有同质性事由的行为，给大量受害人造成人身损害、财产损害或同时造成上述两种损害。这种侵权行为具有一次多发性、同质性以及因果关系的推定性、损害后果的复杂性等特征。集体诉讼指的是诉讼各方中有一方是一群人，通常这些人彼此间有共同利益，由于人数过多无法全体进行诉讼，一般由其中一人或数人为全体利益起诉或应诉。——译者）。

讼引流到联邦法院，[15] 联邦最高法院也在大规模侵权行为案件中收紧了有关属人管辖权的法律规定，[16] 但侵权法中的择地行诉情形不绝如缕。美国侵权法改革基金会——由大公司资助——公布了一份"司法炼狱"的年度清单，这些"炼狱"作为"管辖权吸铁石"，通过原告友好型法律与司法判决吸引产品责任以及其他针对公司的侵权诉讼前来起诉。[17]

135　　　甚至当同样的联邦法律在联邦地区法院得到适用时，每个法院也会通过富有吸引力的程序和判决诱惑当事人前来。在 94 个联邦地区法院中，德克萨斯州东部地区的联邦地方法院审理了"2014 年四分之一以上的专利侵权案件，2015 年上半年将近一半的专利侵权案件……尽管该地区法院所处地区没有主要城市或科技公司"。[18] 特拉华州联邦地方法院同样审理了不成比例的专利权案件，在该法院审理案件总数中占比达 50% 以上。一项研究表明，"至少一定程度上，专利法领域的择地行诉受到联邦地区法院竞相吸引诉讼人的推动"，通过倾向于原告的程序性和管理性规范以及实践来吸引案件。[19] 另一项研究总结说，"择地行诉毫无疑问出现在破产法领

15　Class Action Fairness Act of 2005, Public Law No. 109-2, 119 Stat. 4 (2005).

16　参见: *Bristol-Myers Squibb Co. v. Superior Court of California*, 137 S. Ct. 1773 (2017)。

17　参见美国侵权法改革基金会(American Tort Reform Foundation)，《2019/2020 年度司法炼狱》(*Judical Hellholes* 2019/2020)。

18　Daniel Kerman and Greg Reilly, "Forum Selling", 89 *Southern California Law Review* 241, 246 (2016).

19　J. Jonas Anderson, "Court Competition for Patent Cases", 163 *University of Pennsylvania Law Review* 631, 634–65 (2015).

域"。[20] 选择去哪里提起联邦诉讼也会考虑审理上诉的联邦巡回法院被认为是自由的还是保守的。[21] 个人权利中心在第五巡回法院这个众所周知拥有一群保守立场法官的地方成功挑战了平权行动。[22] 联邦上诉巡回法院在解释联邦法律方面存在巨大差异,这被称为巡回区分歧,几十年来依旧无法得到解决,[23] 在当事人寻求对其有利的学说和法院时,它推动了择地行诉的产生。[24]

美国法律制度内的法律多元主义是结构性的——当事人要在 50 个州法律制度中作出选择,加上联邦法律制度以及美洲原住民部落。但这一多元主义更深层次的根源是整个国家在文化、经济以及政治背景方面的差异:蓝州 / 红州、城市 / 乡村、世俗 / 宗教(福

20　托德·J. 日维茨基(Todd J. Zywicki),"择地行诉腐蚀了美国破产法院吗?"(Is Forum Shopping Corrupting America's Bankruptcy Courts?),载于《乔治城法律杂志》(*Georgetown Law Journal*)第 94 期(2006 年),第 1141、1160 页。破产法领域的择地行诉体现在林恩·M. 洛普基(Lynn M. LoPucki),《法院的失败:竞争大案如何败坏了破产法院》(*Courting Failure: How Competition for Big Cases Is Corrupting the Bankruptcy Courts*),安娜堡:密歇根大学出版社 2005 年版(Ann Arbor: University of Michigan Press 2005);萨米尔·D. 帕里克(Samir D. Parikh),"破产法领域的现代择地行诉"(Modern Forum Shopping in Bankruptcy),载于《康涅狄格法律评论》(*Connecticut Law Review*)第 46 期(2013 年),第 159 页。

21　参见安德烈亚斯·布罗沙伊德(Andreas Broscheid),"比较巡回法院:美国的一些上诉法院要比另一些更自由或保守吗?"(Comparing Circuity: Are Some U.S. Courts of Appeals More Liberal or Conservative Than Others?),载于《法律与社会评论》(*Law & Society Review*)第 45 期(2011 年),第 171 页。

22　参见:*Hopwood v. Texas*, 78 F.3rd 932 [5th Cir. 1996], cert. denied, 518 US 1033 (1996)。

23　参见阿曼达·弗罗斯特(Amanda Frost),"太看重不一致了"(Overvaluing Uniformity),载于《弗吉尼亚法律评论》(*Virginia Law Review*)第 94 期(2008 年),第 1567 页。

24　Wayne A. Logan, "Constitutional Cacophony: Federal Circuit Splits and the Fourth Amendment", 65 *Vanderbilt Law Review* 1137, 1183–85 (2012)。

音派、天主教、犹太教、伊斯兰教等）以及种族（白人／黑人／拉丁裔／亚裔／美洲原住民）。如先前章节所言，法律多元主义是导致法律中出现差异的社会异质性的产物。[25] 美国社会的异质性体现在法律学说的诸多思潮中、不同立法中以及不同态度的法官身上，它们导致了内部多元主义的法律制度。

136

　　两个额外因素使得我们实际上无法将美国所有法律都装进一个至高条款引领的由层级性法律制度组成的融贯且统一的整体中。首先，各州立法机构和各州高等法院对于不涉及美国宪法或联邦法律的所有事物拥有最终决定权。结果就是，由于州法院的判决以对州法律的解释为基础，他们就可以在相同法律问题上直接作出和联邦法院相反的判决。近来极具政治意义的一个例子就是选区划分不公——巧妙地划分选举区以最大化执政党选票的活动，这在近几十年来发展到了不遗余力的程度，共和党立法者尤为如此（国家立法机构为州和联邦选举划分选区）。比如，在 2018 年威斯康星州的选举中，共和党人尽管只获得了 49% 的选票，但是他们却在州众议院立法机构的 99 个席位中保住了 63 个。[26]2019 年在一个挑战北卡罗来纳州选区划分不公合法性的案件中，美国最高法院否认联邦法院有权判定各州选举无效，理由是无法确定何种程度的选区划分不公属于太过分[27]（尽管两党候选人获得的票数几乎一致，但共和党

　　25　玛格丽特·戴维斯强调高度发达的法律体系中存在的法律学说的法律多元主义。玛格丽特·戴维斯（Margaret Davies），"多元主义和法哲学"（Pluralism and Legal Philosophy），载于《北爱尔兰法律季刊》（*Northern Ireland Legal Quarterly*）第 57 期（2006 年），第 577 页。

　　26　Craig Gilbert, "New Election Data Highlights the Ongoing Impact of 2011 GOP Redistricting in Wisconsin", December 6, 2018, Milwaukee Journal Sentinel.

　　27　*Rucho et al. v. Common Cause*, 139 S. Ct. 2484 (2019).

划分选区使得州众议院 13 个席位中的 10 个由共和党人占据）。几个月后，有关非常类似的问题，北卡罗莱那州的一个州法院得出了相反结论，判定共和党所划分的选区无效，因为选区划分太过不公违背了州宪法中的平等保护和言论自由条款（同样表述也规定在联邦宪法中），以及选举自由条款。[28] 宾夕法尼亚州最高法院同样在一个类似判决中打击了不公正的选区划分。需要补充的是，部落法院在解释可适用于印第安人部落的《印第安人民事权利法案》（*Indian Civil Rights Act*）时不受联邦法院先例的约束，但其措辞与美国宪法的《权利法案》类似。州立法机构与法院以及美洲原住民部落的立法机构与法院对他们自己的法律拥有最终决定权，使得法律多元主义无法消除。

　　内在于美国法律制度的法律多元主义，无法通过至高条款得以解释的第二个更为根本的原因在于，一个统领一切的统一制度要求在州与联邦政府各自权力分配方面具有明确规则，并且各自法院的管辖权也有明确的详细规则——但这两者都不存在。州与联邦权力分配的主要困难在于美国宪法中的贸易条款，它授权国会"规制同外国展开的贸易和在不同州之间以及和印第安人部落展开的贸易"。[29] 基于该条款，国会针对明确属于州权力范围内的事务制定了大量立法。可问题在于商业条款的含义随着时间流逝发生了巨大改变，并且受到大法官中多数意见在给定时期内对手头案件看法的影响，还会继续发生不可预测的改变，这使得联邦权限范围暧昧不

137

28　参见迈克尔·李、托马斯·伍尔夫和安妮·罗（Michael Li, Thomas Wolf, and Annie Lo），"再划分选区州的诉讼"（The State of Redistricting Litigation），载于布伦南司法中心（Brennan Center for Justice），2020 年 5 月 14 日。

29　《美利坚合众国宪法》（*US Constitution*）第 1 条第 8 款第 3 句。

明且变动不居。比如，美国最高法院认为国会没有权力制定法律规定在校园中禁枪，因为这不涉及州之间的商业活动；[30] 十年后，该法院又认为国会有权将种植者只作个人医疗使用的自家种植大麻行为入罪（这在加利福尼亚州是合法的），因为它具有州之间商业贸易的潜在意味；[31] 此后六年，在评估《平价医疗法案》(*Affordable Care Act*) 有效性时，美国最高法院认为尽管医疗保险属于国家市场，但国会基于贸易条款无权命令人们购买医疗保险。[32] 如果联邦相对于州的权力范围不明确且一直处于变动之中，它们各自的法律权威就无法在一个整体性框架中得到融贯阐述。

为了产生融贯的整体性法律制度安排而将案件输送到不同法院的必不可少的一系列明确管辖权规则也付之阙如。管辖权规则在州法院之间、州法院与联邦法院之间、联邦法院之间，以及法院和行政机构之间分配审理案件的权威。几十年来学者一直在批评管辖权规则令人无所适从的状态。一位法学家在1981年指出，"在许多案件中……联邦裁判权规则是极不明确的。它们也是极为复杂的"。[33] 三十年后另一位学者指出："管辖权规则极为不确定和复杂。"[34] 管辖权的诸多核心检验（源自联邦法律、判决的终局性、长期有效、永久居住地、最低联系等）涉及含混的标准或有诸多例外的

30　*United States v. Lopez*, 514 U.S. 549 (1995).

31　*Gonzales v. Raich*, 545 U.S. 1 (2005).

32　*NFIB v. Sebelius*, 567 U.S. 519 (2012).

33　Martha Field, "The Uncertain Nature of Federal Jurisdiction", 22 *William & Mary Law Review* 683, 684 (1981).

34　Scott Dodson, "The Complexity of Jurisdictional Clarity", 97 *Virginia Law Review* 1, 13 (2011).

规则,甚至当法院确实拥有管辖权时,它能够行使裁量权拒绝管辖(避让原则)。法律技术之外增加这种不确定性和复杂性的,就是管辖权分配背后的政策,它们五花八门且不完全清晰或彼此一致。这些政策包括尊重州法律权威与州法院,保护州之外当事人免受州法院的歧视,维持州与联邦权威之间的礼让,维护联邦法律的统一解释,不使联邦法院负担过重,避免事倍功半,确保正确的当事人向法院提起与诉讼相关的主张。当这些政策彼此冲突的情况出现时——比如尊重州法院的政策与同联邦法律的解释相一致政策冲突——没有既定的层级次序或权衡方法。[35] 这些因素导致的一个结果就是,尽管法院管辖权在普通案件中是直截了当的,但通常会出现它们不明确且不确定的案件(法律冲突以及法律议题的选择进一步加深了复杂性与不确定性的层次,这里无法处理)。

法律多元主义的另一个根源,是不同的律政官员主张自己解释法律的权力。法学家会典型地假定法院拥有最终决定权,但这种假定既没必要也站不住脚。在地方、州和联邦层面有各种不同官员提出自己的宪法与法律观点,在遇到对立的法院解释时他们也会坚持这些观点,这就在不同律政官员之间产生具有重要影响的法律多元主义。[36]

---

35 Scott Dodson, "The Complexity of Jurisdictional Clarity", 97 *Virginia Law Review* 24–26 (2011).

36 参见丹尼尔·哈伯斯塔姆(Daniel Halberstam),"宪法的异质层级结构:冲突在欧盟与美国的核心地位"(Constitutional Heterarchy: The Centrality of Conflict in the European Union and the United States),载于杰弗里·L. 邓霍夫和乔·P. 特拉赫特曼(Jeffrey L. Dunhoff and Joel P. Trachtman)主编,《统治世界? 宪制、国际法和全球政府》(*Ruling the World? Constitutionalism, International Law, and Global Governance*),纽约:剑桥大学出版社 2009 年版(New York: Cambridge University Press 2009),第 11 章。

在不同维度中贯穿美国法律的多种多元主义挑战了国家法一

139 元论学说。作为回应，持有这一理念的辩护者会坚持认为，尽管如

此，相较于该学说不存在时的状况，它能够作为一种规制性理念带

来更高程度的统一性和一致性。或许，关键问题依旧是美国法律体

系现在并不是完全统一、内在一致且具层级性的法律制度。别忘了

代表一元论立场所提出的标准观点是扫除不确定性、不一致的法律

以及择地行诉——可这在美国俯拾皆是。

欧洲法律制度中的法律多元主义

英国的法律制度也是多元主义的，英格兰和威尔士、苏格兰以

及北爱尔兰的法律各自有别。由于历史和政治原因，苏格兰自己保

持着独立的实体法律内容和法院制度。苏格兰受民法传统影响很

深，在家事法、继承和财产方面拥有独特的私法，也拥有独特的刑

法和刑事诉讼法；[37] 民事上诉案件可以从苏格兰法院起诉到新近设

立的英国最高法院，但刑事案件不行。法律制度的发展由于受到历

史、文化、权力以及政治的塑造，是东拼西凑的，与整齐有序的结

构相去甚远。

比较宪法学家亚力克·斯通·斯威特（Alec Stone Sweet）指

出，"实际上，许多国家的宪法制度充满法律多元主义意味"，[38] 他

---

[37] Neil Walker, *Final Appellate Jurisdiction in the Scottish Legal System* (Edinburgh: Scottish Government 2010) 18–19.

[38] Alec Stone Sweet, "Constitutionalism, Legal Pluralism, and International Regimes", 16 *Indiana Journal of Global Legal Studies* 621, 623 (2009).

给出的例证是德国、西班牙、意大利以及法国——后三个国家被认为是单一制国家。"这些国家中每个国家的法律制度都可以说是多元主义的：管辖权是碎片化而非统一的，决定案件结果的最终权威被分配给不同的自主的最高法院，后者掌控着在功能上专业化的不同法律领域。"[39] 多元主义的重要来源就是宪法法院与包括高等法院在内的普通法院彼此共存，导致宪法法院的判决在何种程度上对其他法院以及法律和行政官员具有约束力的问题，以及普通法院介入宪法解释的权力问题。这涉及合作以及冲突和非合作的程度问题。法国的宪法委员会"没有正式渠道将自己对权利的解释强加给最高法院（Cassation*）或最高行政法院"。[40] 德国经历了"抵制和长期斗争"，意大利的宪法法院与其他法院之间不时爆发"法官战争"。[41]

类似的冲突也出现在东欧各国，波兰宪法法院前法官以及欧洲人权法院现任法官莱赫·加里基（Lech Garlicki）详细描述了这一点。波兰最高法院的立场是它不受宪法法院解释的约束；捷克最高法院拒绝受到宪法法院先例的约束；同样的冲突也发生在匈牙利与

140

39　Alec Stone Sweet, "Constitutionalism, Legal Pluralism, and International Regimes", 16 *Indiana Journal of Global Legal Studies* 634 (2009).

*　"cassation"原意为撤销原判，法国的民事、刑事最高上诉法院原名是撤销法庭（tribunal de cassation），拿破仑将其改名为撤销法院（cour de cassation），实质上就是法国的最高法院。它有权撤销下级法院的判决，保证法国法院系统内部法律解释的一致性。——译者

40　Alec Stone Sweet, "The Structure of Constitutional Pluralism: Review of Nico Krisch, Beyond Constitutionalism: The Pluralist Structure of Post-National Law," 11 I-Con 491, 494–95 (2013).

41　斯威特（Sweet），同前注38，第634—635页。有关德国和意大利内部冲突更详细的论述，参见莱赫·加里基（Lech Garlicki），"宪法法院与最高法院的对比"（Constitutional Courts versus Supreme Courts），载于《国际宪法杂志》（*International Journal of Constitutional Law*）第5期（2007年），第44页。

俄罗斯。[42] 加里基指出，由于"法官扩展自己权威的自然倾向"，宪法法院与普通法院之间的紧张是"体系性的"。[43] 恰恰是彼此共存的法院允许人们诉诸其中他们认为会最有利于其利益的一个或另一个，提出可能使得这些法院产生争执的主张。

在彼此共存的国家法院之间的不确定性与冲突之上，欧洲国家的法律多元主义全貌还包括欧盟成员权、欧盟法院以及由欧洲人权法院实施的《欧洲人权公约》所引发的额外层面的法律与法院的多元主义。

欧盟的宪法多元主义

由于第二次世界大战对整个欧洲的破坏，欧洲政治领导人努力将自己的国家紧密联合在彼此互利的经济制度中，以便减少未来战争的风险。从一开始六国签订《巴黎条约》(1951) 和《罗马条约》(1957)，到之后进一步的《马斯特里赫特条约》(1993) 与《里斯本条约》(2009)，欧盟在今天共有横跨西欧和东欧的 27 个成员国，为超过 4 亿人创造了共同市场。它拥有议会、执行机构(欧洲理事会、欧洲委员会)、部长会议、欧盟法院、中央银行、审计署；它拥有共同的货币(但有例外)；它颁布法律与规制；它拥有外部边界但内部可以自由流动，并有欧盟护照，且与其他国家签订条约。这些都属于主权国家的标准特征，但如稍后会讨论的那样，每个人都坚持认

---

42 Lech Garlicki, "Constitutional Courts versus Supreme Courts", 5 *International Journal of Constitutional Law* 57–63 (2007).

43 同上注，第 64 页。

为它并非国家。

　　欧盟法院（The Court of Justice of the European Union, CJEU）是欧盟法的最终解释者，它基于框架性条约逐渐确立了一种法律秩序，运用结构性特征推演出一系列统领性法律原则：欧盟法凌驾于彼此冲突的成员国法律之上，欧盟法的直接效力，各国法院有遵守并执行欧盟法的责任，各国高等法院有将涉及欧盟法的无法解决的问题移交欧盟法院的义务，个人针对国家以及其他个人有行使欧盟权利的能力。[44] 欧盟法院认为，这些原则对于欧盟在功能上具有实效及其在法律解释上的统一是必不可少的。

　　各国法院一般会承认并遵循上述原则，且欧盟法是高度有效的。但这里有一个重要警示："大部分情况下，各国法院尚未承认欧盟法是其国内最高法。但我们也不能简单假定各国宪法是其国内最高法。"[45] 这不仅适用于实体法，也适用于法院具有最终决定权的案件。冲突可能会出现在如下两种主要情形中：当一国法院判定欧盟法超出各国向欧盟的授权时（"ultra vires"，超越权限），以及各国宪法法院考虑欧盟法是否违背各国宪法规定或权利时。在这些情况下，各国法院（以德国联邦宪法法院为首）主张作出它们自己最终决定的权力。"有时，即便接受欧盟法规的至上性没有受到各

　　44　这个重要案例是国家财政部诉西门塔尔案（Case 106/77, *Amministrazione delle Finanze dello Stato v. Simmenthal*, [1978] ECR 629）。有关这些发展的简练描述，参见胡里奥·巴克罗·克鲁兹（Julio Baquero Cruz），"观察欧盟宪法多元主义的另一种视野"（Another Look at Constitutional Pluralism in the European Union），载于《欧洲法学期刊》（*European Law Journal*）第 22 期（2016 年），第 356、359—360 页。

　　45　Mathias Kumm, "How Does European Law Fit into the World of Public Law?", in Jurgen Neyer and Antje Wiener, eds., *Political Theory of the European Union* (Oxford: Oxford University Press 2011) 127.

142　国宪法法院的抵制，它也不是无条件的。这就授予了欧盟一种有争议的或可协商的规范性权威。"[46] 各国法院和欧盟法院一直努力避免在至上性问题上的直接碰撞，但在重要议题中这类冲突层出不穷。[47]

　　在 2020 年的一个案件中，德国联邦宪法法院（GFCC）宣告自己不受欧盟法院（CJEU）有关大衰退时期针对欧洲中央银行公共部门资产收购项目适当性判决的约束。[48] 欧盟条约法规赋予欧盟法院裁判欧洲中央银行事务的排他性权力。但是德国联邦宪法法院裁定，由于欧盟法院比例原则运用不当，其判决超出了该法院的权威（ultra vires），因此并不有效。这之所以构成权力的直接碰撞，是因为这并非一家德国法院坚持自己裁判德国宪法事务的权威；而是德国联邦宪法法院裁定自己在与欧盟制度相关的受到欧盟法支配的事务中，不受欧盟高等法院判决的约束。这一推理可回溯至德国宪法法院在 1993 年作出的马斯特里赫特案判决（*Maastricht-Urteil*）。该判决认为欧盟拥有成员国授权的有限权力，并不具备决定自身权限的权力，因此德国并不受超出条约所规定的欧盟行动的约束。[49]在之后的十几年间，有十个成员国的法院接纳了这一立场的某种版

46　Miguel Poiares Maduro, "Interpreting European Law: Judicial Adjudication in a Context of Constitutional Pluralism", 2 *European Journal of Legal Studies* 137, 137 (2007).

47　相关清单，可参见尼尔·沃克（Neil Walker），"重访宪法多元主义"（Constitutional Pluralism Revisited），载于《欧洲法学期刊》第 22 期（2006 年），第 333、340 页。

48　有关这个案例的描述，可参见凯特琳娜·皮斯托（Katharina Pistor），"德国宪法法院变得随心所欲"（Germany's Constitutional Court Goes Rogue），载于"企业联合计划"（Project Syndicate）网站，2020 年 5 月 8 日。

49　参见胡里奥·巴克罗·克鲁兹（Julio Baquero Cruz），"马斯特里赫特案判决的遗产和多元主义运动"（Legacy of the Maastricht-Urteil and the Pluralist Movement），载于《欧洲法学期刊》第 14 期（2008 年），第 789、391—394 页。

本，后来匈牙利和捷克的司法判决支持这一立场，拒绝遵从欧盟法律的特定条款，其理由是它们因超越权限而无效。[50] 欧盟法学家批评后两者的判决是恶意挑战行为，偏离了在欧盟法与各国宪法没有明显冲突时各国法院遵从欧盟法的更为典型的努力。[51]

　　欧盟内法律多元主义的另一个层面源自欧洲人权法院（ECtHR）所实施的《欧洲人权公约》（ECHR），其中前者是欧洲理事会的一个机构，独立于欧盟。个人可以在该法院起诉自己国家违背公约的行为。在它运作的半个世纪中，欧洲人权法院作出的判决达 22,500 个以上，其中有 84% 判定国家违背了公约；近年来，每年有超过 40,000 件个人登记的新申请。[52] 签订该公约的 44 个欧洲国家赋予其诸多重要性：从位于国内法之上，到具有独特地位，到至关重要但在面对各国宪法考量时是可废止的。各国法院对待欧洲人权法院判例法的态度构成了一个连续统：从认为它具有约束力，到认为它虽然是没有约束力的对话却要加以尊重性考量。[53] 使得这种多元

143

50　参见胡里奥·巴克罗·克鲁兹（Julio Baquero Cruz），"观察欧盟宪法多元主义的另一种视野"（Another Look at Constitutional Pluralism in the European Union），载于《欧洲法学期刊》第 22 期（2016 年），第 256 页及 266 页脚注 16。

51　参见莱昂纳多·皮耶尔多米尼奇（Leonardo Pierdominici），"欧盟宪法多元主义理论：危机中的危机？"（The Theory of EU Constitutional Pluralism: A Crisis in a Crisis?），载于《联邦主义的多重审思》（*Perspectives on Federalism*）第 2 期（2017 年），第 119 页。

52　参见欧洲理事会的欧洲人权法院的《〈欧洲人权公约〉综述：1959—2019》（ECHR Overview: 1959–2019）；欧洲人权法院《2019 年数据分析》（Analysis of Statistics 2019）（2020 年 1 月）。

53　这是英国最高法院一位大法官表述的立场。参见布伦达·哈勒（Brenda Hale），"阿根图拉屯这个地方：斯特拉斯堡还是最高法院具有至上性？"（Argentoratum Locutum: Is Strasbourg or the Supreme Court Supreme?），载于《人权杂志》（*Human Rights Journal*）第 12 期（2009 年），第 1 页。对比各国处理欧盟法和《欧洲人权公

主义程度更深的是，欧盟法院（在卢森堡）和欧洲人权法院（在斯特拉斯堡）都实现权利但却彼此有别，它们都不承认对方具有更高权威。[54] 结果就是欧洲的人权不仅包含法律学说与权利宣言的多元主义（诸多国内法与欧洲法、条约以及章程），也包含法院的多元主义（国内法院、欧盟法院以及欧洲人权法院）。[55]

斯通·斯威特如此总结这一多元主义现状：

> 在所有彼此冲突的宪法之下的法律规范（包括制定法在内）之外，我们在今天可以发现有许多可由司法实施的权利渊源：有许多高等法院实施这些权利；并且通常在解决规范与权威矛盾的冲突规则或程序方面没有一致意见。在大部分国家的法

144

约》方式的一项信息丰富的研究，参见朱塞佩·马丁尼科（Giuseppe Martinico），"欧洲公约会具有'至上性'吗？——有关各国法院对待《欧洲人权公约》和欧盟法的比较宪法概览"（Is the European Convention Going to be 'Supreme'? A Comparative-Constitutional Overview of ECHR and EU Law Before National Courts），载于《欧洲国际法杂志》（*European Journal of International Law*）第 23 期（2012 年），第 401 页。

54　参见托拜厄斯·洛克（Tobias Lock），"欧盟法院和欧洲人权法院：两个欧洲法院的未来关系"（The CJEU and ECtHR: The Future Relationship between the Two European Courts），载于《国际法院和法庭的法律与实践》（*The Law and Practice of International Courts and Tribunals*）第 8 期（2009 年），第 375 页。有关这两个法院的极妙分析，参见哈克尼克·塞西尔·卡特里恩·森登（Hanneke Ceciel Katrijn Senden），"多层次体系中根本权利的解释"（Interpretation of Fundamental Rights in a Multilevel System），载于《人权学院研究丛书》（*School of Human Rights Research Series*）2011 年。

55　参见萨曼莎·贝森（Samantha Besson），"欧洲人权多元主义：概念与证成"（European Human Rights Pluralism: Notion and Justification），载于米格尔·马杜罗、卡洛·图奥里和苏维·桑卡里（Miguel Maduro, Kaarlo Tuori, and Suvi Sankari）主编，《跨国法：欧洲法的再审视与法律思维》（*Transnational Law: Rethinking European Law and Legal Thinking*），剑桥：剑桥大学出版社 2014 年版（Cambridge: Cambridge University Press 2014），第 7 章。

律制度中，下述三种权利渊源——国家宪法、欧盟条约和《欧洲人权公约》——是彼此重合的。个人可以选择诉诸哪种渊源，法官可以选择实现何种权利。[56]

这不仅是个人诉诸欧盟法或《欧洲人权公约》来迫使国内法发生改变，抑或各国法院与欧盟法院合作或避开欧盟法院侵蚀的问题，它还涉及国内法院在国家内部竞争中对此互动的利用。

普通的法官可能试图限制欧盟法院判决（jurisprudence）的影响；[*]但他们也有可能倾向于适用该判决而非国内宪法判例，旨在增强自身权威并推翻宪法法院的判决。比如，德国劳工法院与欧盟法院联手提出雇佣法领域权利保护的德国标准，重新获得了曾经输给德国联邦宪法法院（GFCC）的权威，后者就不断地受到边缘化。实际上，德国劳动法院在欧盟权利发展方面用力颇深，这是其诱使德国联邦宪法法院改变其（不那么进步主义的）立场的一种手段。[57]

彼此共存的国内法院之间的冲突，在可能时会援引欧盟法为自己背书，这一直以来都是欧盟与各国宪法法院之间多元主义互动的一个

---

56 Alec Stone Sweet, "The Structure of Constitutional Pluralism: Review of Nico Krisch: The Pluralist Structure of Post-National Law", 11 I-Con 491, 495 (2013).

* "jurisprudence"由于语境不同，可以泛指法学、法理学（法哲学）、判例以及判决背后的理据。——译者

57 同前注56。

根源。

　　在过去的二十年间，欧盟学者一直从"宪法多元主义"角度出发，讨论欧盟与其成员国之间的关系。[58] 成员国的高等法院和欧盟法院提出了截然相反的初始假设：各国法院坚持认为在法律上具有首要地位的依旧是各个主权成员国，欧盟是派生的秩序；欧盟法院的立场为欧盟是新兴的自主法律秩序，就其联盟的目的而言，在法律上具有首要地位。前一种学说为各国法院的如下主张提供了基础，即它们有权决定欧盟法是否超越了各国授予它的权限，并且必须保护各国权利和宪法规定免受其侵害；后一种理论是如下主张的基础，即欧盟法院在解释欧盟法中具有首要性，欧盟法具有超越各国法的至上性。两种学说都有充分的理由。

　　法学家尼尔·麦考密克（Neil MacCormick）在20世纪90年代的两篇文章中指出，上述两种法律在各自领域中都具有优先性。"对于每种制度而言，这也意味着不同体系中最高决策权威的解释性权力必须是最终的。"[59] 十余年后，尼尔·沃克拓展了麦考密克的分析，他认为这些都是彼此冲突的根本性立场，欧盟的宪法秩序和其成员国的宪法秩序就共存其间，没有既定的法律层级次序来调解

145

　　58　有关宪法多元主义的主要支持者与批评者的文集，参见马泰·阿弗贝尔和简·科马雷克（Matej Avbelj and Jan Komarek），《欧盟和其他地区的宪法多元主义》（*Constitutional Pluralism in the European Union and Beyond*），牛津：哈特出版公司2012年版（Oxford: Hart Publishing 2012）。

　　59　尼尔·麦考密克，"马斯特里赫特判决：现在的主权"（The Maastricht-Urteil: Sovereignty Now），载于《欧洲法学期刊》（*European Law Journal*）第1期（1995年），第259、264页。第一篇文章是尼尔·麦考密克，"超越主权国家"（Beyond the Sovereign State），载于《现代法律评论》（*Modern Law Review*）第56期（1993年），第1页。

彼此冲突的法律至上性主张或哪个法院具有最终决定权。[60] 沃克解释说,宪法多元主义承认欧盟法律秩序最初建立在"超越国家法之内的传统制约且现在提出自己独立于宪法主张的条约之上,这些主张与各国并未终止的宪法主张彼此共存。这意味着这些秩序之间的关系现在是水平的而非垂直的——是异质分层而非等级分层的"。[61] 宪法多元主义理论家提出描述性和规范性兼备的主张:宪法多元主义精确地描述了现状,并且就其鼓励各方审慎且灵活地行动而言,从这一角度出发看待问题是有益的,它是一种有助于制度安排发挥作用的法院之间涉及交换意见和作出调整的彼此对话。

　　针对上述宪法多元主义的描述性与规范性主张,批评者提出诸多挑战:欧盟就其本身来说并非自主的宪法秩序(而是一个以条约为基础的国际组织,具备基于功能的有限权力);宪法多元主义是自相矛盾的,因为宪法主义意味着统一的根本性权威;宪法多元主义概念暗含的欧盟与成员国之间的对称关系在描述意义上是错误的,因为欧盟成员国无疑处于主导地位;各国高等法院和欧盟法院都没有将自己身处的制度明确描述为宪法多元主义;相当比例的人口没有认为自己属于欧盟,而是认为自己是各成员国的公民[缺乏公众支持使得提议的《欧盟宪法条约》(*Treaty Establishing a*

146

60　参见尼尔·沃克(Neil Walker),"宪法多元主义的理念"(The Idea of Constitutional Pluralism),载于《现代法律评论》(*Modern Law Review*)第 65 期(2002 年),第 317 页;尼尔·麦考密克《探究主权:欧洲共和国中的法律、国家与民族》(*Questioning Sovereignty: Law, State, and Nation in the European Commonwealth*),牛津:牛津大学出版社1999 年版(Oxford: Oxford University Press 1999)。

61　沃克(Walker),"宪法多元主义的理念"(The Idea of Constitutional Pluralism),同前注 60,第 337 页。

Constitution for Europe）遭到否定］；现有的多元主义在规范意义
上是不可欲的，因为它给个人、企业、法院与官员带来不确定性，
并产生削弱欧盟的缝隙。[62]

　　一个日益紧迫的关切是，在匈牙利和波兰国内宪法与高等法
院由于威权主义领袖而在政治上被迫妥协后，理论家认为宪法多
元主义具有的积极意义（对话、弹性、彼此调适）出现了不好的转
变。欧洲理事会的威尼斯委员会采取非比寻常的行动，在 2020 年
1 月发表了一项意见，指出波兰近来的司法改革破坏了法院的独立
性。[63]此后欧盟法院很快裁定波兰最高法院的纪律分庭（disciplinary
chamber）是对法官的威胁，必须加以暂缓——作为回应，一位波兰
大法官指出，"欧盟法院'没有任何权力评价或暂缓任何成员国的
宪法机构'"。[64]各国拒绝遵循欧盟法的可能性，就不再是一种功能
上的便利抑或如最初那般（基于一种合作精神的）温和。

62　参见马丁·洛克林（Martin Loughlin），"宪法多元主义：一种矛盾?"
（Constitutional Pluralism: An Oxymoron?），载于《环球宪制》（*Global Constitutionalism*）
第 3 期（2014 年），第 9 页；胡里奥·巴克罗·克鲁兹（Julio Baquero Cruz），"观察
欧盟宪法多元主义的另一种视野"（Another Look at Constitutional Pluralism in the
European Union），载于《欧洲法学期刊》第 22 期（2016 年），第 356 页；R. 丹尼尔·凯
莱曼（R. Daniel Keleman），"论宪法多元主义的不可持续性"（On the Unsustainability
of Constitutional Pluralism），载于《马斯特里赫特欧洲法与比较法杂志》（*Maastricht
Journal of European and Comparative Law*）第 23 期（2016 年），第 136 页。

63　"波兰——对组织和普通法院法、最高法院法以及其他法律的修正的紧急联合
意见"（Poland—Urgent Joint Opinion of the Amendments to the Law on Organization
on the Common Courts, the Law on the Supreme Court, and Other Laws），欧洲理事会
威尼斯委员会 2019 年第 977 号意见，2020 年 1 月 16 日。

64　乔安娜·贝伦特（Joanna Berendt），"欧盟法院裁定波兰必须搁置针对法官的
纪律委员会"（E.U. Court Rules Poland Must Suspend Disciplinary Panel for Judges），
《纽约时报》2020 年 4 月 8 日。

宪法多元主义这个概念诞生于欧盟似乎向更高程度团结演进的时代。遭遇公众反对后,这一进程放缓,并由于英国脱欧而形势急转直下(尽管英国一直都保持着一种更为疏离的立场)。2008 年大衰退带来的经济苦果、低薪水工人的内部移民以及叙利亚难民涌入带来的地缘政治压力,还有新冠疫情,都再次强化了体现在民粹主义兴起之中的各国利益优先立场,[65] 但也凸显了彼此协作的好处。 147

美国和欧盟法中法律多元主义的连续性

与欧洲极具异质性的文化、语言、宗教、经济、饮食、环境、法律以及政治因素相应,欧盟与其成员国的关系在多重意义上是多元主义的。在这种异质性条件下期待一种统一的法律制度安排,无疑是一种不切实际的理想。与欧洲诸多国家间的差异性相比,美国的异质性没有那么强,但先前讨论表明,美国各州与联邦政府之间的相对权力存在巨大不确定性且有待解决,此外还有美洲原住民部落。再次重申,法律制度并没有被构建为组织严密的整体架构,而是在与文化、经济、政治和权力动态关系的关联中历史性地演进。

相较于美国法学家,欧洲法学家似乎对尚未解决的重大议题表现出更高程度的关切。或许在接受某种程度的不确定性以及尚未得到充分阐述的相互关系方面,美国法学家比欧洲法学家更具实用

65　参见弗朗西斯卡·比尼亚米(Francesca Bignami),"导论:欧盟法、主权和民粹主义"(Introduction: EU Law, Sovereignty, and Populism),载于弗朗西斯卡·比尼亚米主编,《民粹主义时代的欧盟法:危机与前景》(*EU Law in Populist Times: Crises and Prospects*),剑桥:剑桥大学出版社 2020 年版(Cambridge: Cambridge University Press 2020)。

主义气质，也有可能是美国法学家仍然幸福地没有体会到这些问题，受到法律是密不可分的整体这种一元论学说的蒙蔽。还可能是各成员国居于主导地位的欧盟是一个年轻且更脆弱的联盟，因此有关至上性的潜在冲突就深具政治意味，且被视为对欧盟存续的威胁。无论他们这么高程度关切的理由是什么，欧盟制度在整体上是相当成功的。鉴于更高程度的异质性以及各国之间针对税收、雇佣和贸易展开的竞争，即便至上性问题在欧盟及其成员国间得到明确解决，冲突、矛盾、不确定性以及有待确定的问题仍旧不可避免会存在。

　　干扰法学家分析的一个因素，就是欧盟模糊不清的地位。回想国家法一元论学说，它建立在一套结合国家、主权以及法律要素的相互强化的东西之上。《蒙特维多公约》（1933）将国家界定为拥有常住人口、一定领土范围、政府以及和其他国家建立关系的能力的事物。基于这些标准，欧盟显然具备成为国家的资格（小且弱的梵蒂冈城、摩纳哥以及瑙鲁都是国家）。尽管欧洲刑警组织会在联合执法行动中与各国警察协作，但可能欧盟缺乏的唯一要素就是强制性警察机关。

　　欧盟具有如下特殊地位，即它的外表和行动都类似于由法律构成的国家，拥有国家政治、经济、社会以及法律制度，并开展全方位的国家行动——但人们始终坚持认为它不是国家，而是国际组织或其他某种事物（那会是什么呢？）。它就像一只鸭子，一边摇摇摆摆地走着，一边向它可能的听众嘎嘎说着自己不是鸭子。这是一种基于政治考量的自我否认，是一种有意为之的谦逊立场，它给欧盟披上不那么具有威胁性的外衣以便缓和欧盟成员国中源自民族主义因素的抵抗。但有关欧盟的法学讨论会使用像"宪法多元主义""共有主权"等这类基于国家的概念。

以上这些论述并非坚持欧盟是一个国家的立场，这不是我所关心的。更准确说，是从中提取出贯穿本书的如下线索：我的观点是"国家"是一种抽象（概念），"主权"也不具备固有内容或要求，只是（如博丹与霍布斯创造它时那样）在给定时间与空间内基于眼前的政治与权力考量而得到充实，并且法律与国家或主权也不存在必然联系或关系。当英国东印度公司征收赋税、创设法院并且在印度全境以及其他各地实施法律时，它算是主权法律国家吗？当列强在中国领土内强行设立拥有治外法权的法院，中国还是主权法律国家吗？任何提出"国家主权要求……"主张的理论家都是在沙滩上写作，后者会随着地缘政治浪潮以及流变不居的制度而瞬息万变。

我们有关法律制度的看法受到国家与主权概念的扭曲，没有它们，我们对法律制度的描述会更加准确。标准的法律与政治理论会把美国与欧盟分为不同类别：前者是联邦制国家或邦联，后者是非国家的国际组织。不过从由下到上的视角出发，两者的法律制度很类似，都处于同一个法律关联性连续统中，而非范畴上的差异。美国和欧盟都有大量不同层面的（地方、市镇、区域、州、国家、跨国等）分散性立法、行政与司法制度，其中有许多根据诉讼标的而彼此分化（民事法、刑事法、家事法、青少年司法、社会福利法、破产法、税法、移民法、劳动法、宪法等），在各自水平关系与垂直层级结构中运作，并与自身具有垂直关系和水平层级结构的其他政治与法律 149
制度达成多重连接，通过不同的制度网络彼此相关，相互协作且彼此竞争资源、权力和用户。

此外，从历时性历史视角出发，这与在国家体制之前的中世纪欧洲的去中心化与彼此重叠的法律制度之间具有明显连续性,从它出发,当下的制度安排通过一点一滴逐渐复杂的制度发展得以形成(同时由于破坏性战争以及国家内部或之间的重组而时有倒退)。当然,今天无疑具有更加数不胜数的法律制度和组织(以及社会中大量的其他制度类型),它们之间的关联也更加紧密、更为多样且更加明确,但同样这只是程度上的差异而非类型上的不同。今天面对民族国家的欧盟法院和欧洲人权法院,很像贯穿整个 19 世纪的帝国法院,后者审理针对王公贵族和其他人士的案件。

美国法律由如下要素组成:在共同英美法系背景下运作的彼此独立的市镇与州法律和法院、联邦法律及法院、专门化的行政法律与法院,以及路易斯安那州的大陆法以及美洲原住民部落。欧盟法律由如下要素组成:在共同大陆法系传统背景下运作的彼此独立的市镇、区域、国别法以及法院,专门化的行政法律与法院,欧盟法律和法院以及《欧洲人权公约》和欧洲人权法院。美国和欧洲各国以及欧盟都不是一元论学说中完全层级化组织的、内在一致且统一的法律体系。相反,它们是交叉整合、相互重叠、彼此独立又相互关联的法律制度所拼凑而成的随历史演化且分散而又多层次的事物,通常作为整体发挥作用。尼尔·沃克认为欧盟的宪法多元主义是"异质分层而非等级分层"时,表达的就是这一看法,不过我会补充说它既是异质分层的也是等级分层的——这一描述同样适用于美国的法律(异质分层包含着这样一种制度网络,它在诸多方面能够行使不受其他关联制度影响的自主权,抑或在位阶上高于其他关联制度)。

现在终于可以简练地表述替代国家法一元论学说的观点了。

现代正式法律制度安排包含数不胜数的彼此分散的法律制度,它们每一个都具有自己的权威、权力、目的和资源,运作于即刻所处的层级秩序中,同时以不同方式、不同程度与其他彼此交织的政治与法律制度产生制度性关联,拥有多种多样的手段来解决(或抑制、避免)不同制度之间不时出现的冲突。它们尽管并非一元论所说的那种整齐划一的层级秩序,却以功能上有效且充满凝聚力的方式合为一体,旨在治理法律在其中发挥作用的社会里的社会的、经济的、政治的以及其他的活动。

150

麦考密克的抽象法律多元主义

在讨论全球法律多元主义之前,我们必须简短回顾麦考密克的立场,以便针对后续几节和下一章继续讨论的抽象法律多元主义,提出至关重要的主张。麦考密克在"超越主权国家"(Beyond the Sovereign State, 1993)一文中指出,他的观点是国家无法垄断法律(并没有提及宪法多元主义)。起初,他支持法理学家罗杰·科特瑞尔的如下批评:"主流法理学不加反思地认为国家法具有优先于其他法律形态的地位,好像它真的是(假定是拥有主权且独立的)国家中唯一的法律形态一样。"[66] 为了使法律与国家法分离,麦考密克将法律界定为制度化的规范秩序:"只要有法律的地方,就有规范秩序;只要规范秩序得到制度化,就会存在法律。"[67] 根据他的分析,由

66　Neil MacCormick, "Beyond the Sovereign State", 56 *Modern Law Review* 2 (1993).
67　同上注,第 11 页。

于每种制度化规范秩序都是法律，社会就充满了各种法律秩序。针对法学家和理论家不假思索地假定法律只是国家的产物，他写道：

> 你会有边缘化国际法的倾向。你会有边缘化原始法律的倾向，你会有边缘化教会法和教派法的倾向。你会边缘化有时被称为大学、公司或家庭这类社会制度的"活法"（在我看来，从制度化规范秩序的角度出发，如果它们确实至少部分上如此，它们就是生效的法律）。[68]

151　　他提到的社会制度的"活法"，涉及法律社会学家欧根·埃利希的著作，[69]下一章会更详细地谈到他。两年后在接下来的一篇文章中，麦考密克运用同样的法律理论提出自己有关欧盟及其成员国之间关系的分析："但是国家法并不是唯一存在的法律类型。也有国家之间的法律、国际法以及像欧共体/欧盟这样国家间组织化联合体的法律，还有教会和其他宗教联盟或共同体的法律、比赛的法律和国内以及国际体育协会的法律。非国家法也具备制度化规范秩序的特征，但并不具有物理强制性。"[70]他指出，法律制度在以自己方式存在且与其他制度互动的意义上，是自我指涉和自我创生

68　Neil MacCormick, "Beyond the Sovereign State", 56 *Modern Law Review* 14 (1993)（强调符号为本书作者所加）。

69　尽管麦考密克（MacCormick）没有明确提及埃利希（Ehrlich），但这一表述明显与埃利希相关，并且他参考了科特瑞尔（Cotterell）的《法律社会学》（*The Sociology of Law*）这本书中讨论埃利希的部分。

70　麦考密克（MacCormick），"马斯特里赫特案判决"（Maastricht-Urteil），同前注59，第261页（强调为本书作者所加）。

的。[71] 承认"多元主义法律制度观念，意味着承认不是所有法律问题都能以法律方式得到解决"。[72] 在多重法律制度互动空间中的冲突，最好通过沟通加以解决。

在上述两篇基于法律理论和社会学理论的文章中，麦考密克所描绘的并非宪法秩序的彼此共存，[73] 而是彼此共存的法律秩序俯拾皆是的社会。

> 我们能够想象如下世界吗：在其中，我们的规范性存在与实践生活植根于且有关于一系列各种各样的制度性体系，它们每一个都有某种效力或因一定目的而运作，没有一个拥有超出其他所有秩序的绝对权力，并且在绝大多数场合，它们都能够彼此协作，不会在重合领域产生严重冲突？如果它在实践中的可能性如它在概念上这般明显，这就意味着政治权力中心以及法律权威的分散。[74]

我稍后会解释，这就是抽象法律多元主义，一种法理论家和社会学

71　尼尔·麦考密克（Neil MacCormick），"马斯特里赫特案判决：现在的主权"（The Maastricht-Urteil: Sovereignty Now），《欧洲法学期刊》（*European Law Journal*）第 1 期（1995 年），第 272 页。他提到了卢曼和托伊布纳的自我创生理论。

72　同上注，第 265 页。

73　在尼尔·麦考密克（Neil MacCormick），《探究主权：欧洲共和国中的法律、国家与民族》（*Questioning Sovereignty: Law, State, and Nation in the European Commonwealth*），牛津：牛津大学出版社 1999 年版（Oxford: Oxford University Press 1999）一书中，他转向了宪法多元主义。由于他所运用的分析与先前著作一致，这一转型隐含着如下可疑的主张：一切制度化规范秩序都是宪法性的。参见洛克林（Loughlin），同前注 62，第 14—19 页。

74　麦考密克（MacCormick），"超越主权国家"（Beyond the Sovereign State），同前注 59，第 17 页。

家的产物。

　　麦考密克的立场后来从每个社会内法律秩序的多元主义转型
为"宪法多元主义"，并且他收回早先激进的多元主义提议，主张
欧盟与其成员国之间的关系受到国家法的协调。[75] 与此相关的一点
是，麦考密克没必要介入将非国家法律秩序界定为制度化规范秩序
这一抽象论断。这种抽象将他引向了囊括家庭、大学、公司、比赛、
体育协会（上文中的强调内容）这一无关的方向，它们都与麦考密
克对欧盟法的分析无关。他想讨论的欧盟法、国际法和宗教法都是
得到传统和正式承认的法律秩序（民间法），无需抽象的法律概念就
可以被识别出来。如我们下文所见，就法学家的现实关切而言，抽
象法律多元主义往往是不必要的。

152

全球／跨国法律多元主义

　　在过去二十年里，出现了海量有关"全球"或"跨国"法律多元
主义的学术著述。一位杰出的倡导者保罗·伯曼（Paul Berman）指
出，"全球法律多元主义现在被视为国际和跨国法律秩序中根深蒂
固的一个现实"。"实际上，无论我们将目光投向何方，总会看到多
重法律制度之间的冲突碰撞。"[76] 如本章开头所说，全球法律多元主

75　参见尼科·克里施（Nico Krisch），"谁惧怕激进多元主义？——后殖民空间
中的法律秩序和政治稳定性"（Who Is Afraid of Radical Pluralism? Legal Order and
Political Stability in Postnational Space），载于《法律推理》（*Ratio Juris*）第 24 期（2011
年），第 386 页。

76　Paul Schiff Berman, "The Evolution of Global Legal Pluralism", in Roger
Cotterrell and Maksymilian Del Mar, eds., *Authority in Transnational Legal Theory:
Theorizing Across Disciplines* (Cheltenham: Edward Elgar 2016) 151.

义强调当下国际与跨国法律及规制制度的迅猛增长，这些（公共、私人以及混合）制度在国家之间扩展，处理诸如产品与服务贸易、污染治理与环境保护、消费者保护、劳工与雇佣规则、恐怖主义、非法移民、非法毒品贸易、知识产权、货币流动与金融稳定性、证券监管以及其他事务。本书会交替使用全球和跨国法律多元主义这两个术语，以指称处理政治体之间事务的法律与规制形态。这就是政权间法。

政治科学家与法学家一直在许多标签下讨论这些现象，其中特别包括跨国法律与规制、全球规制、全球治理、跨政府网络、全球行政法、国际经济法以及跨国商业法。[77] 跟随贡塔·托伊布纳和博温托·迪·苏萨·桑托斯（Boaventura de Sousa Santos）在 20 世纪 80 年代和 90 年代的指引，[78] 越来越多具有理论取向的法学家以法律多元主义概念组织这些议题，将之同人类学与社会学中法律多元主义文献加以关联，其中最富成果的就是保罗·伯曼、拉尔夫·迈克尔斯以及皮尔·尊巴森（Peer Zumbansen）。[79] 支持者将之视为法律

153

77　参见布莱恩·Z. 塔玛纳哈（Brian Z. Tamanaha），《法律的概念：一种现实主义视角》（*A Realistic Theory of Law*），剑桥：剑桥大学出版社 2017 年版（Cambridge: Cambridge University Press 2017），第 174—178 页。

78　参见贡塔·托伊布纳（Gunther Teubner），"全球的布科维纳：世界社会中的法律多元主义"（Global Bukowina: Legal Pluralism in the World Society），载于贡塔·托伊布纳主编，《没有国家的全球法》（*Global Law Without a State*），奥德尔肖特：阿什盖特 1996 年版（Aldershot: Ashgate 1996），第 3—17 页；博温托·迪·苏萨·桑托斯（Boaventura de Sousa Santos），《迈向新共识：法律、全球化和解放》（*Toward a New Legal Common Sense: Law, Globalization, and Emancipation*），伦敦：巴特沃斯 2002 年版（London: Butterworths 2002）。

79　信息丰富的研究，参见保罗·希夫·伯曼（Paul Schiff Berman），"新法律多元主义"（The New Legal Pluralism），载于《法律与社会科学年鉴》（*Annual Review*

多元主义研究的第三阶段：第一阶段是对后殖民社会中多元主义法律的人类学研究；之后是对西方社会中法律多样性的社会学分析；现在则来到全球或跨国层面的法律多元主义。[80]

跨国法律多元主义著作典型的讨论标准法律素材，包括法庭判决、立法与宪法规定、国际法及法院、合同与法典、规制制度、规制的私人资源，以及诸如人权、劳工权利这样的法律权利，等等。文献中的共同主题包括如何治理彼此竞争的司法管辖权、法律的选取以及法律议题的冲突，还有非国家法律或规制秩序如何发挥法律渊源的作用抑或提供了补充或替代正式法律的有效规制。文献中满是有关多种国际法律组织、法律内容以及法院（联合国、世界贸易组织、世界卫生组织、国际法庭等）的讨论；有关跨国经济组织与法律（国际货币基金组织、世界银行、商事法［*lex mercatoria*］等）的讨论；有关跨国政府规制网络（巴塞尔银行监管委员会等）的讨论；有关非国家规制标准设定机构（国际食品法典委员会、互联网名称与数字地址分配机构等）的讨论；[81]像公司行为准则以及国际统一私法协会的国际商事合同通则这类自愿的"软法"规定。这类著作中有相当比例都在讨论欧盟作为联结多个成员国法律制度的跨国实

154

---

of Law and Social Sciences）第 5 期（2009 年），第 225 页；拉尔夫·迈克尔斯（Ralf Michaels），"全球法律多元主义"（Global Legal Pluralism），载于《法律与社会科学年鉴》（*Aunnual Review of Law and Social Sciences*）第 5 期（2009 年），第 243 页。

80　Ralf Michaels, "Global Legal Pluralism", 5 *Annual Review of Law and Social Sciences* 245 (2009).

81　杰出的概述，参见法布里奇奥·卡法吉（Fabrizio Cafaggi），"跨国私人规制——规制规制者"（Transnational Private Regulation. Regulating the Regulators），载于 S. 卡塞塞（S. Cassese）主编，《全球行政法研究手册》（*Research Handbook on Global Administrative Law*），切尔滕纳姆：爱德华·埃尔加 2016 年版（Cheltenham: Edward Elgar 2016）。

体所包含的彼此重叠的法律与规制内容。[82]

车载斗量的跨国法以及公共与私人规制制度都在跨国法律多元主义当中得到描述，其中有许多和全球资本主义兴起及其影响有关，也与使得国界线容易且经常被跨越的通信技术和交通的进步相关。国家无法独自管理所有这一切行动，国际法也难当此任，因此就出现大量源自其他公共与私人制度的规制性制度。国内与国际领域中私人规制活动——私人安保、私人仲裁、私人标准制定等——都在大量增长。

用几个简短的例子来阐明这里涉及的问题。联合国粮食与农业组织（现在有 188 个成员国 *）设立的食品法典委员会，以消费者健康为目的，制定基于科学的食品标准（像农药残留、污染物以及添加剂这类掺杂物的安全剂量、食品处理要求等）以及标签化标准；世界贸易组织和许多国家都已采纳其标准。[83] 巴塞尔银行监管委员会——并非国际组织，而是政府间群体——由美国、欧洲以及日本的央行总裁构成，他们一年集会四次以交换信息、制定政策与金融要求，协调国内和跨国银行的监督和规制；已经有超过 100 个

---

82 参见皮尔·尊巴森(Peer Zumbansen)，"不是'公共的'或'私人的'，也非'国家的'或'国际的'：法律多元主义视野下的跨国公司治理"（Neither 'Public' nor 'Private,' 'National' nor 'International:' Transnational Corporate Governance From a Legal Pluralist Perspective），载于《法律与社会评论》（*Law and Society Review*）第 38 期（2011 年），第 50 页。

* 根据联合国粮食与农业组织官网信息，截至 2022 年 3 月底，该组织已有 194 个成员国。——译者

83 参见食品法典委员会(Codex Alimentarius)："理解食品法典"（Understanding Codex），载于粮食和农业协会，2016 年；埃迪·坎布雷尔(Eddie Kimbrell)，"何为食品法典委员会"（What Is Codex Alimentarius），载于《农业生物论坛》（*AgBioForum*）第 3 期（2000 年），第 197 页。

国家采纳了他们制定的资本充足率要求。谷歌执行欧盟"被遗忘权法",目前已对超过845,000个请求作出判断,其中45%的链接被删除(体现法令范围的一点是,它并没有删除欧盟之外地区的同样链接)。[84] 以上都是跨国范围内的法律与规制制度;它们都不属于严格意义上的国际法或国内法,尽管它们与两者都有关;而且谷歌是执行欧盟法的一家私人企业。

155　　　文献中的一个子议题是"国际法律多元主义"[85]——也被称为国际法的碎片化。[86] 这类著述强调国际法庭和特定领域法律制度之间的潜在冲突:贸易(国际贸易组织)、健康(国际卫生组织)、犯罪(国际刑事法院)、人权(欧洲人权法院、美洲国家间人权法院)、知识产权(与贸易相关的知识产权协定)、海洋法(国际海洋法法庭)以及其他领域。比如,有关一个国家是否可以向其人民提供仿制药以治疗获得性免疫缺陷综合征(AIDS)的争议,就提出了同时属于国际贸易组织和国际卫生组织管辖范围内的问题,它们各自都有不同的规范与目的。[87] 由于各国法院对国际法的接纳程度不同、法律解释

84　参见列奥·可立昂(Leo Kelion),"谷歌赢得被遗忘权的里程碑式案件"(Google Wins Landmark Right to Be Forgotten Case),载于英国广播公司新闻(Technology, BBC News),2019年9月23日。

85　参见威廉·W. 伯克-怀特(William W. Burke-White),"国际法律多元主义"(International Legal Pluralism),载于《密歇根国际法杂志》(*Michigan Journal of International Law*)第25期(2004年),第963页。

86　Marti Koskenniemi and Paivi Leinop, "Fragmentation of International Law? Postmodern Anxieties", 15 *Leiden Journal of International Law* 553 (2002); Joost Pauwelyn, "Bridging Fragmentation and Unity: International Law as a Universe of Interconnected Islands", 25 *Michigan Journal of International Law* 903 (2004).

87　参见安德里亚斯·费舍尔-莱斯卡诺和贡塔·托伊布纳(Andreas Fischer-Lescano and Gunther Teubner),"制度冲突:全球法碎片化中寻求法律统一的无效努力"

不同，国际法内多元主义现状进一步加剧。并不存在统领一切的、层级性的国际法制度在国际法内创造统一性和一致性。

先前提到过，跨国法律多元主义的另一个子议题关注人权规范的启用，这通常得到有外部资助的非政府组织的支持（NGOS），人们以此挑战他们自己国家的法律或行为，抑或挑战习惯法、宗教法或国家承认的习惯性或宗教性实践。[88] 这既包括向人权法院提起的诉讼，也包括在国内法院提起的人权主张——人权、国家法以及可适用的习惯法和宗教法的共存，构成了法律多元主义。

跨国法律多元主义者经常举起新商事法的大旗，托伊布纳将之赞许为"无国家的全球法最成功的例证"。[89] 中世纪的商事法由商人任职解决争议的法庭构成，它们坐落于中世纪时整个欧洲的商人都会前来参加的、定期举行的集市中，运用普通程序并适用商业惯例和原则。法学家认为已经出现一种处理跨国商业行为的新型商事法：它是欧洲和英美法律人基于跨国商业行为，运用标准合同条款、商事习惯与惯例、企业行为准则的联合，并参照国际统一私法协会的国际商事合同通则和国内法，构建的一套私法制度。[90] 纠纷通过

156

（Regime Collisions: The Vain Search for Legal Unity in the Fragmentation of Global Law），载于《密歇根国际法杂志》（*Michigan Journal of International Law*）第 25 期（2004 年），第 999 页。

88　参见莎利·恩格尔·梅丽（Sally Engle Merry），"法律多元世界中全球人权和地方社会运动"（Global Human Rights and Local Social Movements in a Legally Plural World），载于《加拿大法律与社会杂志》（*Canadian Journal of Law and Society*）第 12 期（1997 年），第 247 页。

89　托伊布纳（Teubner），同前注 78，第 3 页。

90　参见拉尔夫·迈克尔斯（Ralf Michaels），"真正的商事法：超越国家的法律"（The True Lex Mercatoria: Law Beyond the State），载于《印第安纳全球法律研究杂志》（*Indiana Journal of Global Legal Studies*）第 14 期（2007 年），第 47 页。

私人仲裁加以解决。不过当事人可以选择将自己的纠纷诉诸国家法院，并且如果有一方没有自觉服从仲裁裁决的话，可以寻求国家法院加以执行。

跨国法律多元主义者提出了描述性、概念性以及规范性主张。他们针对如下描述性主张达成一致，即跨国层面有越来越多彼此共存的要求法学家关注的法律制度。他们对法律多元主义的两个概念性主张的看法大致相同，但对法律多元主义的规范性主张少有共识。

作为概念问题，首先，他们关注共存法律形态之间的互动与混合，去中心化国家法（但依旧承认其重要性），并避免有关统一性和层级性的一元论假设。第二个共同的概念主张是他们聚焦非国家法（约翰·格里菲斯、欧根·埃利希、莎利·福尔克·穆尔都会被提及）。他们运用宽泛的法律概念将下述事物容纳其中：商事法、制定标准的私人主体、习惯规则，以及像企业行为准则这样的"软法"规定，它们具备规制形态并在跨国领域的运作中影响广泛，却一般不被视作法律。[91] 比如，保罗·伯曼将法律同产生规范的社群联系起来："从宗教制度到工业标准制定主体，到得到认证的非营利性实体，到仲裁委员会，到大学教授职位委员会，到民族聚居区内颁布的法典，到半自治社群中的自我规制制度，非国家性法律制定场所真的是无处不在。"[92] 他还界定了家庭中的法律，[93] 以及"在诸如公众街道上与陌生人照面这样的日常人际交往中，排队时，还有和下

---

91   Paul Schiff Berman, "The New Legal Pluralism", 5 *Annual Review of Law and Social Sciences* 227–229, 232–233 (2009).

92   Paul Berman, *Global Legal Pluralism: A Jurisprudence of Law Beyond Borders* (New York: Cambridge University Press 2012) 41-42.

93   伯曼（Berman），同前注 79，第 236 页。

属或上级沟通时的法律"。[94] 我稍后会谈到,由于将各种各样的规 157
范性秩序收纳进来,像这样宽泛的法律观念毫不夸张地引发了法律
多元主义的遍地开花。

一些全球法律多元主义理论家也认为法律多元主义——这一理
论框架及其描绘的多元主义现状——从规范角度来说是有益的。伯
曼盛赞"增进多个区域、多种权威、多重政府层级以及非国家社群
之间的对话所带来的[接受法律多元主义必然性的]重要体系性收
益"。[95] 他支持"世界性多元主义",该立场承认每个人都关涉多种
社群,每个社群都会制定法律秩序,法官在作出裁判时应当考虑既
有纠纷中所隐含的所有(基于社群的、国内的、跨国的以及国际的)
规范性秩序;[96] 他指出,对法律多元主义情形的研究,应当着眼于"努
力推进未能完全满足任何人但却至少可以带来勉强默许的权宜性
妥协"。[97] 伯曼在承认个人以及社群价值的自由主义框架中详细阐
发了多元主义。皮尔·尊巴森欣赏法律多元主义具有动摇国家法
排他性、统一性和至上性这一乏味、自夸幻觉的批判性潜质。[98] 他
写道,"在未来的时间里,我们要基于下述背景批判性介入私人规
制性权力现象——这个背景就是针对如下事物展开的广泛且具后殖
民意味的批判:有关威斯特伐利亚国际秩序兴起的普遍主义论述,

---

94 Paul Schiff Berman, "The Globalization of Jurisdiction", 151 *University of Pennsylvania Law Review* 311, 505 (2002).

95 伯曼(Berman),同前注 79,第 238 页。

96 参见伯曼(Berman),同前注 92,第 1—15、262—263 页。

97 同上注,第 14 页。

98 参见皮尔·尊巴森(Peer Zumbansen),"跨国法律多元主义"(Transnational Legal Pluralism),载于《跨国法律理论》(*Transnational Legal Theory*)第 1 期(2010 年),第 141 页。

以及它们随后通过'私有化(欧洲化)和全球化'的消失"。[99]尽管出于非常不同的理由,伯曼和尊巴森都认为跨国法律多元主义是件好事,应当得到承认和鼓励。

质疑"全球法律多元主义"

跨国法律多元主义学者发表了许多提出自己立场的纲领性文章。[100]被广泛采用的全球规制或跨国法以及国际法的碎片化等标签,处理的问题大部分与之相仿。所以从"法律多元主义"来看待这些问题有什么收获吗?在此话题上著述颇丰的拉尔夫·迈克尔斯指出:

> 法律多元主义很久以来都是法律人类学这个专业学科的一个重要兴趣点,近来已经走入法学话语的主流。背后最有可能的原因就是全球化。全球化向传统法学思想提出的诸多挑战,非常类似于法律多元主义者早先提出的观点。法律秩序在世界中不可化约的多元性、国内法和其他法律秩序的共存、凌驾诸多差异的层级性优先地位的缺失——所有这些法律多元主

99　Peer Zumbansen, "The Constitutional Itch: Transnational Private Regulatory Governance and the Woes of Legitimacy", in Michael Helfand, ed., *Negotiating State and Non-State Law: The Challenge of Global and Local Legal Pluralism* (New York: Cambridge University Press 2015) 90–91.

100　伯曼(Berman),同前注79;迈克尔斯(Michaels),同前注79;尊巴森(Zumbansen),同前注98。

158

义话题都在全球领域中——重现。[101]

这一段落激起诸多回应和思考。

人类学关注法律多元主义是因为，移植过来与习惯法和宗教法共存的殖民国家法和具有彼此矛盾的规范与裁判模式的制度之间，存在巨大差异。迈克尔斯的文章横跨两种不同的多元主义意涵：后殖民社会中的法律多元主义指的是多种共存法律形态之间强烈的多样性(*diversity*)，以及这些差异所带来的多重影响；跨国法律多元主义指的是法律制度的多重性(*multiplicity*)，这些制度在有些方面会彼此碰撞但通常没有太多不同。在这类著作中提及的规范和规制通常产生自涉及标准律师业务(撰写标准守则、起草合同、诉诸仲裁)的法律与规制性组织，也得到它们的运用。欧盟法律多元主义事关多重法律秩序，它们偶尔会产生冲突，但不是截然不同的法律秩序(它们共享着悠久的历史和大陆法系背景)；国际法碎片化事关偶有冲突的功能上彼此分化的主体，它们源自共同的国际法规则、学说、原则与实践。

迈克尔斯提到的"层级性优先地位的缺失"，虽然被用来表明一致性，但实际上指出了与法律多元主义人类学研究的另一个重大差异。人类学家通过质疑统一且垄断性的国家法体系这种一元论学说，揭示了国家法和习惯法与宗教法的共存。多元主义从与一元论的对比中获得推动力。但人们一般并不认为全球领域的法律是统一的，至少除了一小群认为国际法是一种全球宪法秩序的欧洲学

159

101　Ralf Michaels, "Global Legal Pluralism", 5 *Annual Review of Law and Social Sciences* 244 (2009).

者外，没有人这么认为。如迈克尔斯所说，"当不存在世界国家时，国际法并没有自动在位阶上高于国家法，国家相应地也不能主张相对于其他国家的固有优先性"。[102] 由此可见，并不存在一种跨国法律多元主义可与之对照的至上、统一且具有层级性的一元论法律制度。

迈克尔斯的"法律秩序在世界中不可化约的多元性"这一表述，进一步引发了如下关切，即跨国法律多元主义是一种不受约束的概念。该概念意味着全球或跨国法律多元主义将分析框架从国家转移到了全球层面，在其领域内的每个层面都影响着一切现有的法律制度。伯曼在如下冲突列表中肯定了全球法律多元主义非比寻常的范围：当多个民族国家针对同一个民事或刑事问题主张管辖权时；当民族国家和国际法院主张管辖权时；当联邦权威与次国家组织主张管辖权时；当国家和产生规范的非国家社群主张权威时。[103] 这里所涉及的确实都是世界中的各种法律秩序。如果将分析框架扩展到全球范围，意味着涵盖所有宽泛界定的法律秩序——无论是国际法、跨国法、国家法，还是各种形态的私人规制、习惯法、宗教法以及社会联系中的规范秩序——那么全球法律多元主义就是一个无所不包的大箩筐。这无异于主张世界中所有法律秩序共同构成了法律的多元性。这一表述没错，但没意义。

在全球化及法律多元主义领域著述颇丰的法理论家威廉·特维宁，[104] 针对全球法律多元主义流露出怀疑态度："作为一种概念，

---

102   Ralf Michaels, "Global Legal Pluralism", 5 *Annual Review of Law and Social Sciences* 253-254 (2009).

103   同上注，第27—44页。

104   参见威廉·特维宁（William Twining），《一般法理学：从全球视野理解法律》（*General Jurisprudence: Understanding Law from A Global Perspective*），剑桥：剑桥大学出版社 2009 年版（Cambridge: Cambridge University Press 2009）。

它不是非常有前景。"[105] 除了全球化漫无边际的概念以及过于宽泛的法概念会遭遇的困难外，他的想法是"法律多元主义理念的诸多外延以及在新现象和情境中的运用是如此众多和不同，以至于很难为如下问题提供一个融贯的解答：有关法律多元主义的古典研究与'全球法律多元主义'这一新兴领域之间有何关联？"[106] 他在这类著述中发现，"形形色色的解答［一直］都针对的是这个问题：何种事物的多元性？"[107]

另一角度的反对意见认为，正是这种提出囊括私人与混合形态规制的广义法律观念的努力，不仅没必要而且会引发无法解决的难题。我们可以运用更具一般性的跨国规制多元主义这个标签来讨论企业行为准则、私人规制主体等，讨论它们与不同类型正式法律的互动与混合，以及文献中剩下的所有议题，而不会有任何信息上的损失。有关规制和统治的研究，处理所有这些问题而没有陷入关于何者具有法律资格的争议，因为"规制多元主义"包括一切公共与私人规制形态。

这不仅是选择标签的问题。他们将一切公共与私人规制形态都视为法律的主张，使得跨国法律多元主义者为"什么是法律？"这个问题提供了解答。这引发了文献中彼此竞争的法律观念，导致诸多分歧与困惑。跨国法律多元主义的先驱，托伊布纳和桑托斯，各自都提出了一种法律观念（下一节讨论）。一本有关多元主义法学

160

105　William Twining, "Normative and Legal Pluralism: A Global Perspective", 20 *Duke Journal of Comparative and International Law* 743, 511 (2010).

106　同上注，第512—513页。

107　同上注，第513页。

的文集中包含三种由杰出跨国法律多元主义理论家提出的非常不同的法律观念：罗杰·特科瑞尔指出，法律是一种制度化教义；拉尔夫·迈克尔斯认为，一种关系性法概念要求得到其他法律秩序的承认才能具备法律资格；德特勒夫·冯·丹尼尔斯（Detlef von Daniels）提出由于经验的可变性，不存在单一的法概念，我们必须转而关注法律实践的不同语境。[108] 以上只是文献中尤为突出的五个例子，每一个都会带来不同版本的跨国法律多元主义。

除了多种法律概念引发的困惑，我们必须从每种理论自身出发，质疑它们的融贯性与价值。伯曼试图通过否定提出法律概念的必要性来规避这一问题。但是他实际上却预设了一个没有具体阐释的有关法律是什么的答案，将法律同家庭、社团以及一系列规范性秩序联系在一起。在承认全球法律多元主义并非真的具有全球性，也不是彻底的多元主义后（因为他不接受非自由主义的价值），伯曼写道："确实，考虑到法律多元主义者所支持的广义（且通常是未加界定的）法律概念，或许连考虑'法律'都是不合适的！"[109] 有关该主题的一位杰出理论家现在告诉我们它与法律完全无关。本书

---

108 参见罗杰·科特瑞尔（Roger Cotterrell），"律师需要法律的概念吗？"（Do Lawyers Need A Concept of Law?）；拉尔夫·迈克尔斯（Ralf Michaels），"法律和承认——迈向关系性法概念"（Law and Recognition—Towards a Relational Concept of Law），以及德特勒夫·冯·丹尼尔斯（Detlef von Daniels），"多元主义法学的谱系学审视"（A Genealogical Perspective on Pluralist Jurisprudence），载于尼科尔·拉凡和安德鲁·哈尔平（Nicole Roughan and Andrew Halpin）主编，《追寻多元主义法学》（In Pursuit of Pluralist Jurisprudence），剑桥：剑桥大学出版社 2017 年版（Cambridge: Cambridge University Press 2017）。

109 Paul Schiff Berman, "Understanding Global Legal Pluralism: From Local to Global, From Descriptive to Normative", in Paul Schiff Berman, ed., *The Oxford Handbook of Global Legal Pluralism* (Oxford: Oxford University Press 2020) 34.

第五章会解释抽象法律多元主义理论家为何会一再发现自己身处这一奇怪立场。

托伊布纳与桑托斯的全球法律多元主义

为了具体感受这里涉及的理论议题，我们来看一下全球法律多元主义早期发起者、法律社会学家贡塔·托伊布纳和博温托·迪·苏萨·桑托斯的学说。托伊布纳在"全球的布科维纳：世界社会中的法律多元主义"（"Global Bukowina: Legal Pluralism in the World Society"）一文中援引商事法、跨国公司内部规则、通过劳动协议而成为法律制定者的工会、技术标准化和行业自律以及体育联盟法则（*lex sportive internationalis*）等事例，强调私人行动者创制的跨国法出现显著增长。[110] 托伊布纳的著作将自创生理论（一种最初在与社会的关系中发展起来的社会学理论）拓展到跨国领域非国家法这一形态中。

概括来说，自创生是尼卡拉斯·卢曼（Niklas Luhmann）发展的一种功能主义学说（他借用了生物学有关细胞的论述），它认为社会由自我再生产的子系统构成（经济、政治、法律、科学、技术系统等），这些子系统是运作上封闭的沟通网络，但却对其他子系统的输入保持开放。每种功能性子系统都拥有自己的独特话语模式，同时也与其他子系统彼此耦合，各自都从自己角度出发吸收源自其他子系统

110　Gunther Teubner, "Global Bukowina: Legal Pluralism in the World Society", in Gunther Teubner, ed., *Global Law Without a State* (Aldershot: Ashgate 1996) 3–17.

的输入。根据这一观点，法律"是一种自我组织的过程，它自主地界定自己的边界"，[111] 并以合法／非法这种二值编码为特征。[112]

162　　托伊布纳认为欧根·埃利希的活法观念把握住了创造法律的方式，法律的创制以此就和"高度技术化、高度专门化且通常得到正式地组织和相当狭义地界定的具有经济、文化、学术或技术属性的全球网络联为一体"。[113] "于是法律多元主义就不再被界定为一系列彼此冲突的社会规范，而是在合法／非法二值编码下遵守社会行动的特定社会域中不同沟通过程的多重性。"[114] 托伊布纳认为，商事法具备法律资格，因为它是由涉及使用合法／非法话语的跨国商事律师所建构的自组织的自主过程。他主张"法律多元主义需要转移焦点，关注多重封闭话语中社会再生产的碎片化"。[115]

自创生学说尽管在社会学内没有得到广泛接受，却是一种拥有忠诚拥趸的高度抽象的功能主义社会学理论。法学家认为具有吸引力的是如下主张：源自社会中其他子系统的输入被法律从自身视角加以吸收。法学家熟知法律将社会输入的内容吸收或转译为法律术语和范畴的过程。举一个前一章中的例子，国家法律制度将犹太教法院依据犹太教法承认的离婚视为合同法中可执行的一种仲裁裁决加以执行。不过这一点可以不依赖自创生学说提出，无需诉

111　Gunther Teubner, "Global Bukowina: Legal Pluralism in the World Society", in Gunther Teubner, ed., *Global Law Without a State* (Aldershot: Ashgate 1996) 11.

112　参见托伊布纳（Teubner），同前注 78；贡塔·托伊布纳（Gunther Teubner），"雅努斯的两面：重思法律多元主义"（Two Faces of Janus: Rethinking Legal Pluralism），载于《卡多佐法律评论》（*Cardozo Law Review*）第 13 期（1991），第 1143 页。

113　托伊布纳（Teubner），同前注 78，第 7 页。

114　同上注，第 14 页。

115　托伊布纳（Teubner），同前注 112，第 1457 页。

诸其浓厚的理论支撑。

抛开其社会学价值不谈，就法律多元主义而言，托伊布纳的自创生理论有两个主要缺陷：一方面它极为狭隘，但另一方面却又失于宽泛。它极为狭隘是因为法律被完全视为一种沟通过程：法律是一种话语系统。这只是挑选了法律的一个方面，将它的强制力、物质与制度要素、与权力的关系以及其他外在于沟通领域的一切事物都排除在外。与此同时，它失于宽泛是因为将一切诉诸合法／非法二值编码的话语都囊括进法律，包括私人主体之间的对话。在托伊布纳看来，一个向店主勒索每个月保护"税"的有组织的犯罪实施者，以及两位讨论他们打算用合同加以正式化的未来交易的商人，"都是我们半自治社会域中法律多元主义不可分割的一部分，只要他们使用了法律沟通的二值编码"。[116] 根据这一学说，所有使用合法／非法话语的沟通都是法律，因此也是法律多元主义的一部分。

博温托·迪·苏萨·桑托斯认为法律多元主义是"后现代法律学说的核心概念"。[117] 众所周知，后现代主义难以界定，或许它最好被描述为醉心于挑战基础主义论断、否定共相、揭穿统一性与体系性融贯的主张、批判权力与权威主张等的一种反抗性心绪。这一系列揭露与反体系的取向与法律多元主义对国家法一元论的挑战志同道合。有关全球法律多元主义，他写道：

163

116　这些例子参见贡塔·托伊布纳（Gunther Teubner），"雅努斯的两面：重思法律多元主义"（Two Faces of Janus: Rethinking Legal Pluralism），载于《卡多佐法律评论》第 13 期（1991），第 1451、1453 页。"半自治社会域"是莎利·福尔克·穆尔（Sally Fack Moore）提出的一个概念，本书第五章对此有讨论。

117　Boaventura de Sousa Santos, "Law: a Map of Misreading. Toward a Postmodern Conception of Law", 14 *Journal of Law and Society* 279, 297 (1987).

新型国际商业合同以及章程、伦理守则、行为守则或公平守则的传播，涵盖了跨国公司和国际经济与专业协会在技术转让、股票市场、广告宣传、产品促销、市场调研、保险、技术协助、全包式合约等各种领域的活动——所有这些新形式的世界合法性创造了一种常常与国内法律空间相冲突的跨国法律空间……

所有这些潜在或明显的冲突，都是民族国家的地域中心式（geocentric）合法性与国际私人经济主体的新型自我中心式（egocentric）合法性之间紧张关系的症状。[118]

桑托斯将法律界定为"被任何特定群体视为可由法院裁判的一套规范化（regularized）程序和规范性（normative）标准，有助于产生和防止纠纷，并有助于通过论辩性话语解决纠纷，同时还伴随着武力威胁"。[119]他承认基于这种定义，社会中包含了许多不同样态的法律秩序。他通过关注六组法律秩序来应对这一复杂性：（1）每个家庭的家事法；（2）工厂、企业、劳动关系、工作场所规则、雇员行为守则、"管理雇佣劳动关系日常生活的规范性标准"等的生产法；（3）市场、商业惯例、商人之间的关系以及商人与消费者的关系等的交易法；（4）"支配性或受压迫全体"的社群法；（5）现代社会的领域法或国家法；以及（6）整个世界的体系法——"组织

164

118　Boaventura de Sousa Santos, "Law: a Map of Misreading. Toward a Postmodern Conception of Law", 14 *Journal of Law and Society* 293–294 (1987).

119　Boaventura de Sousa Santos, *Toward a New Common Sense: Law, Science and Politics in the Paradigmatic* (New York: Routledge 1995) 429.

核心 / 边缘次序以及民族国家之间关系的所有规则与规范性标准的
总和"。[120] 每一组中的法律与其他各组中的法律彼此重叠、相互渗
透——国家法运作于所有这些组中。每一组的法律并不局限于正式
表述的规则,也包括非正式规范。比如,家事法包含"相当非正式
的、不成文的、深深植根于家庭关系中以至于它几乎由此无法被认
为是一个自主领域的规则"。[121] 根据这一观念,由于吃上晚饭的时
间晚于平时而毒打自己妻子的丈夫,就是在执行家事法。因此社会
中充斥着过多的彼此重叠的法律。事实上,桑托斯将社会中多重规
范秩序重新贴上"法律秩序"的标签,直接导致了无所不在的法律
多元主义。

桑托斯强调多元主义法律空间中的动态互动和"法典的混合"
以及人们对多重法律秩序的感受:

> 在我们的生活轨迹出现质的飞跃或全面危机的时候,以
> 及在平淡无奇的日常生活的乏味例行常态中,不同法律空间的
> 观念在我们心灵与行动中彼此叠加、相互渗透且彼此混合。我
> 们生活在一个合法性走风漏气或法律漏洞百出的时代,生活在
> 一个迫使我们一直转变且不断越界的多重法律秩序网络构成
> 的时代。我们的法律生活由不同法律秩序,也即交互合法性
> (interlegality),相互交织而成。[122]

---

120 Boaventura de Sousa Santos, *Toward a New Common Sense: Law, Science and
Politics in the Paradigmatic* (New York: Routledge 1995) 429–446.

121 同上注,第 429 页。

122 桑托斯(Santos),同前注 117,第 297—298 页。

桑托斯倡导这样一种法律社会学方法，它通过揭示"更为有害和更具破坏性的社会与个人压迫时常发生其间的那些隐而不显或受到压制的合法性形态"而有助于人们的解放。[123]

　　托伊布纳和桑托斯在下述方面彼此对立：托伊布纳构建了一种法律科学立足其上的宏大法律社会学理论；而桑托斯这样的后现代主义者则青睐理论揭露，绝斥体系性构建。他们的共同之处在于涉足高深理论的倾向。对于这两种理论，我们都要问问：以这些复杂、晦涩且宏大的术语看待法律，到底有何收获？

理 论 描 绘

　　尽管许多人并不接受自创生学说也并非后现代主义者，但全球法律多元主义者往往会引用托伊布纳和桑托斯。许多这类著作都基于法律和社会学理论，相当于理论描绘（theoretical mapping）方面的练习：它们是刻画跨国法领域的分析—描述性作品。桑托斯的文章题为"一幅关于误解的导图"（A Map of Misreading）。伯曼著作的第一部分是"描绘混合的世界"。近来一本多元主义法学著作的编者指出，"表征一种实际上模糊、失焦且有些朦胧的实在是一项任务，但理论家的作用是以某种精确度去帮助发现、描绘和追随穿越模糊不清主题的路径"。[124]

　　这就引出了如下问题：这些地图的目的是什么，它们的受众

　　123　Boaventura de Sousa Santos, "Law: a Map of Misreading. Toward a Postmodern Conception of Law", 14 *Journal of Law and Society* 299 (1987).

　　124　参见尼科尔·拉凡和安德鲁·哈尔平（Nicole Roughan and Andrew Halpin），"多元主义法学的承诺与追求"（The Promises and Pursuits of Pluralist Jurisprudence），载于尼科尔·拉凡和安德鲁·哈尔平主编，同前注 108，第 333 页。

是谁？伯曼大量关注国内与国际法庭，分析司法管辖权、法律选择以及法律议题的冲突，这意味着他的地图是给法官看的。他写道，"通过承认'全球社会中支配公民行为的复杂且彼此交织的因素'，法院能够发展出一种体现这一世界性多元主义现实的法学"。[125] 法理学家罗杰·科特瑞尔主张，从事实务的律师需要让自己适应跨国领域范围内的法律现象："他们需要一幅法律地图。""前提是这是一项核心法学工作。"[126] 科特瑞尔运用法律是制度化教义这一概念勾勒了自己有关国际法的尝试性地图，[127] 他认为该地图适合于面对跨国法律多元主义的法律人。

考虑到法官和律师工作的具体性和实践性——他们在没有这些地图的情况下完成日常工作，他们会要求并使用法律和法律多元主义的理论性地图这一主张是值得怀疑的。一位法官或律师在面对可能有多种形态的法律或法院可以适用的实际问题或纠纷时，会考察手头共存的各种规范，并对其可适用性、相对权重以及可能的意涵与影响加以评估。这是一种具体于语境的分析，取决于可适用的法律学说、法律规则的冲突、管辖权分析等。特定情形中赋予规制制度的权重，将取决于法律体系内用来处理制度地位并影响这类问题的有效性规则，涉及根据名称和制度来源而潜在相关的公共、私人以及混合型制度（诸如国际统一私法协会原则、国际食品法典委员会标准等）。法官与律师大体上已经遵循法律多元主义者的建议，关注手头共存的规制性制度并考虑它们的意涵与互动。此外，

166

125　Paul Schiff Berman, "The New Legal Pluralism", 5 *Annual Review of Law and Social Sciences* 262 (2009).

126　Roger Cotterrell, *Sociological Jurisprudence: Juristic Thought and Social Inquiry* (London: Routledge 2018) 106.

127　科特瑞尔（Cotterrell），同前注108，第36—38页。

法官和律师能够展开他们的分析而不涉足有关什么是法律的理论争议；如果在极少数情形中确实出现这个问题，我们并不知道他们会在法律理论家对此问题提出的诸多答案中选择哪一个，但法院不可能采纳实际上将每种制度化规范秩序都视为法律的高深理论。

　　司法研究具体于语境的特性，也针对伯曼和其他一些法律多元主义者认为法律多元主义在规范意义上具有可欲性的主张提出质疑。法律多元主义有时具有积极的意义，但有时并非如此。这完全取决于彼此共存的法律秩序的特定混合、源自该混合的影响及其涉及的可欲价值与目标。法官应当考虑每种法律秩序这个观点，就其本身来说是有道理的，但往往必须要作出承认某些法律主张优先于另一些的选择。这通常会充满争议，牵涉不同利益与价值。伯曼在接纳多元主义时并不接受非自由主义价值（他提到了非自由主义式的伊斯兰教法），复兴了一种殖民法律体系中的冲突条款，它对习惯法和宗教法的承认施加限制。他所施加的限制亦即他的规范性选择，表明法律多元主义本身在规范意义上并不是可欲的，而是取决于特定情境中这种多元主义混合方式是否得到其中直接关系人——以及对此感兴趣的学者、发展领域的实务人员、非政府组织等——的垂青，这一点会与分歧相伴。

　　特维宁在总结自己描绘规范性多元主义以及法律多元主义的工作时，承认"描绘世界中的法律现象只是在某种程度上有用——为更具体的研究勾勒一个宽泛的背景——并且不应期待它所涉及的宽泛概念在更低的抽象程度或更具体的研究中有太多用处"。[128] 特

128　William Twining, "Normative and Legal Pluralism: A Global Perspective", 20 *Duke Journal of Comparative and International Law* 514 (2010).

维宁指出，这些地图是给学者而非律师看的。理论家在阐述分析框架并区分范畴以澄清给定主题时，借用了绘制地图这个比喻。学者可能确实会认为跨国规制多元主义地图对于把握这些复杂情境有所帮助，但恰恰是这些同样的现象可以无需坚持额外（肤浅的）主张——行为守则、网络规则等属于法律——的条件下得到描绘。这种（额外）主张服务于两个直接目的：在修辞意义上它将这些规制形态的地位抬升到等同于法律的程度；同时它使得法理论家和法社会学家把法律多元主义的领域扩展到所有种类的规制形态和制度化规范。于是，法学家无论看向何处，都能够运用自己的法学棱镜来透视法律。[129]

更为尖锐的一个批评是全球法律多元主义已经退化为纯粹为了自己利益而进行理论描绘。国际法学家马蒂·科斯肯涅米（Martti Koskenniemi）指出，"法律多元主义——试图把握世界中一切彼此不同的合理性——的问题是它不再向世界提出要求这一方法。全球化理论家如此执迷于技术性制度之间的复杂互动以及对于涵盖这些制度的语汇的实证主义研究，以至于丧失了他们活动中的批判性目的"。[130]科斯肯涅米评论说，"法律多元主义可能在描述意义上是正确的"，但"那又如何？"[131]他指出，法律的碎片化和多

129　参见西蒙·罗伯茨（Simon Roberts），"反对法律多元主义：针对当下法律领域扩展的一些反思"（Against Legal Pluralism: Some Reflections on the Contemporary Enlargement of the Legal Domain），载于《法律多元主义杂志》（*Journal of Legal Pluralism*）第 42 期（1998 年）。

130　马尔蒂·科斯肯涅米（Martti Koskenniemi），"全球法律多元主义：多重制度与多重思考模式"（Global Legal Pluralism: Multiple Regimes and Multiple Modes of Thought），载于哈佛研究论文，2005 年 3 月 5 日，第 16 页。

131　同上。

重性总是存在，但处于知道如何处理这些情况的具有共同背景、理解与实践的法律专家的控制之下。[132]

"全球法律多元主义"的价值

跨国法律多元主义者所提出的规制现象的多重性，具有重要意义且值得得到学术关注。政治科学家和法学家已经从不同学术视角对之展开讨论。基于"法律（或使用'规制'这个词更好）多元主义"的分析，其价值在于聚焦公共与私人规制制度共存的情境，以及它们之间诸多可能的相互关系：彼此互补与相互支持，彼此冲突与相互对立，彼此竞争或相互合作，等等。或许全球法律多元主义所面对的问题不是科斯肯涅米所提出的"那又如何？"，而应当是"接下来怎么办？"在告诉我们关注彼此共存的公共、私人以及混合性规制内容及其互动后，他们除了关注复杂性与互动，抑或倡导弹性、沟通以及其他内容单薄的一般性建议外，就没什么可说的了。在全球资本主义时代，显而易见的是政权间的法律与规制在数量上持续增长，在范围与领域方面不断扩张。这值得我们关注。不过一旦这一经验教训得到吸收，全球法律多元主义的重要性也就随之消失殆尽了。

132　Martti Koskenniemi, "Global Legal Pluralism: Multiple Regimes and Multiple Modes of Thought", Harvard, March 5, 2005, page 21.

第 5 章　抽象法律多元主义与
民间法律多元主义的对比

　　法律理论家只是最近才开始认真对待法律多元主义。法理学
家对其他形态法律习以为常地视而不见，是国家法一元论学说深具
影响力的确凿证据。"在法律理论中，国家法典型地具有体系性特
征，并且既主张相对于任何其他与之竞争的规范性标准的至上性，
又主张在规制其领土界限内任何事务范围方面的全面性。"[1] 根据这
一根深蒂固的立场，国家法依据定义几乎垄断着法律。最终让法学
家集体睁开双眼审视法律多姿样态的，是全球化因素带来的非国家
法的传播与增长，它们并不符合基于国家的法理论。约瑟夫·拉兹
这位本身一直以强一元论立场刻画法律的法哲学家指出，"现在的
结果是，只关注国家法，在过去没有得到证成，在今天甚至更加没
有道理"。[2]

　　思考非国家法立刻就会提出"什么是法律？"这一经典法理学
问题。法律多元主义者必须解答这个问题以便具体阐明法律多元

---

　　[1]　Michael Giudice, "Global Legal Pluralism: What's Law Got to Do With It?", 34 *Oxford Journal of Legal Studies* 589, 593 (2014).

　　[2]　Joseph Raz, "Why the State?", in Nicole Roughan and Andrew Halpin, eds., *In Pursuit of Pluralist Jurisprudence* (Cambridge: Cambridge University Press 2017) 161.

主义的内容。一个多世纪以来，涉足非国家法研究的法律人类学家一直在争论法律的概念。[3] "探究法律的定义就像追寻圣杯"，人类学家埃德蒙斯·霍贝尔（E. Adamson Hoebel）如此说道。[4] 人类学家保罗·博安南（Paul Bohannan）指出，"相较于其他任何仍在社会科学中具有关键作用的概念，可能有更多研究围绕界定和解释'法律'概念展开"。[5] 法律人类学家在今天仍旧回应着这个问题，某种程度上背后的理由是他们认为有必要界定自己子领域的范围。[6] 杰出的 20 世纪法哲学家赫伯特·哈特（H.L.A. Hart）认为，"关于人类社会的问题，很少有像'什么是法律？'这样被如此执着地提出，并被严肃的思想家以如此多样、奇怪甚至矛盾的方式予以回答"。[7]

　　本章阐释为什么基于法律概念或定义构建法律多元主义的努力——我将之称为抽象法律多元主义——并不可行。在回顾几十年来有关法律多元主义的文献后，法理学家威廉·特维宁评论道，"读完以后我觉得这几乎就是一团糟"。[8] 这种一团糟的根源，就是

3　有关杰出法律人类学家的早先概述，参见莎利·福尔克·穆尔（Sally Falk Moore），"法律和人类学"（Law and Anthropology），载于《双年度人类学评论》（*Biennial Review of Anthropology*）第 6 期（1969 年），第 252 页；劳拉·纳德（Laura Nader），"法律的人类学研究"（The Anthropological Study of Law），载于《美国人类学家》（*American Anthropologist*）第 67 期（1965 年），第 3 页。

4　E. Adamson Hoebel, "Law and Anthropology", 32 *Virginia Law Review* 835, 839 (1946).

5　Paul Bohannan, "The Differing Realms of the Law", 67 *American Anthropologist* 33 (1965).

6　参见费尔南达·皮里（Fernanda Pirie），《法律人类学》（*The Anthropology of Law*），牛津：克拉伦登出版社 2013 年版（Oxford: Clarendon Press 2013）。

7　H.L.A. Hart, *The Concept of Law* (Oxford: Clarendon Press 1961) 1.

8　William Twining, "Normative and Legal Pluralism: A Global Perspective", 20 *Duke Journal of Comparative and International Law* 473, 487 (2010).

提出抽象法律多元主义的社会科学家和法律理论家所犯下的一系列概念性错误。由于我所解释的理由，法律的抽象概念不可避免地会包含通常不被视为法律的社会现象。1988 年莎利·恩格尔·梅丽在提高了法律多元主义知名度的一篇文章中指出了这个问题（涵盖过度），当时她说，"在什么时候我们不再讨论法律而是发现自己完全是在描述社会生活？将所有这些秩序形态都称为法律有意义吗？"[9] 这一观点被反复提出用来反对法律与法律多元主义的抽象概念。[10] 民间法律多元主义关注被人们集体视为法律的事物，避免了界定法律时无法解决的难题，并不会遭受涵盖过度之害。

本章的目标是厘清围绕法律多元主义的理论混乱并指明前进的方向。我指出，民间法律多元主义是常识性的，在理论上是合理的，并且对大多数对法律多元主义感兴趣的理论家、学者和发展领域实务工作者的目的而言是有效的。

抛开法律多元主义的强弱之分

理论混乱的一个来源，就是约翰·格里菲斯极具影响力的文章"何为法律多元主义？"很早引入的法律多元主义"强立场"与"弱立场"这个有缺陷的区分。在这篇文章开头，他以"法律中心主义" 171

---

9 Sally Engle Merry, "Legal Pluralism", 22 *Law and Society Review* 869, 878–79 (1988).

10 近来有关这些议题的精致分析参见伊曼纽尔·梅丽莎丽斯和马里亚诺·克罗斯（Emmanuel Melissaris and Mariano Croce），"法律多元主义的多元主义"（A Pluralism of Legal Pluralisms），载于《网络牛津手册》（*Oxford Handbooks Online*），2017 年 4 月。

为靶子："根据我将称为法律中心主义的意识形态，法律是且应是国家法，对所有人来说都是一致的，排除了其他法律，由单一国家机构执行。"[11]这是国家法一元论立场。[12]他强调，"法律多元主义是事实"。"法律中心主义是一个神话、一种理想、一个主张、一种幻觉。"[13]

在格里菲斯发表其纲领性文章之时，法律人类学家和法学家使用法律多元主义这个标签来指称明确承认原住民习惯法和宗教法的殖民与后殖民法律制度已经长达几十年之久。格里菲斯主张，这种"弱立场"的法律多元主义是法律中心主义的另一种表现，因为它是国家承认的产物，强化了法律是国家产物的立场。他指出，"弱立场的'法律多元主义'与作为本文主题的法律多元主义概念无关"。[14]他的文章提出法律多元主义的强立场——"一种经验性事态，也即一个社会群体内并不属于单一体系的诸种法律秩序的共存"。[15]格里菲斯提出一种出现在所有社会中的独立于国家承认的社会学法律多元主义观念。根据格里菲斯的理解，重要的一点是承认（这被许多援引其观点的人忽略），法律多元主义强立场要求一种抽象的法律概念。

法律多元主义的强弱之分以及他认为只有强立场才是真正多

11　约翰·格里菲斯(J. Griffiths)，"何为法律多元主义?"(What Is Legal Pluralism?)，载于《法律多元主义杂志》(Journal of Legal Pluralism)第 24 期(1986 年)，第 1、3 页。我省略了他对所列举的理论家的引用。

12　同上注，第 4 页。

13　同上注。

14　同上注，第 8 页。

15　同上注。

元主义的主张，至此之后就变得根深蒂固。"格里菲斯强调法律的特征不应取决于国家的承认，这一点一直以来在法律多元主义文献中极具影响力。"[16]两位法理学学者近来将他这一区分的一种变体(以"法律一元论"取代了"法律中心主义")视为多元主义法学的基础：

> 简单来说，传统的法学是以城市或国家为中心的法学。即使它涉及国际法，它也是从国家中心主义的威斯特伐利亚视角透过国家机构或权威来审视国际法的。在这个意义上，它仍是一元论的。相反，多元主义法学涉及以独立于国家机构和权威的方式承认非国家法。[17]

172

但是，这种强弱区分具有误导性和概念瑕疵。国家承认(弱立场)与独立的法律形态(强立场)之间的二分法，导致了一种看待源自殖民活动的法律多元主义的扭曲视角。尽管殖民法律制度正式承认了习惯法和宗教法，原住民法律体系早于殖民国家很久出现，且在社会中有关财产、婚姻、子女抚养义务、继承、人身伤害、债务与协议以及其他日常社会交往事务中得到承认。大部分殖民国家及其后殖民继任者缺乏抑制或取代原住民法的能力或需求，在乡村地区尤为如此，原住民法依据社会结构关系而有效运作，维持秩序并为平民解决纠纷。它在今天依然存在。世界银行法务部门近来的

16　Ralf Michaels, "Law and Recognition—Towards a Relational Concept of Law", in Nicole Roughan and Andrew Halpin, eds., *In Pursuit of Pluralist Jurisprudence* (Cambridge: Cambridge University Press 2017) 99.

17　拉凡和哈尔平(Halpin and Roughan)，"导论"，载于拉凡和哈尔平，同前注2，第3页。

一份报告指出："在许多这些国家中,司法制度的运作似乎完全独立于正式国家制度。"[18]

殖民地官员和国家律政官员在这个问题上通过正式"允许"遵从冲突条款的习惯法与宗教法的存在而表演着自己最好的姿态。但这些原住民法律形态即便没有得到国家承认也有可能会继续存在,因为它们是人们在日常事务中所熟知和运用的东西。如第三章所言,即使国家律政官员几十年里否认其存在并试图打压它,殖民国家中的原住民法依旧在社群中以不同形态继续存在。先前章节中已经提供了许多充满弹性的社群法形态的例证。在这些情形中,习惯法和宗教法形态的法律通过持续不断演进的文化进程而存在,独立于与此同时国家对它们的承认(或否定)。格里菲斯一分为二的法律多元主义弱立场与强立场在现实中是彼此共存和相互交织的。

这一观点的概念缺陷在于"强弱"之分,特别是强立场,取决于从科学或哲学角度去表述法律,尽管有许多尝试但却表明这一目标如果不是无法达成也是很难实现的。出于下文将要阐述的理由,格里菲斯在他后来批评法律多元主义时,承认了这一点。[19]但是学者依旧援引格里菲斯的强弱二分法,显然没有意识到他认为这种二分法的基础是不可靠的,已经放弃了这种区分。

173

---

18 Leila Chirayath, Caroline Sage, and Michael Woolcock, Customary Law and Policy Reform: Engaging with the Plurality of Justice Systems (World Bank Legal Department Paper 2005) 3.

19 John Griffiths, "The Idea of Sociology of Law and its Relation to Law and to Sociology", in Michael Freeman, ed., *Law and Sociology* (Oxford: Oxford University Press 2006) 63–64.

抽象与民间法律多元主义的差异

第一步是要理解法律社会学家和法律理论家通过他们的法律概念与法律多元主义概念一直想要实现何种目的。格里菲斯解释说，如果缺乏识别法律的科学方法，"就会导致法律社会学缺乏独特的经验性研究对象，这意味着它无法作为一门学科而存在"。[20] 格里菲斯区分了法律的科学与民间概念：

> 基于先前假设，法律社会学的首要难题就是识别它视为自己研究主题的那类社会事实。这个问题不明确，它就要么缺乏作为一种科学的内聚力，要么其研究主题的观念就完全借用自大街上人们的日常使用，但后者对于自己民间"法律"观念的使用与社会科学目的相去甚远，就好比是他在伸出脚趾时对"物质"这个观念的使用与粒子物理学的关切之间的距离。[21]

如这一段所述，格里菲斯拒绝民间法律观念，因为它们并不科学。"法律社会学的首要难题"，因此"就是识别它视为自己研究主题的那类社会事实"。[22] 法律多元主义源自社会学的法律观念，这是格里菲斯将法律称为一种"事实"的原因。

20　John Griffiths, "The Division of Labor in Social Control", in Donald Black, ed., *Toward a General Theory of Social Control*, vol. 1 (New York: Academic Press 1984) 45.

21　同上注。

22　同上注，第39页。

提出一种有关法律的科学或哲学论断，是法律与法律多元主义抽象概念背后的共同动机。千叶正士（Masaji Chiba）宣称"法律社会学通过这种法律多元主义研究，一定会发展为真正的国际法律社会学"。[23] 埃利希同样将自己的法律观作为法律社会学的基础，他指出："从这个词原本的意义上说，法律科学是有关社会的理论科学即社会学的一部分。法律社会学是有关法律的理论科学。"[24] 贡塔·托伊布纳将自创生理论这种法律社会学学说扩展到法律多元主义领域来解释全球法："对于一种充分的全球法理论来说，法律的政治理论和自治法的制度理论都难当此任；反倒是需要一种法律多元主义理论。"[25] 尼尔·麦考密克提出法律是一种社会制度的理论："法律隶属'规范性秩序'这一属，并且是该属中'制度性规范秩序'这一特殊的种。"[26] 约瑟夫·拉兹从哲学角度表达这一点："我

23　Masaji Chiba, "Toward a Truly International Sociology of Law through the Study of Legal Pluralism in the World", in A.J. Arnaud, ed., *Legal Culture and Everyday Life* (1989) 136.

24　欧根·埃利希（Eugen Ehrlich），《法社会学基本原理》（*Fundamental Principles of the Sociology of Law*），沃尔特·莫尔（Walter Moll）译，马萨诸塞州的剑桥：哈佛大学出版社 1936（1913）年版［Cambridge, MA: Harvard University Press 1936 (1913)］，第 25 页［在德语中，一般有两个词来指称广义的法学，"Jurisprudenz"和"Rechtswissenschaft"，其中后者比较常用和正式，而从构词法来说，它是法律（Recht）和科学（Wissenschaft）的结合，因此埃利希这里说的法律科学实际上就是广义的法学研究。——译者］。

25　参见贡塔·托伊布纳（Gunther Teubner），"全球的布科维纳：世界社会中的法律多元主义"（Global Bukowina: Legal Pluralism in the World Society），载于贡塔·托伊布纳主编，《没有国家的全球法》（*Global Law Without a State*），奥尔德肖特：阿什盖特 1996 年版（Aldershot: Ashgate 1996），第 7 页。

26　Neil MacCormick, *Institutions of Law: An Essay in Legal Theory* (Oxford: Oxford University Press 2007) 13.

们谈论'法律的性质'或其他任何事物的性质来指称那些对于法律而言具有本质性的特征，它们使得法律成为其所是。"[27]

　　以上都是非常不同的理论进路——既有社会学也有法理学，还包括各自不同的变体——它们在许多方面都存在分歧。格里菲斯是一位科学实证主义者，对哈特、拉兹这样的分析哲学家所提出的法律理论持批判态度，认为它们是基于国家法一元论学说的意识形态幻觉，这些理论共享着三种本质主义假设：(1)法律是一种单一的现象，具有(2)一系列特殊的定义性或本质性特征，为(3)一种客观或普遍的法律科学或法律理论提供了基础。得到强调的部分提出了三个彼此相连的主张：法律是一种事物，该事物具有使得它成为其所是的定义性特征，围绕该事物及其特征可以构建出一种法律科学或法律理论。一些理论家持有前两个本质主义假设但在第三个假设上持有更为温和的立场，认为有关法律的科学或理论揭示都是暂时的。本章中表述的所有关于法律和法律多元主义的抽象概念都提出了前两个主张，且有一些还提出了第三个主张。

175

　　民间法律多元主义否认所有这三个本质主义假设。[28]法律并不是一种单一现象——它是被人们在社会共同体中集体视为法律的事物。由于人们将不止一种社会现象视为法律——习惯法、宗教法、

27　Joseph Raz, *Between Authority and Interpretation*, 2nd ed. (Oxford: Oxford University Press 2009) 24.

28　有关这一立场的实用主义理论基础，参见布莱恩·Z.塔玛纳哈(Brian Z. Tamanaha)，"法律学的实用主义重构：现实主义法理论的特征"(Pragmatic Reconstruction in Jurisprudence: Features of a Realistic Theory of Law)，载于《加拿大法律与法理学杂志》(*Canadian Journal of Law and Jurisprudence*)第 34 卷第 1 期(2021年)，第 171—202 页。

国家法、国际法、跨国法等——多种会随着时间改变与变迁的法律根据它们自身的特征得到理解。尽管在每种法律内部以及各种不同类型法律之间可能存在可以识别出来的共同特征，但却并不存在本质或必要特征，而是典型或重合性特征，它们可能在集体认定的法律的特殊情形中缺失不见或有所偏离。[29]不存在普遍的法律科学或法律理论。我们所能做到的最好程度，就是基于特定目的，提出增进我们理解法律的理论框架（不过这总是不全面的）；但如我所指出的那样，这一方法使得有关法律过往与现在的重要洞见成为可能。

　　理解抽象和民间法律多元主义之间差异的第二步，就是理解它们如何判定和概念化法律。抽象法律多元主义的类型数不胜数，但每一种这类理论都会提出具有一系列特定典型特征的法律概念或定义。任何拥有这些特征的事物就是法律，任何缺乏这些特征的事物就不是法律。因此，抽象法律多元主义会带来理论性法律概念所判定的单一法律形态的多重性。*要提出一种法律概念或定义，理论家就要从设定什么是她所认为的法律典范形态入手，剔除看起来属于偶然特征的事物，用基本概念表述，为"什么是法律"提供了标准的法律本质特征。构思法律理论的过程是循环的：理论家要想

　　29　这个观点通常被归属于维特根斯坦（Wittgenstein）著名的"家族相似性"概念。参见费尔南达·皮里（Fernanda Pirie），《法律人类学》（*The Anthropology of Law*），牛津：克拉伦登出版社 2013 年版（Oxford: Clarendon Press 2013），第 8 页。

　　*　单一法律形态的多重性，更合适的表达其实是单一法律形态的多重表现方式。比如，我们将法律界定为实施社会控制的规范，那么任何能够实现"社会控制"功能的规范都属于法律，这就是"单一法律形态"。但是这种法律形态在社会生活中有许多表现方式，比如，可以是国家法、社团规章、班级纪律、比赛规则等。塔玛纳哈在这里想要表达的观点是，抽象法律多元主义仅仅能够捕捉到社会中统合在单一法律形态下的多重性，忽略了多种法律形态的多重性，因为法律未必都实现社会控制功能。——译者

展开分析，就必须预设什么是法律，该预设又决定了在完成分析时所得出的法律理论。之所以会存在不同的法律概念，是因为如下原因：理论家在第一步设立了不同的法律典范形态，以及／或在第二步他们以不同方式将法律加以还原，并且／或他们将不同特征视为本质特征。

法律多元主义文献中几乎所有的法律概念都可以归入下述两 176 大范畴之一：(1) 联合体或群体的内在秩序；或 (2) 制度化的规则体系。约翰·格里菲斯的法律观念就属于第一类，欧根·埃利希的活法以及莎利·福尔克·穆尔的半自治社会域也位列其中。这种法律观念——回溯至 19 世纪法律史学家和法律理论家奥托·冯·基尔克——大体包含着社会群体中的规范秩序。法律社会学家马克·格兰特基于哈特的法律概念的法律多元主义观念，就属于第二类，提出类似观点的尤其还包括法律理论家尼尔·麦考密克、约瑟夫·拉兹。这一立场大体上包含制度化的规则体系。在接下来的章节中对每类学说加以描述后，我会解释为什么会出现无法解决的涵盖过度和涵盖不足的难题。

民间法律多元主义以不同方式识别法律，并对法律多元主义提出了截然不同的解释。它并没有提出一种有关法律的科学或哲学概念或定义。由于法律完全就是一个民间概念，民间法律多元主义通过下述方式来判定法律：探究特定社会场域内，人们通过自己的社会实践将何种事物承认且视为法律（"*Recht*""*droit*""*lex*""*ius*""*dirittto*""*prawo*"等）。这种方法并没有假设法律具有单一系列的决定性特征，而是接受在惯习中得到承认的多种法律表现形态在与周围社会、文化、经济、政治、技术以及生态环境的联系中，随着时间流逝而变迁流转。伊斯兰教法在伊斯兰教神权统治和自由民主制度中具有不同的样貌,各地的伊斯兰教法千差万别,因为它们深受周遭文化观念与实践的影响(阿富汗的伊斯兰教法就非常不同于印度尼西亚的)。

抽象法律多元主义关注在理论上被界定为法律的单一现象的多重性,但民间法律多元主义与此不同,关注在社会中得到人们集体承认的多种法律形态的多重性(国家法、习惯法、宗教法等),以及同一种法律类型的多重性。比如,这种方法会涵盖适用法律的不同层次和管辖权的国家法院;国家内部以及超越国家的跨国法体系;适用宗教法的宗教法庭,以及实施不成文习惯法的非正式村庄法庭;所有这一切都在许多社会中被承认为法律,有时它们具有非常不同的特征,且其中一种或多种法律形态的多重表现形式通常会彼此共存。从上述角度理解的法律多元主义要比抽象法律多元主义更具现实主义色彩、更为细腻且更加有用。它的用处已经得到证明:本书前四章讨论了许许多多法律多元主义在历史上和当今的实例,但没有界定法律也就没有遭受涵盖过度或涵盖不足之害。

尽管这些方法具有概念上的差别,但理论家却轻而易举地忽略了它们的不同。在最近一篇文章中,约瑟夫·拉兹不加区分地把这两种方法都列在一起:

> 我想指出法律无可争议地具有规范性。它们包括国际法或像欧盟这类组织的法律,但也包括教会法、伊斯兰教法、苏格兰法、原住民的法律、支配自愿组织活动的规则与规制,抑或法律上承认的公司的规则与规制,此外还有像社区帮派这样

非常短暂现象的规则与规制。[30]

拉兹列出的没有得到强调的法律形态，是得到集体承认的法律（民间法）的例证，但得到强调的例证都是通过诸如制度化规则体系（抽象法）这类抽象理论概念加以建构的法律。尼尔·麦考密克同样如此："你会有边缘化国际法的倾向。你会有边缘化原始法律的倾向，你会有边缘化教会法和教派法的倾向。你会边缘化有时被称为大学、公司或家庭这类社会制度的'活法'（在我看来，从制度化规范秩序的角度出发，如果它们确实至少部分上如此，它们就是生效的法律）。"[31] 和拉兹一样，麦考密克不加区分地举出了民间法与抽象法的例证。将这些替代性法律类型连续地排列在一起会引发混淆，因为它们产生的方式彼此对立且具有非常不同的意涵。

本章将详细分析这两种视角之间的差异，以及民间法律多元主义更高程度的融贯性及其实用价值。这一分析会在法律多元主义内部一层层剥开法律的抽象概念，诊断其问题。我们先从抽象法律多元主义的第一个范畴入手：法律是社会联合体的规范性秩序。

---

30 拉兹（Raz），"为何是国家？"（Why the State?），载于尼科尔·拉凡和安德鲁·哈尔平（Nicole Roughan and Andrew Halpin）主编，《探索多元主义法学》（*In Pursuit of Pluralist Jurisprudence*），剑桥：剑桥大学出版社 2017 年版，第 138 页（强调为本书作者所加）。

31 尼尔·麦考密克（Neil MacCormick），"超越主权国家"（Beyond the Sovereign State），载于《现代法律评论》（*Modern Law Review*）第 56 期（1993 年），第 1、14 页（强调为本书作者所加）。

埃利希的"活法"

178   在法律多元主义著述中,欧根·埃利希被广泛视为这一领域最初的开拓者。他因格里菲斯在"何为法律多元主义"一文中的加冕而居此宝位。格里菲斯所采纳的法律观念融合了埃利希和莎利·福尔克·穆尔有关半自治社会域的观点,被称为"'半自治社会域'的'活法'"。[32] 许多法律多元主义理论家都盛赞埃利希。比如,法理学家罗杰·科特瑞尔认为,埃利希的"持续贡献在于他对法律多元主义视角的倡导,该视角拒绝局限在律师与国家官员所承认的法律的范围内"。[33]

埃利希任教于并不发达且多民族聚居的布科维纳,当时奥匈帝国日薄西山,人口中混杂着乌克兰人、日耳曼、波兰人、罗马尼亚人、亚美尼亚人、犹太人和吉卜赛人。[34] 帝国容纳了具有各自语言、习俗和习惯法的子社群,埃利希亲眼目睹了《奥地利民法典》并不总是符合社群内人们所遵循的法律。罗斯科·庞德(Roscoe Pound)评论道,"埃利希生活并任教于这样一个地方,在这里现代法律与原始法律彼此共存,现代复杂工业社会与更为古老的群体类型彼此

---

32   Neil MacCormick, "Beyond the Sovereign State", 56 *Modern Law Review* 36(1993).

33   Roger Cotterrell, "Ehrlich at the Edge of Empire: Centers and Peripheries in Legal Studies", in Marc Hertogh, ed., *Living Law: Reconsidering Eugen Ehrlich* (Oxford: Hart Publishers 2009) 87.

34   参见上注,第79—83页。有关埃利希背景一篇信息丰富的文章,参见莫妮卡·埃平格(Monica Eppinger),"用方言统治:欧根·埃利希与晚期哈布斯堡的民族志"(Governing in the Vernacular: Eugen Ehrlich and Late Hapsburg Ethnography),载于赫托(Hertogh)主编,同前注33,第21—48页。

交织"。[35] 对埃利希来说，显而易见的是许多社群在其日常事务中遵循它们自己的法律体系，在家事法方面尤为如此，这些法律和官方法典并不一致。

他激烈抨击当时法学家只关注正式法典、立法以及司法裁判。"由于法律主要是一种社会生活，它除了通过社会力量运作外，无法通过其他方式得到科学解释。"[36] 埃利希总结道：

> ［国家］的法治并不直接源于社会，而是经过立法者与法学家的设计。社会本身只是塑造了根本社会制度的法律秩序，部落、家庭、村庄、社群、财产、合同、继承的秩序。这种法律秩序的统治（没有任何所谓恰当意义上法治的印记），构成了可以在原始部落或文明初级阶段能够发现的唯一法律，甚至在我们所处的时代都有大量法律仍然只是存在于社会制度的法律秩序中。基于这种原始的法律秩序，法学家和立法者通过我已经在《法律社会学》中试图阐述的极为复杂的过程，推导出法治。如果不关注法治所源自的法律秩序，就无法从社会学角度来理解它。[37]

他主张，"大量法律以社会关系自发秩序的形态直接产生自社会本身"。[38]

他指出，法律规制社会联合体中的关系，"无论这些联合体是

35　Roscoe Pound, "Introduction to 'The Sociology of Law'", 36 *Harvard Law Review* 130, 130 (1922).

36　Eugene Ehrlich, "Montesquieu and Sociological Jurisprudence", 29 *Harvard Law Review* 582, 584 (1916).

37　同上注，第584页。

38　Eugen Ehrlich, "The Sociology of Law", 36 *Harvard Law Review* 130, 136 (1922).

否组织化,无论它们被称为乡村、家庭、住所、宗教社群、家族、朋友圈、社会生活、政党、产业协会还是企业商誉"。[39] 这些"不计其数"的联合体对其成员施加"要比国家更具强制性的"规制性影响。[40] 埃利希人所共知地将此称为"活法",敦促法学家加以关注:

> 活法是即便尚未被[立法机构或法院]规定为法律命题却支配着生活本身的法律。你有关这种法律的知识的来源,首先是现代法律文件;其次是对生活、商业、习俗与惯例以及一切联合体的直接观察,这不仅包括观察那些已经得到[国家]法律承认的事物,也包括观察那些被法律忽视和错过的事物,实际上甚至还包括观察那些法律不赞成的事物。[41]

"为了理解法律的实际状态,我们必须针对社会自身以及国家法所发挥的作用加以调查,并且要调查国家对社会法的实际影响。"[42]

埃利希强调,活法是鲜活的社会秩序,并不必然具备和国家法一样的制度化形式:

> 由国家制定并非法律概念的一个本质特征,也不够构成法院或其他法庭判决的基础,更不是这种判决后随之而来的法律强制的基础。还有第四个要素,它会成为起点,也即法律是一种秩序。[43]

39　Eugen Ehrlich, *Fundamental Principles of the Sociology of Law*, translated by Walter Moll (Cambridge, MA: Harvard University Press 1936 [1913]) 63.

40　同上注,第64页。

41　同上注,第493页。

42　同上注,第504页。

43　同上注,第24页。

　　上述观点是埃利希如下更一般性法律立场的一部分：法律在社会内部彼此交织，受制于不断给法律提出新需求、构建新条件的社会、文化、经济、政治与技术的无休止变迁。"由于社会秩序并非固定且不是一成不变，它最多只能受到立法不时的塑造。它处于持续的流变之中。老的制度消失，新的制度生成，依旧存在的制度在不停地变更着自己的内容……此外，新的条件也意味着新的利益冲突、新型纠纷，它们需要新的裁决与新的法律规定。"[44]法律的发展源自律师与法官的创造性工作，他们通过提出新的法律解释、法律文件以及法律拟制来"旧瓶装新酒"地与周围社会变化同步，持续不断地改变着法律。[45]埃利希令人难忘地指出，"因此，自古以来法律发展的重心并非国家而是社会本身，并且现在必须要在社会中找寻这一重心"。[46]

　　埃利希有关社会与法律变迁的观点，对于今天的法律与社会学者而言是老生常谈，但对当时的法学家来说却是石破天惊。他的观点得到美国社会学法学家与法律现实主义者的热烈支持。罗斯科·庞德宣称，"我认为这是最近写就的最优秀的著作"。[47]他称赞埃利希指出，"留意到法律是鲜活的、不断成长的事物还不够，我们还必须意识到它是人类生活的一部分。我们不仅要把一切缺乏人性的事物视为法律之外的东西，还要意识到在某种意义上任何具

44　Eugen Ehrlich, "The Sociology of Law", 36 *Harvard Law Review* 139–140 (1922).

45　埃利希（Ehrlich），同前注24，第397页。

46　同上注，第390页。

47　引自 N.E.H. 赫尔（N.E.H. Hull），《罗斯科·庞德和卡尔·卢埃林：追寻美国法理学》（*Roscoe Pound, and Karl Llewellyn: Searching for an American Jurisprudence*），芝加哥：芝加哥大学出版社1997年版（Chicago: University of Chicago Press 1997），第110页。

有人性的事物都是法律的一部分"。[48]

181　　　尽管有此赞许，当时的法学家大多不接受埃利希所说的社会联合体中的"活法"概念——这正是其著作中被当今法律多元主义者吸收的部分。埃利希将此概念归属于奥托·冯·基尔克：

> 基尔克不朽的功绩是他在自己称之为联合体 (*Genossenschaften*) 的实体中发现了法律的这一特征，在这些联合体中他列举出国家，并在一份详尽研究中对之加以论述。他的工作的一个结果，就是我们可以认为确立了如下观点，即在联合体这个概念的范围内，法律是一种组织，也即它是一种能够赋予该联合体中每位成员在社群中地位与责任的规则。[49]

法律存在于联合体中的"主要目的就是解决源自公共关系的争端"。[50] "法律规范决定了联合体的内部秩序。"[51]

　　　法学家所提出的最常见的批评就是埃利希的法律概念暧昧模糊且包含了许多社会生活的内容。埃利希花费了许多力气澄清什么是法律。他写道，社会联合体由"多元化的人类组成，他们在彼此关系中承认某些行为规则具有约束力，并且至少大体上实际根据这些规则来规制自己的行为"。[52] 但这些表述适用于所有规范性秩

48　引自 N.E.H. 赫尔 (N.E.H. Hull)，《罗斯科·庞德和卡尔·卢埃林：追寻美国法理学》(*Roscoe Pound, and Karl Llewellyn: Searching for an American Jurisprudence*)，芝加哥：芝加哥大学出版社 1997 年版，第 108—109 页。

49　埃利希 (Ehrlich)，同前注 24，第 24 页。

50　同上注。

51　同上注，第 38 页。

52　同上注，第 30 页。

序，因此与社会联合体相关的法律必须得到更狭义的界定。

　　埃利希提出两种方法来区分何种规范秩序属于法律、何种规范秩序不属于法律。第一种方法关注他所说的联合体中的"法律研习会"（workshop of law），它体现在"惯例、支配、占有以及意思表示"中。以家庭为例，他的例子包含规则性、与他人的权力关系、与事物的经济关系以及合同与遗嘱。[53] 但做到这一步还不够，埃利希提出一种对法律的最终检验："法律规范所特有的是一种欧洲大陆普通法学家创造出'法律确信'（*opinio necessitates*）这个词来描述的反应。它是使得人们能够识别法律规范的典型特征。"[54] 该检验指向遵从规则的人们对规则根本权重的主观感知。"比较一下违反法律所引起的反感，与违反道德律令所引起的愤慨，与不得体所引起的厌恶以及违反礼仪带来的荒谬。"[55] "至少就法律起源的群体的观点来看，法律规范规制具有高度重要性和根本意义的事务。"[56] 埃利希指出，"意义不大的事务留给其他社会规范处理"。[57]

182

　　他的法律标准太过模糊和宽泛。法哲学家莫里斯·柯恩（Morris Cohen）曾经指出，"埃利希著作的缺陷源自如下事实：它没有明确解释他所谈及的法律是什么意思，以及他如何将之同习惯与道德区分开"。[58] 法理学家菲利克斯·柯恩（Felix Cohen）提

53　Eugen Ehrlich, *Fundamental Principles of the Sociology of Law*, translated by Walter Moll (Cambridge, MA: Harvard University Press 1936 [1913]) 85, 118.

54　同上注，第 165 页。

55　同上注。

56　同上注，第 167—168 页。

57　同上注，第 168 页。

58　Morris R. Cohen, "Recent Philosophical Literature: Legal Literature in French, German, and Italian", 26 *International Journal of Ethics* 528, 537 (1916).

出反对意见，"根据埃利希的术语，法律本身就与宗教、伦理习俗、道德、规矩、得体、风尚和礼仪难分难舍"。[59] 这就是涵盖过度的问题。就连约翰·格里菲斯都说，埃利希的"理论因此缺乏一种独立的'法律'标准。他似乎认为何种行为准则具备法律特征是显而易见的"。[60]

社会联合体的法律

"法律存在于社会联合体的秩序中"这一观念出现在令人咋舌的海量法律社会学与司法理论当中。法律多元主义者鲜有提及的是，如埃利希所承认的那样，奥托·冯·基尔克是这种抽象法律多元主义的最初倡导者。审视他如何推导这一观点，会揭示导致其分析走上一条有众多理论家追随却都通向同一个死胡同的道路的关键一步。

基尔克是历史法学在 19 世纪的一位杰出支持者，他继承弗里德里希·萨维尼（Friedrich Savigny）的观点认为，法律是人民集体（Volk，民族）的一种表达。基尔克批评人们提议的《德国民法典》，因为它依赖外来的罗马法概念，未能体现与社会联合体密切相关的土生土长的德国法律概念。[61] 他主张，社会联合体反映出我们作为

59　Felix Cohen, "Book Review: Fundamental Principles of the Sociology of Law", 31 *Illinois Law Review* 1128, 1130 (1937).

60　格里菲斯（Griffiths），同前注 11，第 27 页。

61　参见迈克尔·F. 约翰（Michael F. John），"德国法律统一的政治学：1870—1896"（The Politics of Legal Unity in Germany, 1870–1896），载于《历史杂志》（*The Historical Journal*）第 28 期（1985 年），第 341 页。

社会存在物的本性，且构成了各种集体人格（group-persons）与有机统一体，它们各自都有自己的法律秩序。他的学说的历史原型就是中世纪同业公会、城镇和教会，它们都是在法律上具有共同目的的自治群体；基尔克找到的现代对应物包括工会、企业、社会和经济方面的俱乐部与协会以及包括国家自身在内的其他事物。[62]

　　基尔克指出，"法律的体系性基础，其最为重要的观点的形式与内容，以及许多非常具有实践属性的问题的解决，都取决于联合体的人格的建构"。[63] 联合体的法律，或正如他所贴的标签"社会法"，涉及联合体的形成与组织、群体的内在统一性以及个人与群体之间的关系。[64] 他写道，"一个联合体的内在组织是一种法律组织"；"法律原则在一个有机整体中统领着一对多的关系"。[65] 无论何种规模的社会群体——从家庭到地方社群，到职业群体，到教会，到国家——都是有与之相伴的社会法的社会联合体。社会法也处理

　　62　有关这一理论的概述，参见约翰 · D. 路易斯（John D. Lewis），"奥托 · 冯 · 基尔克的联合体理论"（The Genossenschaft-Theory of Otto von Gierke），载于《威斯康星社会科学与历史研究》（*Wisconsin Studies in the Social Sciences and History*）第 25 期（1935 年），第 1 页。

　　63　奥托 · 基尔克（Otto Gierke），《人类联合体的性质》（*The Nature of Human Associations*），引自乔治 · 海曼（George Heiman），《奥托 · 基尔克、联合体与法律：基督教的古典和早期阶段》（*Otto Gierke, Associations and Law: The Classical and Early Christian Stages*），多伦多：多伦多大学出版社 1977 年版（Toronto: University of Toronto Press 1977），第 10 页。也参见奥托 · 冯 · 基尔克（Otto von Gierke），"私法的社会角色"（The Social Role of Private Law），埃文 · 迈克高希（Ewen MacGaughey）译，载于《德国法律评论》（*German Law Review*）第 19 期（2018 年），第 1017、1110 页。

　　64　海曼（Heiman），同前注 63，第 10—15 页。我有关基尔克社会法的论述主要受益于海曼。

　　65　Otto Gierke, "Basic Concepts of State Law and the Most Recent State Law Theories", 25 *University of Wisconsin Studies in the Social Sciences and History* 158, 182 (1935).

群体之间的关系，其中就包括最高等的联合体——国家。

　　基尔克的论辩性目的，是诉诸传统日耳曼联合体来挑战罗马法基于绝对主义国家与个体主义这个二元论立场对法律的概念化。他将社会联合体中的关系判定为"法律"，就使得它们的地位与法律平起平坐。基尔克不仅是一位法学家，还是一位历史学家，他通过诉诸中世纪的法律形态这一研究专长来支持自己的观点。他迈出的关键一步就是将中世纪的法律形态加以抽象而得出具有一般意义的社会联合体。通过这一抽象过程，他从中世纪时期被集体承认为法律的具体历史性制度复合体（体现着当时的民间法）过渡到有关各种各样现代社会联合体的主张，其中包含社交俱乐部、经济

184　俱乐部、工会以及许多其他事物。

　　然而，两方面因素使得上述分析性步骤存在无可救药的缺陷。首先，随着法律在国家中得到巩固，像同业公会这样的法律形态不再被集体承认为法律——社会观点逐渐认为它们属于私人规则体系。其次，他所判定的中世纪法律形态处理社会交往（财产、人身伤害、协议与交易、婚姻等）的根本规则，或构成统治制度的实例，但今天绝大多数社会联合体并不涉及这些规则体系，而是与组织的特定目的相关。结果就是他抽象出来的社会联合体走向了另一个方向，与处理社会交往核心要素或处理群体整体社会秩序的政体的法律背道而驰，从而超出了通常被视为法律的范围。

　　几个基于社会联合体秩序的抽象法律多元主义的例证——它们都直接或间接地可追溯至基尔克——体现出它们无法限定法律并控制其涵盖过度的问题。我们已经在埃利希那里看到了这一缺陷。将这一立场推进到极致的是一位法律社会学家乔治·古尔维

奇（Georges Gurvitch）。他是一位热衷范畴化的科学实证主义者，（通过讨论基尔克与埃利希）识别出大量运作于家庭、教会、工会、"阶级、职业、生产者、消费者、政党；学术团体与福利组织；俱乐部、运动队、旅游协会等无穷无尽的联合体"中的基于群体的"社会法"。[66]古尔维奇对不同层面和不同类型法律的辨识"提出了不少于162（27×6）种法律，它们在与每一种群体、每一种真实的集体单位相应的每个法律框架内，具有不同密度和现实性，彼此冲突且相互制衡"。[67]社会学家阿兰·亨特（Alan Hunt）批评道，古尔维奇基于社会群体内部秩序来定义法律"失于太过宽泛，有因过于不确定而冗余的危险"。"在他的使用中，'法律'似乎与社会这个词可以相互替换。"[68]法律社会学家尼克拉斯·泰玛什弗（Nicolas Timasheff）注意到了同样的缺陷："显然，不可胜数的习惯规则，比如礼仪规则和与决斗风俗相关的规则，都被古尔维奇的法律观念囊括进来……被分离出去的事物就不是法律。"[69]

185

　　二十世纪中叶杰出的法律人类学家利奥波德·波斯皮西尔（Leopold Pospisil）在早于格里菲斯二十年的二十世纪六十年代，详

66　Georges Gurvitch, *Sociology of Law* (New Brunswick, NJ: Transaction Press 2001) 232.

67　同上注，第 230 页。有关古尔维奇法律社会学内容丰富的解释，参见波林·麦克唐纳（Pauline McDonald），"乔治·古尔维奇的法律社会学"（The Legal Sociology of Georges Gurvitch），载于《英国法律和社会杂志》（*British Journal of Law and Society*）第 6 期（1979 年），第 24 页。

68　阿兰·亨特（Alan Hunt），"商业版导论"（Introduction to the Transaction Edition），载于古尔维奇（Gurvitch），同前注 66，第 xxxiv 页。

69　Nicolas TImasheff, "Fundamental Problems of the Sociology of Law", 2 *American Catholic Sociological Review* 233, 240–41 (1941).

尽阐发了一种抽象法律多元主义。[70] 他吸收了基尔克与埃利希对社会联合体内法律的判定,提出"社会中每个功能子群体都有自己的法律制度"。[71] 在波斯皮西尔看来,法律是如下四种必要特征的结合:(1)法律判决由具有权威的第三方领导作出;(2)这些判决旨在适用于之后出现的类似情境(具有普遍适用的意图);(3)它们在纠纷(*obligatio*, 债)中界定当事人一方的权利及另一方的义务;以及(4)它们由心理以及身体上的惩罚得到执行。[72] "由这四个标准界定的法律出现在所有社会中——实际上也出现在人们构成的每个功能群体与子群体中",具有不同层次的包容性。[73] 子群体的存在恰恰非常依赖于对群体成员行为的法律规制。[74] "最终结果就是,甚至像美国家庭这种小型群体都会有一个法律制度,依据实际情况而可能由丈夫、妻子抑或双方加以执行。"[75] 他继续说道,由于人们隶属不同子群体,他们就会同时隶属于不同形态的法律,这些法律的包容性

---

[70] 参见利奥波德·波斯皮西尔(Leopold Pospisil),"人类社会中法律的层级与法律体系的多重性"(Legal Levels and Multiplicity of Legal Systems in Human Societies),载于《冲突解决杂志》(*Journal of Conflict Resolution*)第 11 期(1967 年),第 2 页。早先的一个简短论述,参见利奥波德·波斯皮西尔,"原始社会中法律体系的多重性"(Multiplicity of Legal Systems in Primitive Societies),载于《费城人类学协会杂志》(*Bulletin of the Philadelphia Anthropological Society*)第 12 期(1959 年),第 1 页。

[71] 波斯皮西尔(Pospisil),"法律层级和法律体系的多重性"(Legal Levels and Multiplicity of Legal Systems),同前注 70,第 9 页。他批评基尔克将群体视为真正的有机体,批评埃利希将法律等同于实际行为而非对规范的阐述与实施,但在其他方面却吸收了两者有关社会群体中法律的观点。

[72] 同上注,第 8—9、24 页。

[73] Leopold Pospisil, *Anthropology of Law: A Comparative Theory* (New York: Harper and Row 1971) 8.

[74] 波斯皮西尔(Pospisil),同前注 70,第 13、17 页。

[75] 同上注,第 13 页。

可能相同也可能不同,还包括可能彼此冲突的法律。[76]依据他的分析,较低层级的法律被逐渐囊括入更高层级之中,构成了一系列层级复杂的法律制度安排。但波斯皮西尔对于包含社会内各种法律秩序的多层级制度的论述,不过是对法律多元主义的另一种理论描绘。

人类学外没有多少学者特别关注波斯皮西尔的法律多元主义地图,甚至在法律人类学内他有关法律多元性的观点也没有多少追随者(尽管他的个案研究内容丰富)。[77]法律人类学家莎利·福尔克·穆尔提出反对意见,认为波斯皮西尔"实际上是将'法律'这个概念运用在任何社会中与组织化群体相关的所有规则形态中";"但把这一切都称为法律,特别是涉及复杂社会时,可能会有产生混淆的风险"。[78]

采纳这一立场的理论家从未令人信服地证明联合体的内在秩序就是法律这一主张。埃利希提出过几个零散的论证:早于国家的中世纪社会联合体发挥着同样的法律功能;这些制度中有一些甚至在国家法存在时还发挥着这一功能;社会联合体内得到遵循的规则提供了法律渊源,得到了立法者、法官以及律师的运用;国家法通常没有社会联合体内得到遵循的规则那样有效。[79]这些都是将社会

186

76　Leopold Pospisil, "Legal Levels and Multiplicity of Legal Systems in Human Societies", 11 *Journal of Conflict Resolution* 9, 24 (1967).

77　对于波斯皮西尔著作以及它对该领域的影响为何有限的一个令人欣赏的分析,参见马克·雷恩·古德尔(Mark Ryan Goodale),"利奥波德·波斯皮西尔——批判性重估"(Leopold Pospisil—A Critical Reappraisal),载于《法律多元主义杂志》(*Journal of Legal Pluralism*)第 40 期(1998 年),第 123 页。

78　Sally Falk Moore, *Law as Process: An Anthropological Approach* (London: Routledge and Kegan Paul 1978) 17.

79　埃利希(Ehrlich),同前注 24,第 2—24 页。

联合体这类规范体系等同为国家法的前身、国家法的功能等价物以及法律渊源的理由，但要表明它们是法律则需要进一步论证，在导致涵盖过度的问题时更需如此。埃利希本来无需额外主张这些社会规范(家庭中、商业伙伴间以及俱乐部和更多社会联合体中的关系)都是法律，就可以对鲜活的社会规范如何影响国家法的运作提出同样的观点。

　　在埃利希生活的布科维纳，民间法律多元主义是显而易见的，这是当时常见且平平无奇的一种状况(实际上埃利希并没有谈及法律多元主义本身)。除了正式法律中的诸多分野外，奥匈帝国内的民族与宗教社群都遵循着各自的法律体系，如本书第一章所言，这是整个历史中帝国内常见的活动。埃利希本可以基于得到集体承认的法律形态(依据民间法)来描述法律多元主义。但他的目标是在社会学的法律概念基础上构建一种法律科学，这也是格里菲斯、古尔维奇、波斯皮西尔和其他学者的目标。在探索法律的科学理论时，他们拒绝了民间对于法律的判定，转而诉诸将法律等同为群体中规范秩序的抽象概念——这由于涵盖过度问题而无法成功。

穆尔与格里菲斯的否定

187　　　格里菲斯运用穆尔的半自治社会域概念(semi-autonomous social field, SASF)来解决埃利希无法界定法律的难题。在他的引领下，许多法律多元主义著作中都援引穆尔的概念，将之视为法律的场域。格里菲斯承认穆尔有意避免给半自治社会域中的规范贴上法律的标签，但他认为这一决定"在紧要关头落入法律中心主义

的窠臼"而不予采纳。[80] 不顾穆尔的反对，他主张"法律是半自治社
会域[81] 的自我规制"。并且他继续指出："'法律'出现在每一个'半
自治社会域'中，由于每个社会都包含这类场域，法律多元主义就
是社会组织的一个普遍特征。"[82]

格里菲斯明白自己的法律观念包含从非正式规范秩序到制度
化规范秩序这一广泛的连续统。之所以会出现这种情况，是因为社
会联合体与群体（俱乐部、家庭、读书会、邻里交往、伴侣、公司、
大学、体育联盟、政府部门等）的规范性秩序由一系列种类不同的
规范性机制加以维系。格里菲斯承认上述意涵，并主张"一切社
会控制或多或少都具有法律属性"。[83] 另一位杰出的早期法律多元
主义者戈登·伍德曼（Gordon Woodman）持有同样观点。他指出，
"结论必然是法律包含这样一种连续统，它从最明确的国家法形态
一直过渡到最模糊的社会控制形式"。[84]

这种抽象法律多元主义无法锚定法律是哪一种特殊的社会控
制，因而将法律与社会控制混为一谈。与之相对，更合理的替代性
立场会认为，社会控制包含一大类规范性机制，其中有一种是法律。
但格里菲斯如果采纳后一种观点，他就不得不放弃半自治社会域中
的活法属于法律的主张，因为其中有许多非正式规范。

要想解释穆尔的观点，我必须首先简单谈谈布罗尼斯拉夫·马

80　John Griffiths, "What Is Legal Pluralism?", 24 *Journal of Legal Pluralism* 38 (1986).

81　同上注。

82　同上注。

83　同上注，第 39 页，脚注 3。

84　Gordon R. Woodman, "Ideological Combat and Social Observation: Recent Debate About Legal Pluralism", 42 *Journal of Legal Pluralism* 21, 45 (1998).

林诺斯基（Bronislaw Malinowski）的法律概念。他的著作《原始社会的犯罪与习俗》（*Crime and Custom in Savage Society*, 1926）是有关非国家法的经典论述。他表明特罗布里恩岛民并非习俗的盲目遵循者，而是在时有冲突但大体有序的社会中生活的人们，他们遵循规则也会试图利用、操纵并规避规则来达成自己的目的（"与文明社会中商人的所作所为一模一样"[85]）。与许多小型社会一样，特罗布里恩岛中并没有"中央权威、法典、法院以及警察"；[86]但是他们的社会"无疑拥有具有约束力的法律规则"（但这些规则"充满弹性且是可调整的"[87]）来处理财产、经济交换、谋杀、婚姻与性关系、首领的权威以及一些其他事务。这些都是"美拉尼西亚社群中对应于我们民法的规则"。[88]

由于特罗布里恩岛缺乏制度化的强制力，马林诺斯基就需要探究人们大体上遵循法律的其他理由。"美拉尼西亚民法的约束力源自与义务的联结，它基于如下事实，即人们被整合入相互服务的链条之中，这是一种长时段内且包含各方面利益与活动的礼尚往来。"[89]人们遵循法律主要是因为共享的规范性约定以及正向激励，还有对丢失未来利益的担心、彼此依赖以及一种交织在彼此关系中的相互义务感，与恐惧基于武力的强制无关。[90]法律并不"存在于任何独立的制度之中。更准确说法律表征着他们部落生活的一个侧面，他们

85　Bronislaw Malinowski, *Crime and Custom in Savage Society* (Totowa, NJ: Rowman and Allenheld 1982 [1926]) 30.

86　同上注，第 14 页。

87　同上注，第 31 页。

88　同上注，第 66 页。

89　同上注，第 67 页。

90　同上注，第 55 页。

生活结构的一个方面,而非任何独立的、自足的社会制度"。[91]

　　埃利希与马林诺斯基的法律观念在关键部分彼此相近。[92] 他们都通过对"具体使用"的观察来界定法律,都认为法律由"当事人在生活中实际遵守的事物"构成(埃利希 [93]) ——可以通过留意"它们在实际生活中运作的方式"来识别(马林诺斯基 [94])。他们都否认法律需要法院、警察或制度化的实施。他们都认为相互性、正向激励以及社会义务是有约束力的法律背后的根本动力,同时否认物理强制力对于法律来说是必要的。如埃利希所言,"因此,一个人根据法律行动,主要因为这是其社会关系所发出的命令";[95] 也如马林诺斯基所说,这是由于"义务的联结"。[96] 尽管他们基于不同的视角,但都将法律视为鲜活的社会秩序。

189

　　与埃利希的学说一样,马林诺斯基的法律观念由于无法将法律同社会生活其他方面区分开——涵盖过度——而饱受批评。"马林诺斯基支持的法律观念太过宽泛以至于它实际上和有关一切社会关系的义务性方面的研究别无二致",莎利·福尔克·穆尔反对道,"法律和一般意义上的社会控制难以区分"。[97] 西蒙·罗伯茨(Simon

---

91　Bronislaw Malinowski, *Crime and Custom in Savage Society* (Totowa, NJ: Rowman and Allenheld 1982 [1926]) 59.

92　波斯皮西尔也认为他们的方法相近,但与我所提到的理由不同。波斯皮西尔(Pospisil),同前注 73,第 29 页。

93　埃利希(Ehrlich),同前注 24,第 493 页。

94　马林诺斯基(Malinowski),同前注 85,第 125 页。

95　埃利希(Ehrlich),同前注 24,第 75、77 页。

96　马林诺斯基(Malinowski),同前注 85,第 67 页。

97　Sally Falk Moore, "Law and Anthropology", 6 *Biennial Review of Anthropology* 252, 258 (1969).

Roberts）同样说道，"马林诺斯基尽管在这里使用了'法律'这个概念，但他的使用似乎非常宽泛，以至于涵盖所有社会控制模式"。[98]人类学家伊恩·沙佩拉（Ian Schapera）总结说，无法将法律同其他社会规则加以区分，正是"除了少数例外……法学家与社会学家不愿接受其普遍法律观念的原因"。[99]

　　穆尔的半自治社会域概念基于马林诺斯基的学说，但避免了她认为后者具有的错误。通过对非洲查加人和纽约市服装业的人类学研究，穆尔揭示出国家法律与规制的实效如何在相当程度上深受社会义务的影响，其中人们感受到后者是在自己局部互动语境中更具直接强制力的事物。[100]穆尔通过复兴马林诺斯基的学说，表明这些有约束力的义务通过人们之间的相互依赖与相互关系得以维系，并且由诸如丧失经济利益或驱逐出社群这类社会惩罚加以执行。互动的场域充满了这类受到规则约束的关系，它们极大地影响、阻碍、缓和以及改变了与成员行为相关的国家法的实际效用。为了表述这些情形，她创造了"半自治社会域"这个概念，它指的是"（这些场域）能够产生规则并强制或激励服从规则的事实"。[101]使得这些场域具有"半自治"属性的是，尽管它们具有约束力的规则是有实效的，但国家法在多种意义上且在塑造和影响社会互动语境方面

190

98　Simon Roberts, "Law and the Study of Social Control in Small-Scale Societies", 39 *Modern Law Review* 663, 674 (1976).

99　Ian Schapera, "Malinowski's Theories of Law", in R. Firth, ed., *Man and Culture: An Evaluation of the Work of Malinowski* (London: Routledge and Kegan Paul 1957) 151.

100　Sally Falk Moore, "Law and Social Change: The Semi-Autonomous Social Field as an Appropriate Subject of Study", 7 *Law and Society Review* 719 (1973).

101　同上注，第 722 页。

也是重要的。

通过这些个案研究，穆尔无与伦比地展现出人们服从于多种形态的规范性秩序，这些秩序影响他们的方式体现为带来不同于国家法所规定的结果。穆尔没有忘记之前批评马林诺斯基和波斯皮西尔，说他们带来混淆的宽泛法概念包含了太多社会生活。出于同样理由，她不愿将半自治社会域中的规则称为"法律"。她在查加人与纽约市服装业的半自治社会域中识别出的规范与惩罚，包含诸如礼物赠予、未来交易或收益（抑或由此导致的损失）、社会驱逐以及一系列非正式社会规范和正式法律与规制现象。穆尔没有给半自治社会域中的规范性秩序贴上"法律"的标签，而是提出意味着规制（regulation）的"规治"（reglementation）概念，这无疑是正确的，但却很笨拙。

在 2001 年一篇回顾过去半个世纪的法律人类学研究的文章中，穆尔讨论了格里菲斯有关法律多元主义的论述，却没有提及后者采纳她的半自治社会域来识别法律。接着她提出如下批评：

> 追随格里菲斯，一些学者现在认为法律多元主义指的是社会控制的政府与非政府规范构成的总和，且对其渊源不加丝毫区分。但出于诸多目的，这一总体需要被拆解开。基于分析与政策的理由，必须要作出区分，判定这些规则与控制的范围。否定出于实践目的国家能够且应当与其他制定规则的实体区分开，就是对显而易见的事物视而不见。如果有人想要作出或追溯改变，强调规范与命令性规则产生的独特场所不仅具有分析性价值，也具有实践上的必要性。作出这种区分并不必然会

采纳一种"法律中心主义"的视角。[102]

在随后的段落中，穆尔提出几个法律多元主义强调的社会现象，其中包括"国家（在内部和外部）与非政府性半自治社会域之间相互交叉的方式，后者产生出它们自己的（非法律性）义务性规范，它们
191　能够激励或强制遵循"。[103] 回想根据格里菲斯的学说，半自治社会域中的规范属于法律。通过在她提及半自治社会域后有意插入的"非法律性"，穆尔对此表达了坚定的反对。尽管表述得委婉，但她反对格里菲斯运用她的概念来识别法律的态度是确凿无疑的。

在倡导法律多元主义二十余年后，涵盖过度这个无法解决的难题最终使得格里菲斯承认（法律的定义）并不成功：

> 在这期间，有关法律概念的进一步反思使我得出下述结论：基于法律社会学中理论构建的目的，"法律"这个词最好被彻底放弃……基于上述分析也可以得出的结论是，"法律多元主义"这个表述可以且应当被重新概念化为"规范性多元主义"或"社会控制多元主义"。[104]

这对格里菲斯来说是一个巨大的反转，是对穆尔拒绝将法律这个概念用于半自治社会域中规则的一种迟来的肯定。几十年来，他一直

102　Sally Falk Moore, "Certainties Undone: Fifty Turbulent Years of Legal Anthropology, 1949–1999", 7 *Royal Anthropological Institute* 95, 106–107 (2001).

103　同上注，第 107 页。

104　格里菲斯（Griffiths），同前注 19，第 63—64 页。

都是抽象法律多元主义最直言不讳的支持者。放弃给自己带来学术声誉的立场，这个转变无疑证明了他宝贵的智识上的诚实。

上述否定同样抹除了他被广泛引用的法律多元主义强弱立场之分。再次重申，他主张承认原住民法的后殖民国家法律体系是"弱立场"的法律多元主义，这不过是法律中心主义的另一种变体。强法律多元主义是完全独立于国家法的法律秩序的多重性。先前我指出他的这一强弱二分法并不符合法律多元主义的实际情况，因为国家的正式承认并不是习惯法与宗教法存在的基础，独立的起源和正式的承认通常相伴携行，法律体系也以不同方式彼此交织。此时的反驳则更为根本：一旦格里菲斯认为法律的科学概念无法获得，强法律多元主义也就无从谈起，因为它预设了一种法律的科学概念。

尽管上述分析的大部分内容都围绕法律社会学家和人类学家展开，但法理学家也阐发了存在涵盖过度问题的立场。法理学家伊曼纽尔·梅利萨利斯（Emmanuel Melissaris）有关法律多元主义出版了一部著作且发表了多篇文章。他基于规范性话语提出了一种模糊的、暂时的法律观念——其中"这些规范性话语都是制度化的，因为它们创设了一般化的期待，这些期待通过第三方的执行或在期待没有达成时得到其肯认与重建而得到确认"。[105] 这种法律观念涵盖了"从夜总会制定并由其保镖执行的规则，到联合体或公司更为复杂的规则在内的具有法律属性的实例"。[106] 如前所述，全球法律

192

105　Emmanuel Melissaris, "The More the Merrier? A New Take on Legal Pluralism", 13 *Social & Legal Studies* 57, 74 (2004).

106　同上注，第 74 页。

多元主义理论家保罗·伯曼主张无需定义法律，不过他潜在地依赖一种呼应着基尔克和埃利希的法律观念，[107] 将法律等同于社会内多种社群中的规范性秩序，家庭以及排队等候的人们也位列其中。[108] 但他近来承认，"确实，考虑到法律多元主义者所支持的广义（且通常是未加界定的）法律概念，或许连考虑'法律'都是不合适的！"[109] 这些都属于格里菲斯现在放弃的"一切形态的社会控制都是法律"这种立场的不同变体。

自从基尔克将中世纪庄园、同业公会、教会等组织的法律抽象为一般意义上社会联合体中的法律，法律存在于联合体内部秩序的观点就捕获了许多理论家的芳心。埃利希基于这一观点的活法概念，多亏格里菲斯而在法律多元主义著作中东山再起。针对这一学说无法界定法律且具有涵盖过度的问题，一个世纪以来持续不断的批评并没有阻止它的使用。许多法律多元主义者不顾穆尔本人坚定且一再地反对，而将其半自治社会域作为非国家法的所在地。最值得一提的是，格里菲斯在 15 年前下结论说，这种方法失败了，但是学者依旧沿用不断。任何遵循这一路径的法律多元主义者都要重视这一预警。

107　Paul Schiff Berman, "The New Legal Pluralism", 5 *Annual Review of Law and Social Science* 225, 228 (2009).

108　Paul Berman, *Global Legal Pluralism: A Jurisprudence of Law Beyond Borders* (New York: Cambridge University Press 2012) 11–15, 262–63.

109　Paul Schiff Berman, "Understanding Global Legal Pluralism: From Local to Global, From Descriptive to Normative", in Paul Schiff Berman, ed., *The Oxford Handbook of Global Legal Pluralism* (Oxford: Oxford University Press, 2020) 34.

制度化的规范实施

法律多元主义的第二个范畴基于法律是制度化的规范实施这一　193
定义。提出这一法概念的理论家将国家法设定为自己的典范。他们
抖落外在修饰，将法律体系还原为其本质性特征，从而得出结论：法
律体系由承认、适用并实施法律规范的制度构成。赫伯特·哈特在
聚焦于国家法（即"大多数受过教育的人视为法律的事物"[110]）并将
之化约为给社会行动者施加义务的初级规则与律政官员用来承认、
变更和适用初级规则的次级规则的统一体时，就参与了这一过程。[111]
初级规则与次级规则的结合构成了法律体系的制度结构。当只存在
有关社会义务的初级规则而不存在次级规则时，这就属于前法律状
态而非法律状态，哈特将原始法律和国际法等同于此。[112]

约瑟夫·拉兹告诉我们，"如果不是全部的话，也有许多法哲
学家一直同意法律的一个决定性特征，就是它是一种制度性规范体
系"。[113] 于是，许多法律观念，特别是法学家提出的，都基于制度化
的规范实施。这一范畴中包含诸多变体——一些体现为制度化的纠
纷解决，一些包含正义或正当权威，一些附带公共或政府要素，抑
或其他样态——但归根结底它们都出于社会秩序的目的而关注一种
制度化的规范体系。受过法学训练的社会学家马克斯·韦伯指出：

110　H.L.A. Hart, *The Concept of Law* (Oxford: Clarendon Press 1961) 2, 3.

111　同上注，第 5 章。

112　同上注，第 91 页。

113　Joseph Raz, *The Authority of Law*, 2nd ed. (Oxford: Oxford University Press 1979) 105.

"'有保障的法律'这个概念应当被理解为存在一种'强制机构',也即有一人或多人,他们的专门职责就是要求自己准备好出于规范实施的目的,适用专门提供的强制手段(法律强制)。"[114](具有实施规范这一专门职责的强制机构就是制度性组成部分)强制可以是"身体的或心理的"。[115]尽管现代国家典型地主张对于法律的垄断,但韦伯否认国家法是法律的唯一形态,并且承认多重法律体系可以彼此共存,作为中世纪法律的学者,他对此了如指掌。

194   另一个获得支持的定义是法律人类学家保罗·博安南提出的。他认为法律由两种规则构成:有关社会交往基本事务的习惯规则,以及"支配法律制度自身活动"的规则[被奥斯丁称为"附属"法(adjectival law),被大多数现代法学家称为程序]。[116]

> 习惯是有关社会制度要想履行自己的职责、社会要想持续下去,人们就必须遵循的行为方式的规范或规则(它们具有不同程度的严格性,或多或少都支持道德、伦理甚或物理强制)……在有的社会,一些习惯在另一个层面中得到再制度化:为了法律制度更加准确,它们会被重新表述。因此,当这种情况出现时,法律可以被视为一种已经得到重述以便使之听命于法律制度活动的习惯。在这个意义上,法律制度最为典型的特征之一,就是这些"法律"中有一些与法律制度本身相关,尽

---

114   马克斯·韦伯(Max Weber),《马克斯·韦伯论社会与经济中的法律》(*Max Weber on Law in Society and Economy*),马克斯·莱因施泰因(Max Rheinstein)主编,纽约:西蒙和舒斯特 1954 年版(New York: Simon and Schuster 1954),第 13 页。

115   同上注,第 17 页。

116   博安南(Bohannan),同前注 5,第 33、35 页。

管大部分还是与社会中的其他制度有关——家庭的、经济的、政治的、礼仪的或任何方面的制度。[117]

这一观念非常类似于哈特认为法律是初级规则与次级规则统一体的学说。

马克·格兰特的"多重空间中的司法：法院、私人秩序以及原住民法"（Justice in Many Rooms: Courts, Private Ordering, and Indigenous Law, 1981）就采纳了上述学说，是法律多元主义领域颇具影响力的早期著作。它与格里菲斯的"何为法律多元主义？"相隔几年都发表在《法律多元主义杂志》上，与之构成了姊妹篇；格里菲斯的文章从 1979 年开始就一直被传阅，所以这两篇文章还亲切地彼此引用。与格里菲斯一样，格兰特发现"法律中心主义学说存在缺陷"，并提出一种更具"描述充分性"的对法律的理解。[118]

格兰特撰写了一系列有关法律和法律职业的杰出社会学研究文章。上面提到的这篇文章依靠大量研究表明，社会中满是规范性秩序。格兰特强调了几点：社会中绝大多数争议不是在国家法院中解决；社会中大量社会规制出现在类似于工厂和学校这样的私人规则体系；国家法渗透社会域的能力有限；并且国家法通常不如私人规制有效。他指出，由于这些私人规则体系发挥等同于法律的规制性功能，它们就是"原住民法"。格兰特解释说，"通过原住民法，

195

117　Paul Bohannan, "The Differing Realms of the Law", 67 *American Anthropologist* 36 (1965).

118　Marc Galanter, "Justice in Many Rooms: Courts, Private Ordering, and Indigenous Law", 19 *Journal of Legal Pluralism* 1, 2 (1981).

我指的不是某种弥漫的民间意识，而是在诸多制度环境下——在大学、体育联盟、住宅开发、医院等——发现的社会秩序具体模式"。[119]

格兰特承认有许多不同形态的社会秩序都存在于一个连续统上。他问道，"那么我们一般如何区分'原住民法'和社会生活呢？"[120] 他提出界定法律的方法就是"规范与惩罚的组织与分化。分化就是引入一种二阶控制——引入有关规范适用的规范——这类似于哈特（1961）将法律等同为初级规则与次级规则的统一体，也类似于博安南（1965）将法律界定为规范的再制度化"。[121] 承认原住民法有助于体现"再次重新发现现代社会中的法律是多元而非单一的，它兼具私人与公共特征，国家（公共的、正式的）法律制度通常是规制的次级而非首要场所"。[122]

这类法律多元主义同样遭受涵盖过度之苦。提示这一问题的线索就是通常得到一再重复的如下主张，即如格兰特所见，法律存在于"大学、体育联盟、住宅开发、医院等"，法律理论家尼尔·麦考密克也将法律等同于制度性规范秩序，他总结说法律存在于"大学、公司或家庭这样社会制度的'活法'当中"；[123]"以及比赛的法律还有国家和国际运动协会的法律之中"。[124] 约瑟夫·拉兹在"支配自愿组织活动的规则与规制，抑或法律上承认的公司的规则与规制，此外

119　Marc Galanter, "Justice in Many Rooms: Courts, Private Ordering, and Indigenous Law", 19 *Journal of Legal Pluralism* 17–18 (1981).

120　同上注，第 18 页，脚注 26。

121　同上注，第 19 页，脚注 19。

122　同上注，第 20 页。

123　麦考密克（MacCormick），同前注 31，第 1、14 页。

124　Neil MacCormick, "The Maastricht-Urteil: Sovereignty Now", 1 *European Law Journal* 259, 261 (1995).

还有像社区帮派这样非常短暂现象的规则与规制"中发现了法律。[125]
他解释说，自己心目中的法律制度"本身受到规则支配，完全受到基
于实践的规则的支配，这些规则如果不是决定了所有事务，也至少　196
决定了法律制度的构成、权力和运作模式中最为关键的方面。或许
制度具有的最为根本的法律权力就是实施与裁判"。[126]他继续说道，
"在这个意义上，罗马共和国与威尔士大学（2011 年解散）的规则，
就如美国和哥伦比亚大学的规则一样，都是法律制度"。[127]

　　一个世纪以前，意大利法学家桑蒂·罗马诺（Santi Romano）提
出过一种法律多元主义学说，这一思路推演到极致，就主张每种制
度都是一个法律秩序，且每个法律秩序都是一种制度。[128]在他的理
论中，一种制度具有四个特征：一种具体的客观存在，一个社会实
体，使之个体化的边界，以及具有连续性的永久统一性。[129]根据这
一观点，法律秩序包含国家、城市、公司、工厂、政党、监狱、教会、
家庭、犯罪团伙以及许多其他事物。[130]国家并非法律的唯一渊源，
而只是法律这一种下的一个属。[131]罗马诺承认自己的法律观点类似

125　Joseph Raz, "Why the State?", in Nicole Roughan and Andrew Halpin, eds., *In Pursuit of Pluralist Jurisprudence* (Cambridge: Cambridge University Press 2017) 138.

126　同上注，第 142 页。

127　同上注，第 143 页（强调为本书作者所加）。

128　参见桑蒂·罗马诺（Santi Romano），《法律秩序》（*The Legal Order*），阿宾顿：劳特里奇 2018 年版（Abingdon: Routledge 2018）。

129　同上注，第 17—19 页。

130　有关罗马诺法律学说（Romano's account of law）的简洁论述，参见拉尔斯·芬克斯（Lars Vinx），"桑蒂·罗马诺反对国家？"（Santi-Romano Against the State?），载于《伦理学与全球政治》（*Ethics and Global Politics*）第 11 期（2018 年），第 25、27—29 页。

131　参见奥尔多·桑杜利（Aldo Sandulli），"桑蒂·罗马诺和公法复杂性的感知"（Santi Romano and the Perception of the Public Law Complexity），载于《意大利公法杂志》（*Italian Journal of Public Law*）第 1 期（2015 年），第 1、23 页。

于基尔克，[132] 但他将法律的场域从社会联合体转向了制度。[133]

这种学说实际上完全就是给"制度化的规则体系"重新贴上"法律"的标签。由于每个社会充满了多种制度化的规则体系——大学、体育联盟等——社会就充满着多重法律。但为什么它就是法律？更合理的观点是社会中充满了各式各样的制度化规则体系，其中有一些是法律。法律多元主义者博温托·迪·苏萨·桑托斯以如下问题对此反对意见作出回应：

> 有人可能会问：为什么这些彼此竞争或互补的社会秩序形态应当被称为法律而非"规则体系""私人政府"等呢？用上述方式提出的问题只能用另一个问题来解答：为什么不呢？[134]

197　简短的回答是，这会导致混淆、违反直觉且给有关规则体系之间差异的不那么精致的分析敞开大门。桑托斯这样的后现代主义者可能并不介意，只要他们拆穿对法律的既定理解这个目标能够实现，但大多数采纳这一立场的理论家并非后现代主义者，他们追求理论融贯。社会中存在不计其数的制度化规则体系这一司空见惯的社会学主张，被这些理论家转变为它们都是法律这种令人困惑的立场。该立场对分析而言也不是必不可少的——格兰特有关社会中规

132　有关他们的关联与相似性，参见安娜·迪·罗比兰特（Anna di Robilant），"软法的谱系学"（Genealogies of Soft-Law），载于《美国比较法杂志》（*American Journal of Comparative Law*）第 54 期（2006 年），第 499、539—543 页。

133　罗马诺（Romano），同前注 128，第 68 页。

134　Boaventura de Sousa Santos, *Toward a New Common Sense: Law, Science and Politics in the Paradigmatic* (1995) 115.

则体系普遍存在及其影响的洞见，无需它们构成"原住民法"这个独立主张也依旧有效。这些规则体系是基于类比或修辞理由被贴上"法律"标签，而非基于理论证明。

　　制度化的规则体系之所以无处不在，是因为这是一种在不同环境中高度有效的创制和实施规则体系的方法。这些特征并非法律所独有，而是社会制度大体上都具备的要素。[135] 这些理论家所运用的推理链条可被重构如下：（1）国家法在被抽象为其根本特征时，是一种实施规范的制度化规则体系；（2）一切实施规范的制度化规则体系都是法律；（3）大学与公司拥有实施法律的制度化规则体系，所以它们就是法律体系。问题出在第二个命题。该主张必须被证明在分析上是合理的。麦考密克的如下主张很显然从第一个命题滑向了第二个："有法律的地方，就有规范性秩序；有制度化规范性秩序的地方，就有法律。"[136] 第二个命题无法推导自第一个命题。

功能分析的涵盖过度与不足

　　让我们来简单谈谈为什么法律概念的涵盖过度与涵盖不足是不可避免的。如前所述，要想得出一种法律概念或定义，理论家典型地从法律的一种典范形态入手（预设或设定），并基于功能或形式而对之加以抽象。

　　135　更完整的解释，参见布莱恩・Z. 塔玛纳哈（Brian Z. Tamanaha），《法律的概念：一种现实主义视角》（*A Realistic Theory of Law*），纽约：剑桥大学出版社 2017 年（New York: Cambridge University Press 2017），第 48—54 页。

　　136　麦考密克（MacCormick），同前注 31，第 11 页。

198   第一个范畴将法律同社会联合体的规范性秩序联系在一起。之前已经表明，这一观点源自基尔克迈出的关键一步：将同业公会这样的中世纪联合体的法律，抽象为一般意义上社会联合体秩序中的法律。但是，今天许多社会联合体——家庭、读书俱乐部、居委会、保龄球联盟等——是被习俗、道德、习惯、非正式协议、共享规则、法律契约等维系在一起的。社会群体的内在规范性秩序有许多规范性机制加以维持。在社会学中，这被称为"功能等价物"或"功能替代物"，它们承认许多社会功能可以通过不止一种方式得到满足。当法律通过联合体的内在秩序得到界定时，一切功能等价物——一切有助于群体内规范秩序的事物——都被囊括为法律。这就是为什么埃利希、马林诺斯基、古尔维奇、波斯皮西尔以及其他人提出的法律是社会秩序这种法概念会引发同样批评的原因：它们囊括了所有社会生活（习俗、道德、习惯等）。这一方法不可避免地导向如下主张，即一切社会控制都是法律。

    第二个范畴，法律是制度化的规范实施，通过添加法律是一种制度化规范体系这一结构性要求来调整"规范秩序池"。这种制度性要素推演自国家法制度化结构的抽象还原。运用这一标准来识别法律，会清除习俗、道德、习惯等事物，它们典型地不由长期存在的制度实施。法律现在从形式（制度化）与功能（维持社会秩序的规范实施）相结合的角度得到理解。但是涵盖过度的问题还会出现，因为诸多以规则为基础的社会制度都有同样的形式与功能的结合。这涉及不同环境中有效的功能安排的重复。制度化的规范实施是社会中常见的制度安排，因为许多社会组织都利用制度来宣告、实施以及适用规则，大学、公司、体育联盟等也在此列，它们被格兰特、麦考密克、拉兹、罗马诺以及其他学者断定为法律。根据这一方法，一切制度化的规范实施都是法律。

法律的形式与功能概念抽象自国家法，应当强调的是，它同时也是涵盖不足的，也即它排除了得到承认的法律形态。根据这些概念，得到社群集体承认但缺乏国家法的制度化形态的法律——像实施习惯法的非正式村庄集会——并不具备法律的资格。许多得到集体承认的法律形态被法律是制度化的规范实施这一表述排除在外，其中就包括习惯法和各种跨国法。正是因为缺乏组织化的次级规则体系，哈特基于自己的法律概念认为原始法律和国家法并不是成熟的法律，而是"前法律性的"。

法律概念的涵盖过度与不足导致奇怪的主张。认为法律是制度化规范实施的理论家提出，公司和大学都是法律体系，但是在公司和大学工作的人们典型地并不持有这种看法。同样是这些理论家，他们还主张缺乏制度的习惯法形态不是法律，可在这些社群中的人们都认为它们是法律。在这两种情形中，理论家提出的法律论述都与相关人们的理解大相径庭。理论家只能回答说人们对法律的判定有误，即使法律彻头彻尾是一种民间概念。

有人可能会认为，上述问题能够通过将两种范畴的法律概念以某种方式结合起来加以解决。但这是行不通的，因为它们彼此之间存在直接冲突。认为法律是群体的规范性秩序的理论家，比如埃利希和马林诺斯基，明确否认法律需要制度；但认为法律是制度化规范实施的理论家坚持认为，没有这些制度的规范性秩序就不是法律。这一僵局无法打破，因为每一方都从作为其相应抽象法律概念基础的一种彼此不同的法律典范形态出发。前者主张法律存在于

199

一切社会当中，但后者认为没有法律制度的社会就没有法律。

　　人类学家埃德蒙斯·霍贝尔提出一种富有启发的法律理论，将习惯法和国家法都囊括其中，但依旧无法克服上述问题。他指出，"一种社会规范在被忽视或违反时，如果通常出现个人或群体威胁或实际运用的物理强制力，且个人或群体拥有得到社会承认的特权如此行动，那么它就是法律"。[137] 这一观点把握住如下直觉，即规范被违反时通常得到运用的物理强制力使得法律有别于道德、习俗以及其他社会规范；使得法律强制力不同于复仇或报应的，正是先前对实施惩罚的社会授权。如我们通常在小型社会所见，当受害者的家族实施惩罚时，根据霍贝尔的表述，如果具备社群的准许（通过首领、长老抑或整个社群），这种行为就是法律。可是他的表述并不满足法律要求制度化的规范实施这个标准。霍贝尔认为，尽管"不存在法院，也没有专门化的法律执行机构"，但法律仍旧可以存在。[138] 如人类学家西蒙·罗伯茨所说，"在小型社会中，维持连续性和处理纠纷的机制趋向于几乎完全直接嵌入日常生活之中，不会受到一种分化出来的法律体系的支持"。[139] 如果我们认同小型社会中有法律这个主张，那么法律就无法通过制度化规范体系来界定。

　　上述许多不成功的尝试表明了如下这个显而易见的教训：任何仅基于功能与形式的法律都无法避免涵盖过度与不足的问题。这

137　Adamson Hoebel, *The Law of Primitive Man* (Cambridge, MA: Harvard University Press 1954) 28.

138　E. Adamson Hoebel, "Fundamental Legal Concepts as Applied in the Study of Primitive Law", 51 *Yale Law Journal* 951, 956–57 (1942).

139　Simon Roberts, "Law and the Study of Social Control in Small-Scale Societies", 39 *Modern Law Review* 663, 667 (1976).

正是抽象法律多元主义失败的原因。要想区分法律和非法律的事物，我们必须依靠对于法律的集体判定，也即依靠民间法。

我应当强调，即便我们放弃它们构成法律的主张，上述理论表达的诸多具有重大影响力的洞见依旧有效。其中一个就是社会群体内得到实际遵循的规范性秩序，以诸多方式得到维系，并不必然包括制度化的惩罚。共享的理解、共享的规范、彼此的利益、相互的关系以及诸如驱逐或未来收益丧失这类非正式惩罚，通常是有效的。这并不必然包括国家法，实际上还可能与国家法正式要求的内容相反。这正是穆尔所强调的。另一点就是社会中的人们直接服从于许多彼此不同的基于规则的制度化体系，而非仅仅是国家法。这是格兰特所强调的。这些观点持久不息地提醒我们，国家法通常受到其他规范性秩序的渊源以及在社会内运行的其他规则体系的影响，它们相互作用且相较于后者，国家法的影响是次要的———如穆尔、格兰特和埃利希所强调的那样。法律社会学家与法律人类学家一直都在提出这些观点。受到罗伯特·埃里克森（Robert Ellickson）《无需法律的秩序》（*Order Without Law*），[140] 即有关商人之间法律之外契约关系的研究，[141] 以及可以回溯至半个世纪之前斯图尔特·麦考利（Stewart Macauley）著名的"商业中的非契约关系"（Non-Contractual Relations in Business）[142] 的其他这类研究的影响，许多法学家逐渐也

201

140　Robert C. Ellickson, *Order Without Law: How Neighbors Settle Disputes* (Cambridge, MA: Harvard University Press 1994).

141　Lisa Bernstein, "Opting Out of the Legal System: Extralegal Contractual Relations in the Diamond Industry", 21 *Journal of Legal Studies* 115 (1992).

142　Stewart Macauley, "Non-Contractual Relations in Business: A Preliminary Study", 28 *American Sociological Review* 25 (1963).

接受了这些观点。即使有人否定一切社会群体都具有法律、一切社会秩序或多或少都具备法律属性、抑或一切制度化的规则体系都是法律这些主张，上述洞见依旧不会被磨灭。格里菲斯的持久贡献正是他挥舞着修辞意义上的大锤，砸向盛行的国家法一元论假定，为更广泛地承认社会中共存着多种法律形态开辟了道路。

后现代法律多元主义

有关不同支持者提出的后现代法律多元主义，我们只有寥寥数语。后现代法律多元主义者和批判法律多元主义者（两个群体彼此重叠）拒绝有关定义或概念化法律的科学性、分析性思考。在这些理论家看来，法律多元主义应当以任何能够推动揭穿国家法的政治议程、挑战其支配性主张、增进受压迫或边缘化群体利益的方式加以构建。多元主义思考一般来说不只是法律多元主义，还与后现代主义对形形色色的普遍主义、客观主义主张的挑战具有亲和性。[143]在他们眼中，法律与法律话语的一切内容都应当加以解构，包括戳破社会科学和法理学中有关法律的主张。法律概念是可以被完全抛弃的建构，抑或是可以在具体语境中使用而无法提出任何更广泛主张的临时性概念。

后现代法律多元主义展现的图景是法律秩序彼此高度重叠（由上一章讨论的桑托斯的地图所概括）。有一种批判法律多元主义避免了通常对社会与群体的关注，转而提议关注多重（多元主义的）

---

143 Gregor McLenan, *Pluralism* (Minneapolis: University of Minnesota Press 1995) 9–24.

法律叙事交织中的个体(公民与律政官员),[144] 以此揭示法律如何依 202
靠彼此共存的渊源而得以构成。[145]

　　与其反对宏大理论的姿态一致,后现代法律多元主义抵制概
括;批判理论通过法律意识形态与权力,挑战精英霸权与支配结构。
除了这些观点,难以刻画后现代主义的法律多元主义,因为每一种
立场都别具一格且自出机杼。此外,有人可能会质疑后现代方法
是否推进了他们所宣称的批判性目标。每种法律多元主义观念都
提出了一种框架来帮助我们理解彼此共存的法律秩序的杂乱现状。
从知识就是权力这个角度来说,提出一种在不同语境中把握这些状
况的一致方法可能具有解放的潜力。

与社会复杂性相连的社会
——历史视角下的民间法

　　聚焦民间法并追踪与社会复杂性相连之变迁的一种社会—历
史法律理论,为理解历史与今天的诸多法律与法律多元主义形态
提供了框架。简单来说,社会复杂性与下述因素有关:人口规模和

　　144　参见玛莎-玛丽·克兰汉斯和罗德里克·A.麦克唐纳(Martha-Marie Kleinhans and Roderick A. Macdonald),"何为批判法律多元主义?"(What Is Critical Legal Pluralism?),载于《加拿大法律与社会杂志》(*Canadian Journal of Law and Society*)第 12 期(1997 年),第 25 页。该立场在下文中已有预兆:杰奎斯·范德林登(Jaques Vanderlinden),"回到法律多元主义:二十年后"(Return to Legal Pluralism: Twenty Years Later),载于《法律多元主义杂志》(*Journal of Legal Pluralism*)第 28 期(1989 年),第 156 页。

　　145　参见玛格丽特·戴维斯(Margaret Davies),"多元的法律多元性"(Plural Pluralities of Law),载于拉凡和哈尔平(Roughan and Halpin)主编,同前注 2,第 238—260 页。

密度；出于各种目的组织社会行动的彼此分化的制度的程度与数量；成员、群体、实体以及制度之间与之内互动网络与渠道的范围。集体承认的民间法律形态可以被划分为我在全书中使用的三大范畴[146]——社群法、政权法以及政权间法——现在我们从与社会复杂性的关系角度来理解它们。

再一次重申，马林诺斯基指明了方向。马林诺斯基所设定的特罗布里恩岛上法律的典范形态，是社会交往的根本规则，它存在于一切社会中，无论是原始社会还是现代社会。他写道，"根据原住民社会中的民法，我们可以将规制人与人之间常态关系的规则体系理解为亲属关系、婚姻、经济合作与分配、贸易等；并将规制人与物之间关系的规则体系理解为财产继承等"。[147]埃利希同样承认这些根本规则存在于一切社会，包括"未开化的和半开化的社会"："婚姻、家庭、占有、契约、继承，所有这些事务都是法律事务，没有法律是无法想象的。"[148]他有关活法的例子都与这些事务相关，但是却受到了基尔克的误导，当从这些材料中抽象出一般意义上的社会联合体时，他就走入了与此无关的方向。

社会交往根本规则设法解决社会中社会关系的基本条件。[149]人类学与心理学研究证实了人类的许多共性，不过它们在表达上有很

146　有可能存在不符合这三大范畴的其他得到集体承认的法律形态。最重要的例子就是自然法，它是不同于这三类的一个悠久的传统。

147　马林诺斯基（Malinowski）的引文，参见沙佩拉（Schapera），同前注99，第140页。

148　埃利希（Ehrlich），同前注38，第131页。

149　参见布罗尼斯拉夫·马林诺斯基（Bronislaw Malinowski），"解释法律——特别是原始法——的新工具"（A New Instrument for the Interpretation of Law—Especially Primitive Law），《耶鲁法学杂志》（*Yale Law Journal*）第51期（1942年），第1237页。

大的文化差异。[150] 在这些共同特征中(群居生活、住所、工具、音乐、审美标准、互惠性礼物赠予、宇宙论等),与法律尤为相关的包括财产权、禁止谋杀、暴力伤害的救济、债务与契约、婚姻、有约束力的决定以及对违规行为的惩罚。[151] 如前几章所述,这些都是去中心化的中世纪法律所承担的事务,是历史上的帝国留给地方社群法处理的事务,是殖民地法律体系承认为原住民习惯法与宗教法的事物,也是在整个南半球发挥作用的事物。它们都是人们赖以生活的规则,并且人们以此来安排自己的日常社会交往。无论过去还是现在,在许多社会中社会交往的基本规则都被集体承认为"法律"(及其翻译)。这就是我所说的社群法。

莎利·福尔克·穆尔指出"没有社会不具有法律"。[152] 她的主张对于社群法而言是正确的:没有社会不具有社会交往的根本规

150　参见唐纳德·E.布朗(Donald E. Brown),《人类的共性》(*Human Universals*),纽约:麦克劳希尔 1991 年版(New York: McGraw Hill 1991)。

151　有关这些社会交往基本规则的自然主义基础,参见丹尼尔·森耶和卡尔顿·帕特里克(Daniel Sznyer and Carlton Patrick),"刑法的起源"(The Origins of Criminal Law),载于《自然人类行为》(*Nature Human Behavior*)第 4 卷第 5 期(2020 年),第 506 页;布朗(Brown),同前注 150,第 136—140 页;肯特·弗兰纳里和乔伊斯·马库斯(Kent Flannery and Joyce Marcus),《不平等的起源:我们的史前祖先如何导致了专制、奴役与帝国》(*The Creation of Inequality: How Our Prehistoric Ancestor Set the Stage for Monarchy, Slavery, and Empire*),马萨诸塞州剑桥:哈佛大学出版社 2012 年版(Cambridge, MA: Harvard University Press 2012),第四章;爱德华·威尔森(Edward Wilson),《社会性地征服地球》(*The Social Conquest of Earth*),纽约:利沃莱特出版公司 2012 年版(New York: Liveright Publishing 2012),第 192—193 页;塔玛纳哈(Tamanaha),同前注 135,第 82—84 页。也参见罗伯特·M.萨波斯基(Robert M. Sapolsky),《行为:我们最好与最糟时的人类生物学》(*Behave: The Biology of Humans at Our Best and Worst*),纽约:企鹅出版社 2017 年版(New York: Penguin Press 2017);这是哈特所说的最小自然法内容的一种变体。参见哈特(Hart),同前注 7,第 188 页。

152　摩尔(Moore),同前注 78,第 215 页。

204 则。尽管规则的内容相去甚远且会随着时间而改变，但这些规则的某种形态总会存在，因为人类自然特征与日常社会生活的要求产生了这些规则。尽管这些规则有助于在小型与大型社会中维持凝聚力，但基于民间法进路，法律并不是通过维系社会凝聚力这一功能得到界定的。更准确说，法律是人们集体承认为法律的事物（因此是民间法）——这一范畴由归纳得出，在经验上基于诸多社会中被集体承认为法律的规则体系。

在更大的人口规模中，发展出劳动分工，因此有专门的制度来执行得到规制的活动，后者包括进行统治、商业活动、粮食与水源的购买与分配、环境卫生等大型社会大多都会处理的工作。法律制度——其职员是创设、实施和适用法律规则的人们——出现于作为社会分化一般过程的一部分的更大群体之中。如马林诺斯基所说，"演化体现为下述专门性活动在制度方面得到不断强化的巩固，这些活动包括和经济生产、分配以及消费相关的这类特定活动，法律的实施与正义，教育和政治，宗教信仰活动，科学、文学、艺术和音乐的培养，以及运动和娱乐的追求"。[153]

在酋邦和早期国家，强制性法律制度维系着政治支配与内部控制，抵御外敌并实施社会与经济等级制。[154] 这是统治一定人口的执

---

153   Bronislaw Malinowski, "A New Instrument for the Interpretation of Law—Especially Primitive Law", 51 *Yale Law Journal* 1237, 1240 (1942).

154   绝佳的概述可参见罗伯特·L.卡内罗（Robert L. Carneiro），"酋邦：国家的前身"（The Chiefdom: Precursor of the State），载于格兰特·D.琼斯和罗伯特·R.考茨（Grant D. Jones and Robert R. Kautz）主编，《新世界中向国家转型》（*The Transition to Statehood in the New World*），剑桥：剑桥大学出版社 1981 年版（Cambridge: Cambridge University Press 1981），第 37—75 页；参见吉尔·J.斯坦（Gil J. Stein），"异质性、权力和政治经济学：旧世界复杂社会考古学近来的一些通行研究

政政治体的法律。统治者、教士、官员和法官典型地都源自世袭贵族，这些贵族掌控着大量地产，依据法律实施的财产与劳动制度，利用平民、啬夫以及奴隶在土地上工作。[155] 法律制度提供了为执政政治体背书的执行机构，因为它们确保了后者对社会的掌控。这就是我所说的政权法——附属于政治体（统治的中心）的法律——民间法的第二大范畴。统治政权——包括酋邦、子国家、国家、帝国以及其他形态的政权——可以在各种关系中与下级或上级政权共存，彼此嵌套、交叉或平行。政权法的内容可能包括社会交往根本规则（社群法）的创制与实施，这是当下国家法律制度得以建构的典型方式，但并不必然。历史上的帝国并不涉足地方的社群法和制度，该立场的一个变体就是欧洲殖民活动的遗产，它依旧存在于整个南半球地区。

205

法律多元主义的一位批评者，法律人类学家西蒙·罗伯茨指出，[156] 我们的法律概念与中心化的政府控制密不可分：法律涉及掌权者的制度化统治。"法律是中心化过程的附带物，这个过程在某

议题"（Heterogeneity, Power, and Political Economy: Some Current Research Issues in the Archaeology of Old World Complex Societies），载于《考古学研究杂志》（*Journal of Archaeological Research*）第 6 期（1998 年），第 1 页。参见塔玛纳哈（Tamanaha），《法律的概念：一种现实主义视角》（*A Realistic Theory of Law*），纽约：剑桥大学出版社 2017 年版，第 84—89 页。

155　Kent Flannery and Joyce Marcus, *The Creation of Inequality: How our Prehistoric Ancestor Set the Stage for Monarchy, Slavery, and Empire* (Cambridge, MA: Harvard University Press 2012) 478–481, 500–502.

156　参见西蒙·罗伯茨（Simon Roberts），"反对法律多元主义：针对当下法律领域扩展的一些反思"（Against Legal Pluralism: Some Reflections on the Contemporary Enlargement of the Legal Domain），载于《法律多元主义杂志》（*Journal of Legal Pluralism*）第 42 期（1998 年），第 95 页。

个时刻产生出了民族国家。"[157] 我所说的政权法就是如此。罗伯茨没有强调小型社会不拥有法律,他只是认为"尽管我们一直在努力这么做,但事实证明,要想自信地谈论前国家/非国家世界中模糊不清的秩序或中心化政治体中地方一级的秩序,是非常困难的"。[158] 他说的没错。但是先前的努力都是通过基于形式和功能的抽象概念来界定法律,因为前述理由,这种方法并不奏效。存在于一切社会中的社会交往根本规则(社群法)使得我们可以直接将小型社会与大型社会中的法律加以比较,它们的区别在于后者也有制度化的政权法。各种不同形态的社群法与政权法都被集体承认为法律,所以也都是法律——如今在与不断演进的社会复杂性的关系中加以理解。

与人口和技术发展不断爆炸式增长相一致,社会不仅见证了领土中国家法的巩固发展(政权法),也目睹了政治体之间和跨政治体的法律的增长与传播,它们旨在处理一系列跨越国界的活动与影响,特别是跨国商业活动。这类事物中有相当一部分在今天被集体承认为"法律",包括国际法和跨国法在内。这便是政权间法——民间法的第三大范畴。有关全球法律多元主义的文献强调这类法律,但也包含私人规制和其他规制与统治机制等并不被集体承认为"法律"的事物,不过这并没有降低这类法律的重要性。

上述范畴都是归纳性概括,源自对民间法历史与当代共同表现形式的分类。社群法、政权法以及政权间法的相对数量虽然随着时间流逝而有所改变,但它们一直在历史中彼此共存,且在今天都还

157　Simon Roberts, "After Government: On Representing Law without the State", 68 *Modern Law Review* 1, 13 (2005).

158　同上注,第17页。

存在。社群法在今天处理的事务大体上与过去一致（不过同样，这些规则的内容发生了巨大改变）。政权法在过去两个世纪中随着政府科层制的广泛扩展以及工具性立法而大量增加；近来政权间法呈现出多种样态以应对全球资本主义和现代社会跨境的运输与沟通。[159] 法律多元主义包含特定社会场域内社群法、政权法以及政权间法多重具体实例之间的并列与共存。

从社会—历史视角理解的民间法，是把握法律多元主义的最融贯的方法。它基于并遵循民间法律观念，在这一观念基础上展开理论概括，避免了抽象所导致的扭曲（家庭、俱乐部、大学、公司、体育联盟等，以及一般意义上的制度化规则体系，并不是法律，因为它们没有被集体承认为法律）。它挑选出体现在法律多元主义情境中的法律的基本变体：多种彼此共存的社群法律体系；政权法与社群法之间的差异；多种具有不同权威范围的政权法体系；多种政权间法律体系；以及其他变体。社会—历史进路还有助于把握法律多元主义的另一个重要因素：随着时间推移而留存下来的各种社群法（罗姆人法、犹太教法、伊斯兰教法、原住民法等），它们会随着周围社会环境的变迁以及统治政权和人们的态度（无论是友好的、敌视的，还是漠不关心的）而发生转变。

有人针对民间法进路提出一些反对意见。复述一遍，法律的判定不是依照具有定义的抽象概念，而是通过社群内得到集体（惯习主义）承认的法律：法律是人们通过自身社会实践判定和视为"法

159　参见塔玛纳哈（Tamanaha），《法律的概念：一种现实主义视角》（*A Realistic Theory of Law*），纽约：剑桥大学出版社 2017 年版，第五章和第六章。

律"（或"*droit*""*Recht*"等）的任何事物。[160] 雅蒲人的习惯法、纽约州的法律、国际法、哈拉卡、沙里亚以及数不胜数的其他表现形态都被集体承认为"法律"。有些理论家会问："可是人们为什么会选择'*droit*'和'*Recht*'，而非'*loi*'和'*Gesetz*'？"[161] "某些语言不是用一个词而是有两个词来指称'法律'：它们都源自拉丁文'*ius*'和'*lex*'。这两者都应被关照到吗？"[162] 如果特定方言中有不同词汇被翻译为"法律"，那么答案是肯定的，它们都被集体承认为法律。法学家约翰·加德纳指出这种惯习主义方法"神秘莫测"；"塔玛纳哈想让我们的搜寻的……是各种各样有关法律的原住民观念（亦即概念）"。他反对说："在我们知道什么算作法律之前，我们如何可能将之识别为法律的概念呢？"[163] 可这里没什么神秘莫测的：法律这个词所表征的观念丛已经在世界范围内从古典语言被翻译为当代语言。翻译难免会遇到模糊与不确定性，但这没有阻挡翻译的实现。

　　理论家可能会担心，基于惯习主义方法，任何事物如果获得了社群内的集体承认就都会被视为法律。尽管惯习主义确实有这种可能性，但在实际的社会实践中，法律这个概念（及其翻译）并不会被轻易地安放在各类现象头上，因为它承载着限制其使用的内容与意涵。无论过去还是现在，大量被集体识别为社会中法律的现象，

160　更完整的阐述，参见上注，第73—77页。布莱恩·Z.塔玛纳哈（Brian Z. Tamanaha），《一般法理学：以法律与社会的关系为视角》（*A General Jurisprudence of Law and Society*），牛津：牛津大学出版社2001年版（Oxford: Oxford University Press 2001），第166、194页。

161　Fernanda Pirie, *The Anthropology of Law* (Oxford: Clarendon Press 2013) 44.

162　Gregorie Webber, "Asking Why in the Study of Human Affairs", 60 *American Journal of Jurisprudence* 51, 61 (2015).

163　John Gardner, *Law as a Leap of Faith* (Oxford: Oxford University Press 2012) 298.

都是我所说的社群法、政权法或政权间法。

　　针对关注民间法的另一个反对意见认为，它放弃了基于法律本质特征的学说建构一种法律科学或法律哲学的目标。这个反对意见说得没错。社会科学家和法律理论家追求这一目标是他们的自由，但本章详细阐述的问题对于这个目标是否能够达成提出了严重质疑。[164]同时，对于努力克服或试图理解多元主义情境的人们来说，坚持认为法律多元主义必须建立在众多精致复杂的理论家经过几个世纪的努力都无法完满解决的谜题之上，是毫无道理的。此外，由于理论家构想出不同的有关法律的理论性概念，其结果就是出现各种各样的法律多元主义，引发分歧与混淆。

　　说得更直白些，这一目标本身就有缺陷。如我所说，集体承认 208 的法律假定了与不断发展的社会复杂性相关的各种不同形式与功能（社群、政权和政权间），它们并不是都共享着同样的特征。"什么是法律？"（" What is Law?"）这个经典的问题——用的是单数"*is*"——误导性地暗示有一种具备单一系列本质特征的真正法律，这是不对的。许多法律形态都得到了集体承认，它们具有不同的特征，无法被一种定义或观念涵盖。

　　将民间法作为理解法律多元主义的基础，并不意味着放弃社会科学与理论研究。我所提出的是一种中程理论，是基于对法律的历史发展、法律的社会情境、法律的集体理解、与法律相关的行动以及法律的社会影响的关注。通过这一方法，可以学到许多有关法律的知识。

164　参见布莱恩·Z.塔玛纳哈（Brian Z. Tamanaha），"法理学的重构：现实主义法理论的特征"（Reconstruction in Jurisprudence: Features of a Realistic Theory of Law），载于《加拿大法律与法理学杂志》（*Canadian Journal of Law and Jurisprudence*）第 32 卷第 1 期（2021 年），第 171—202 页。

结论　法律多元主义阐释

　　依据和国家法的关系，法律多元主义分为相互渗透且不断变化的两大类：（1）共存于社会场域内的得到集体承认的多种法律形态（外部多元主义），和（2）以内部多元主义为特征的法律表现形式（内部多元主义）。国家法律制度本身是内部多元主义的，并在外部面对着彼此共存的得到集体承认的法律形态。这一区分之所以是相互渗透且不断变化的，是因为推动内部多元主义的一个因素，就是与诸如习惯法、宗教法以及国际法这些其他彼此共存的法律形态之间的互动、源自它们的影响以及吸收或掌控它们的努力。社会中存在着一系列法律规范与制度：它们在国家法律制度之外、之内且与之相互交织。

　　这一社会现实挑战了国家法一元论学说的两个核心要素：国家法至高无上，在领土范围内构成对法律的垄断；以及国家法是一个统一的、有层级结构的组织化整体。没有任何国家法律制度彻底清除过得到社群集体承认的其他法律形态。没有任何国家法律制度清除过内部差异以及在同一层面或不同层面彼此竞争的权力与权威主张，等等。现今的国家法律体系由分散在整个社会的无数法律制度构成，它们无法被紧密地整合入由最高法律统领的、垄断的、统一的层级结构之中。现有的法律制度在历史进程中演进，受到偶然性、妥协、政治、权力以及一系列其他因素的影响——它们并不是紧密结合的整体。外部与内部多元主义的最终根源和燃料是每个社会中存在的社会、文化、经济以及政治异质性。

从一元论视角来看，这似乎存在缺陷，但拥有在横向与纵向不同关系和层级中运作并零散地关联为一个集合体的分散式国家法律体系，至少有三个重要好处：它使得重要的区域性变化能够以符合地方社群价值的方式体现在法律之中，这些变化较难与统一的法律体系相调适；它为不同立场获得法律承认创设了多重路径，使得国家法律制度向替代性观点与法律变迁开放；并且不在单一层级秩序之中的广泛分散的法律创制、实施以及适用制度，较难通过极权主义方式加以操纵或掌控。

本研究揭示出社群法、政权法以及政权间法之间以及内部的互动。社群法作为存在于一切社会中的社会交往根本规则（财产、人身伤害、婚姻、家庭义务、继承、债务、劳动义务以及其他一些内容），已经在许多语境中被证明是极有韧性的，因为它构成了人们彼此互动的框架——它作为人们生活世界的一部分，是其熟知且视为理所当然的事物。当今法律多元主义背后的主要动力机制是政权法（特别是国家法）与社群法之间的关系，再加上政权间法与这两者的交叉与互动。

政权法在不同的地理范围层次中，都历经了长期的、与日俱增的制度化进程（在现代社会，这体现为根深蒂固的科层化组织）——地方社群、大都市、乡村、地区、州、国家以及近来的跨国领域。在此进程中，国家法律体系被明确用来统治领土内的重要群体，确保其作为中心化政权的首要角色——该政权涵盖了在制度性网络中，

210

通过法律与金融制度集体相连的地方上分散的统治单位。在今天这包括了从邦联到单一制国家的各种形态，但在过去，城邦也是重要的政治体。现今存在的领土内群体都源自偶然的历史原因，并且其中有许多都包含着多种彼此不同的文化、民族、宗教以及其他社群。

由于存在执政的政权，政权间的法律制度处理的是政治体间和跨政治体的事务。政治体间正式的相互理解可回溯至四千年前，当时将这些事务表述为哪位国王对特定城市具有管辖权，保障外国商人的权利，确保交易的物品不受盗窃与没收，向外国公民征税，保护使者以及其他事务。[1] 政权间法是社会中与政权法和社群法一同运作的法律混合体的一部分。

211　　政权法与政权间法的界限是变动不居的。仅举几个例子，神圣罗马帝国、大英帝国以及欧盟，从一个角度来看可以被视为政权法的例证，但从另一个角度出发它们则是政权间法的示例。先前提议的《欧盟宪法条约》的标题把握住了这种二重性。欧盟起初是一种政权间法的建构，但在制度上逐渐发展成为政权法的明确表达——它会走向何处，时间会给出答案。

在政权法和社群法共同演化了几个世纪的地区——此时执政的政治体吸收并容纳了社会交往的根本规则——人们大体上根据国家法律规则来安排自己的事务。这出现在西方社会。但即使在这些情况中，独特子社群中得到承认的法律区域（pockets）也继续存

1　参见布莱恩·Z.塔玛纳哈（Brian Z. Tamanaha），《法律的概念：一种现实主义视角》（*A Realistic Theory of Law*），剑桥：剑桥大学出版社 2017 年版（Cambridge: Cambridge University Press 2017），第 168 页。

在，无论它得到执政政权正式承认，还是受到压制、忽视抑或调整（特别是像发生在原住民法、罗姆人法、犹太人法以及伊斯兰教法身上的一样）。社会异质性因此导致了国家法的外部与内部法律多元主义。

当移民大量移居到一个非常不同的社会时，抑或当人们从乡村迁往城市地区时，他们通常会重新创设自己的社群法。伴随着穿越罗马帝国的日耳曼部落、穿越地中海地区的犹太商业游民、欧洲的殖民官员和移民者、欧洲殖民活动时期许多地域的中国和印度移民，以及近几十年来大量伊斯兰教徒向欧洲的移民，这种现象应运而生。在整个人类历史中，有许许多多的人被迫或自愿迁徙，并根据他们自己的法律内容在他们新的居住地上重新建立起社群。这也为国家法律制度带来了外部、内部抑或兼而有之的法律多元主义。

当单一政治体囊括的领土范围中包含多种彼此不同的子政治体与社群时，子政权以及日常社会交往中遵循它们自身法律的社群，也会导致外部与内部的法律多元主义。这是奥斯曼帝国时期巴尔干地区以及米勒特制度的情况，是布科维纳在埃利希所处时代的情况，是苏联的情况，是领土边界由欧洲列强不顾民族与宗教社群分布而划定的非洲各国的情况。一个特定政权覆盖的领土范围越大，其所包含的异质性也就越多，也就越有可能包含各种具有自己法律的子政权与社群。这难免会带来外部与内部法律多元主义。 212

国家法从一个社会被移植到另一个社会、文化、经济、政治和法律制度迥异的社会，是法律多元主义的一个主要渊源。它借由殖民活动出现，不仅带来外在且内在于国家法律制度的法律秩序多样性，还使得国家法与社群中许多人的生活方式出现强烈差异。在许多情况下，它通过被动地接受或自愿地借鉴而发生，并且通过世界各国对源自西方的经济法规的移植——这与经济全球化和人权的传播相关——而在今天继续存在。当被移植到一个完全不同的环境中时，被移植的法律制度必然以不同的（通常是无效的）方式运作，因为法律最初是在周围支持性文化、经济以及政治因素的关联中运作的，而这是新环境所不具备的。

考虑到本书叙述的漫长历史，我们没有理由认为国家会在外在或内在方面很快演进到符合国家法一元论的立场，也即国家拥有对法律的最高垄断，法律彻底成为具有内部层级性的统一体。外部与内部的法律多元主义只有通过彻头彻尾的社会同质性才能得到消除。在这个意义上，在我们可预见的未来，这种反乌托邦式的一致性微乎其微。

因此，社群法、政权法和政权间法的关系在一千年后会怎样是无法知晓的——但对于生活在今天的每一个人来说，对接下来的许多代人而言，法律多元主义无疑将会继续存在，且会具有如本书所言的影响。法律多元主义存在于许多人的生活当中，出现在世界各地的社会之中。

处理外部与内部法律多元主义的普遍公式并不存在，因为情况各异。无法概括法律多元主义总是好还是坏、对社会有贡献还是问题重重，因为答案取决于眼前的环境。法律多元主义给人们带来了法律不确定性，但也使得他们能够利用自己理解和判定的法律，并为之提供了替代选项；它在彼此共存的法庭间创造了潜在的竞争，这会影响每种法庭的运作，但也催生了彼此合作、推动了制度改善。

或许适用于所有法律多元主义语境的唯一建议就是，要想正确
地理解现状并为实现目标而构思策略，我们就必须抛弃国家法一元
论这种依旧塑造并扭曲着许多人看法的错误学说的假定。这一影
响广泛的立场使得法学家三个多世纪以来为之着迷，但它在规范意
义上是可质疑的，在理论上是站不住脚的，而且在描述意义上向来
错得离谱。无论过去还是现在，各个社会中法律的常态都是具有不
同方式和不同程度的外部与内部法律多元主义。吸取这一经验，对
妥当地理解法律与社会来说必不可少。

索　引

（本索引所涉页码均为原书页码，即本书边码）

附录　法律是什么：塔玛纳哈的回答

　　本书作者塔玛纳哈教授1957年出生于美国的夏威夷，是日本人的后裔。他的祖父母在20世纪20年代作为劳工从日本冲绳到达美国，其中"Tamanaha"正是现在冲绳所辖的玉那霸市，是整个冲绳人口最多、经济文化最为发达的地区。塔玛纳哈教授在1980年毕业于俄勒冈大学，获得理学学士学位；之后进入波士顿大学法学院，在1983年以优异成绩（*magna cum laude*）毕业，获得法律博士（J.D.）学位。随后的几年间，他担任过美国弗吉尼亚东区联邦地方法院法官助理、夏威夷州联邦公共辩护律师，并前往对他人生转向至关重要的密克罗尼西亚担任司法部长助理和法律顾问。如本书前言所说，正是在密克罗尼西亚的经历，使他意识到法学院中习得的知识与现实世界中法律的运作有多么大的差距。随后，他进入哈佛大学法学院攻读法学硕士（L.L.M）学位，并跟随罗伯托·昂格尔继续攻读法学博士（S.J.D.）学位。1992年自哈佛毕业后，塔玛纳哈教授先后在荷兰莱顿大学（1993—1995）、阿姆斯特丹大学（1991—

---

① 本文写作得益于翻译过程中同塔玛纳哈教授的讨论交流，在文章结构安排和观点内容方面受教良多，特此致谢；也感谢译者导师张骐教授的关心和督促，以及樊一江师弟的建议。

1995）任教。1995 年回到美国后，他开始在圣约翰大学法学院任教，并短暂担任过法学院临时院长。

2010 年起，他又从美国东海岸来到中部平原，在圣路易斯华盛顿大学法学院任教，开设侵权法、法理学等课程。现今他是圣路易斯华盛顿大学约翰·莱曼校级教授。他曾调侃地说，当自己写第一篇论文时，永远想不到会有这样的一天。的确如此，他在 27 岁才发表第一篇文章，30 岁才决心走入学术界，延期毕业一年后 35 岁才拿到博士学位。但如今他在教学上两度荣获学生评选的年度教授奖、在权威杂志遴选的最富影响力法学教育家中排名首位；在学术上荣获国际法哲学与社会哲学大会首届法哲学图书奖、两度获得美国出版业法学类年度图书奖提名以及"法律与社会协会"图书奖等国际奖项，其著作共以十二种文字在世界各国出版发行。

对于国内法学界，特别是法理学学者来说，塔玛纳哈这个名字当然并不算陌生。他迄今写作出版了 11 部著作和近 90 篇文章，其中四部著作已经有中译本，包括本书在内还有三部正在翻译和出版过程中。[1] 不过大多数法学同仁对他的了解还是只限于他的《论法

---

① 依照时间倒序，塔玛纳哈的著作包括：*Sociological Approaches to Theories of Law*, Cambridge University Press, 2022; *Legal Pluralism Explained: History, Theory, Consequences*, Oxford University Press, 2021（本书）; *A Realistic Theory of Law*, Cambridge University Press, 2017（中译本为《法律的概念：一种现实主义视角》，陈力兆译，清华大学出版社，即出）; *Failing Law Schools*, Chicago University Press, 2012（中译本为《走下神坛：美国法学院现状观察》，秦洁译，法律出版社 2017 年版）; *Beyond the Formalist-Realist Divide: The Role of Politics in Judging*, Princeton University Press, 2010（中译本为《超越形式主义 / 现实主义之争：政治在司法裁判中的角色》，中国政法大学出版社，即出）; *Law as a Means to an End: Threat to the Rule of Law*, Cambridge University Press, 2006（中译本为《法律工具主义：对法治的危害》，陈虎、杨洁译，北京大学出版社 2016 年版）; *The Perils of Pervasive Legal Instrumentalism*, Montesquieu

治》一书，但其实塔玛纳哈教授的研究领域广泛且专精。他的论述涵盖了法哲学、社会法律研究（social-legal studies）、法社会学、法人类学等学科，并关注法律多元主义、法律与社会发展运动、法律现实主义、法律全球化与法治等议题，这些包罗万象的讨论最后则又万变不离其宗地汇聚到法理学（jurisprudence）最根本的一个问题：什么是法律？

这个问题，如塔玛纳哈所推崇的哈特在其《法律的概念》一书开篇所说，长久以来困扰着法学家。[①] 对它的解答，构成了我们理解本书以及塔玛纳哈整体论述的一把锁钥。本文将从这个角度出发，将本书置于塔玛纳哈的理论整体中，置于塔玛纳哈试图对话的当下法理学研究语境中，以此阐明这本看似简单的小书所具有的理论魅力。

一

谈起法理学也即英美语境中 "jurisprudence" 这门学科，我相信无论是业内行家还是头一次听闻的人，都会皱起眉头：这门学科

Lectures Series, Vol. 1, Wolf Legal Publishers, 2006; *On the Rule of Law: History, Politics, Theory*, Cambridge University Press, 2004（中译本为《论法治：历史、政治和理论》，李桂林译，武汉大学出版社 2010 年版）; *A General Jurisprudence of Law and Society*, Oxford University Press, 2001（中译本为《一般法理学：以法律与社会的关系为视角》，郑海平译，中国政法大学出版社 2012 年版）; *Realistic Socio-Legal Theory: Pragmatism and a Social Theory of Law*, Clarendon Press, 1997; *Understanding Law in Micronesia: An Interpretive Approach to Transplanted Law*, Brill Publishing Co., 1993.

① 　H.L.A. Hart, *The Concept of Law* (3rd edition), Oxford University Press, 2012, p. 1.

的内容不仅庞杂晦涩，就连它的学科定位和中文译名在一定程度上都是众说纷纭，莫衷一是。

一般认为，我们今天将"jurisprudence"称为法理学，主要源自日本法学家穗积陈重的翻译。但也有学者考证，早在穗积陈重从德国留学回日本之前，出版于1881年4月的《哲学字汇》中就已有"法理学"这一名称。穗积陈重当时使用的"法理学"这个概念，其实等同于"法哲学"，也即从哲学视角出发讨论法律的概念、法律的规范性等抽象议题。在我国的语境下，法理学的含义与此类似，却要宽广许多。这个词一般在学科意义上是法学二级学科"法学基础理论"的代称，它包含了从哲学、社会学、人类学、经济学等各种视角出发对于法律现象的观察与分析，某种程度上与法律理论（legal theory）相近。不过后者的外延显然更为宽阔，在广义上它还包含民法、刑法等各个部门法中的理论部分。与这两个概念相关的还有一组区分，即法学学科内部的理论法学和应用法学之分。前者指的是法理学、法制史等基础性学科，后者指的是围绕国家现行法律规定展开的、服务于司法实践的各个部门法的法学研究。这些对于"jurisprudence"的不同翻译，体现了学者对于这门学科的不同理解和定位：它究竟与部门法关系更紧密，还是与哲学、社会学、人类学等学科联系更深？

这种复杂也体现在"jurisprudence"本身所处的英美法学语境中。沈宗灵先生在《现代西方法理学》中指出，这个英文词包含四重含义。它们分别是（1）源自拉丁语"*jurisprudentia*"，指的是"法律的知识"，相当于广义的法学或法律科学；（2）法律基本理论，即"法理学"或"法律哲学"；（3）在法国，可指判例；（4）在美国可用作"法律"的一种较庄重的名称。① 在大部分语境下，我们在谈起法理学时，是在第二种含义上使用这一词汇，法理学家尤为如此。

此外，这个词的晦涩还可以从日常使用中管窥一二。我亲身经历的四件小事或许可以阐明这一点。第一件事是签证的时候，签证官例行询问我的专业，当我说出"jurisprudence"这个词后，她轻叹一口气不再说话，我轻松过签。第二件事是我在美国的室友一直坚信我的英语非常棒，临别时我实在忍不住询问他为何会对我有如此猜想，他说因为在美国本科到研究生的五年，从我口中第一次听闻英文中竟有"jurisprudence"这个词。第三件事是在法学院的比较宪法课堂上，犹太人口音的老师总是在我们总结案例的案情后询问：这个案件背后的"jurisprudence"是什么？上过两周课，我才搞懂他问的不是案件的判决结果，也不是案件的裁判依据（具体制定法条文或先例），而是法官作出判决时提供的裁判理由或说理过程。最后一件事是在塔玛纳哈教授著作研讨会上，国际知名逻辑学家和实用主义哲学权威苏珊·哈克（Susan Haack）教授发言时说，很遗憾我不会使用"jurisprudence"这个词，因为我确实不知道它的确切含义。

由此可见，"jurisprudence"并不算英语日常使用的词汇，而是相对抽象的专业术语。但与其他专业术语不同，学者们对它的使用和理解并不一致。概念使用上的差异和分歧，反映在研究领域中，就是法理学不像刑法、民法这些部门法学科有非常体系化的学说和教义，也不像哲学、人类学、社会学这样有比较成熟稳定的方法、视角和假设，而是呈现出各种内容、各派方法彼此交织的样态。

---

① 沈宗灵：《现代西方法理学》，北京大学出版社 1992 年版，第 1 页。

　　面对这一情境，不同方法进路的学者持有不同的态度。总体上说，分析法学家们往往认为法理学具有这种纷繁芜杂的样态，是因为法理学者用不属于法理学的方法关注了太多不属于法理学科的问题。或者更准确说，他们认为真正的法理学研究应当是一种法哲学（legal philosophy），最好是用分析哲学的基本方法（比如概念分析、思想实验等）来探究法律概念的性质、法律的规范性等与形而上学、语言哲学、心灵哲学、行动哲学相关的议题。但社会法律研究（socio-legal studies）进路的学者，往往基于自己的社会学、人类学以及经济学背景认为，这种看似杂乱无章的现象恰恰符合法律在我们现实生活中的样态：法律在世界不同地区具有不同的面貌，人们运用法律做各种各样的事情，法律发挥着立法者所期待的功能，但也有我们预期之外的或好或坏的影响。因此，法理学就该贴合法律的实际样态，本身就该是一种融汇各路方法的百衲衣（bricolage）[1]或集市（bazaar）。[2]

　　这两种对法理学的不同理解和定位，被视为研究法律的两种不同视角。法哲学的进路，往往被称为或自称为一种参与者或内在视角；法律社会研究的进路则往往被归属为外在视角。内在视角和外在视角之分是法理学讨论中至关重要的一个议题。它之所以进入法理学的视野，是因为哈特在现代英美法理学奠基之作《法律的概

---

　　[1]　Roger Cotterrell, Why Jurisprudence Is Not Legal Philosophy, 5(1) *Jurisprudence*, 43 (2014).

　　[2]　William Twining, *Jurist in Context: A Memoir*, Cambridge University Press, 2019, p. 160.

念》中宣称，自己将采纳一种内在视角来构建法理论。① 在他笔下，内在视角至少发挥着三重作用：其一是解释法律的规范性；其二是为法官依据规则裁判辩护；其三是否定有关法律的社会科学研究的意义。我们依次加以简要讨论。

首先，哈特批评现代法律实证主义的开创者奥斯丁将法律完全还原为主权者命令的学说。② 哈特认为将法律等同于命令，认为臣民对主权者的服从是基于习惯或对武力威胁的恐惧，就会让法律和抢劫犯的命令难以区分：面对行凶抢劫的歹徒，我们出于恐惧也会服从他的命令。因此奥斯丁的命令学说无法解释法律的规范性，也即我们为何会遵从法律这个问题。哈特认为奥斯丁之所以失败，是因为他忽略了人们看待法律规则时所具有的内在视角或内在态度。这种视角或态度指的是人们将法律规则视为自己行动的理由，并对共同体内偏离该规则指引的行为加以批判。

其次，哈特批评法律现实主义者在解释司法裁判时持有的规则怀疑论态度。③ 这种怀疑论认为案件结果往往源自法官的道德立场、政治倾向等因素，法律规则只不过是法官真实行为的一种伪装，并不能真正决定裁判结果。哈特认为事实并非如此，因为在一个共同体内，律政官员（legal officials）之间会共享着某种一致性实践，该实践背后有前述内在态度或视角作为支撑。这种由内在态度支撑的一致性实践被哈特称为"承认规则"，它帮助法官在实践中识别

---

① 　H.L.A. Hart, *The Concept of Law* (3rd edition), Oxford University Press, 2012, p. vi.

② 　同上书，第54—61页。

③ 　同上书，第101—105页。

出有效的法律作为裁判依据。

最后，根据以上分析，哈特认为纯粹外在视角的研究（奥斯丁对内在态度的忽略，法律现实主义者对内在视角的忽视）无助于理解法律的规范性和司法裁判，因此基于外在视角的法理论要么是失败的，要么与司法实践无关。需要注意的是，哈特此时显然背离了自己的理论承诺，即提供一种有关法律的"描述社会学"学说。①他的一切分析工具和视角都是在隶属于分析哲学的日常语言哲学基础上展开的。

由于哈特的这些富有影响力的论述，内在视角的法理论和外在视角的法理论不再是两种彼此竞争的主张，而是在相当程度上具有不同问题域的两种研究方向。两派学者虽然经常将对方观点作为靶子，但这两种研究取向却渐行渐远。非常典型的一个例子是比塔玛纳哈早一辈的学者威廉·特维宁（William Twining）。他在回顾自己与法哲学研究的对话时，承认自己遭遇最多的情形不是批评而是无视；但反过来，他也坦陈自己同样无视着法哲学同行的研究：曾有一段时间他与德沃金都在伦敦大学学院（UCL）教授法理学，却从未就彼此观点展开过交流。②

这两种研究进路渐行渐远的发展，使得它们似乎变成了两个学科。法哲学研究日益向哲学靠拢，关注的问题也越来越集中。大体来说，我们一般会认为法哲学处理两个层面的三个核心问题。第一

---

①　H.L.A. Hart, *The Concept of Law* (3rd edition), Oxford University Press, 2012, p. vi.

②　William Twining, *Jurist in Context: A Memoir*, Cambridge University Press, 2019, pp. 102, 209–212.

个层面是法概念论,主要讨论"什么是法律"以及"为什么遵循法律"这两个具体议题;第二个层面是司法裁判理论,主要讨论法官如何裁判或应当如何裁判的问题。贯穿这两个层面三个问题的一条主线,就是法律与道德关系。法哲学家们试图分析,当我们界定什么是法律时,是否必然会诉诸道德因素;当我们论证守法义务时,道德因素是否必然发挥作用;当我们裁判疑难案件时,是否需要考量道德因素。

社会法律研究则与此不同。这一研究进路隶属于更为宏观的法律与社会研究,它以法律现实主义为背景,强调"大阵营"(big tent)立场,以多学科视角来解释和分析社会中的法律现象。① 它的主要组织是在 1964 年建立的法律与社会协会(Law and Society Association),并以《法律与社会评论》(*Law & Society Review*)为核心学术阵地。总体来看,法律与社会研究强调法律与社会之间的互动关系或相互影响,关注法律对社会生活的实际作用。② 除此之外,法律与社会研究发展到今天并没有核心纲领,也不存在统一的立场,更没有一致的方法与理论框架,呈现出一种去中心化的分散特征。③

法律与社会研究历经了三个发展阶段。第一阶段是二十世纪六十年代至七十年代,这一时期的研究主要体现出"语境中的法

① Lawrence M. Friedman, The Law and Society Movement, 38 *Stanford Law Review* 763 (1986).

② Brian Tamanaha, "Law and Society", in Dennis Patterson (ed.), *A Companion to Philosophy of Law and Legal Theory* (2nd edition), Wiley-Blackwell, 2010, p. 368.

③ Austin Sarat, "Vitality Amidst Fragmentation: On the Emergence of Postrealist Law and Society Scholarship", in Austin Sarat (ed.), *The Blackwell Companion to Law and Society*, Blackwell, 2004, pp. 1-11.

律"（law in context）的特征。学者大多主张法律并非独立于社会的事物，但在概念上可以同社会加以区分；同时大部分学者认同源自罗斯福新政的立场，即法律是一种社会改良的工具。[①]第二阶段是二十世纪八十年代到九十年代，有学者将之归纳为"去中心化的时期"。在这一阶段的研究中，学者开始放弃法律优先的视角，转而关注日常背景下法律运作的制度语境。第三阶段是二十世纪九十年代至今，一般被称为"全球化时期"。这一阶段的特征是在全球化背景下重新思考和验证先前有关法律与社会关系的命题和假设。[②]在这一背景下，自二十世纪六十年代起，法律多元主义成为这一进路学者关注的焦点。这主要基于如下两方面因素。

一方面是法律多元主义提供了分析法律与社会关系的全新视角。在此之前，传统的社会法律研究中，如孟德斯鸠、梅因、涂尔干、韦伯等人的经典分析，法律与社会是两个相互作用的实体，法律的变迁反映着社会的发展，社会的演进塑造着法律的形态。[③]但在法律多元主义的视角下，法律不再是与社会发生相互作用的实体，而是社会场域内包含的一种规范，它本身就是社会的一部分。这一点

---

　　① Patricia Ewick and Austin Sarat, "On the Emerging Maturity of Law and Society: An Introduction", in Austin Sarat and Patricia Ewick (eds.), *The Handbook of Law and Society*, Wiley-Blackwell, 2015, p. xvii.

　　② 有关法律与社会研究的发展阶段和各阶段代表作品及特征，可参见：Calvin Morrill and Kelsey Mayo, "Charting the 'Classics' in Law and Society: The Development of the Field over the Past Half-Century", in Austin Sarat and Patricia Ewick (eds.), *The Handbook of Law and Society*, Wiley-Blackwell, 2015, pp. 18-36. 本书作者塔玛纳哈及其《论法治》在该文中被列为第三阶段的代表性人物与作品。

　　③ 这一观点被塔玛纳哈总结为"镜像命题"，即法律是社会的镜像，"反映"社会的特征。

集中体现在法律多元主义的定义当中——虽然理论家对法律多元主义的确切涵义多有争议，但无疑都大致认可它指的是同一个共同体中存在着两种及以上的有效法律秩序。这些法律秩序既包括现代社会中由一国立法机关制定的国家法，也包括习惯法、原住民法、教会法、跨国法、国际法等非国家法形态。由此，法律多元主义成为法律社会研究焦点的另一方面因素，就是社会法律研究通过关注法律多元主义，通过探究国家法之外的法律形态，找到了与法哲学不同的研究对象，法哲学因此无法主张自己是理解法律实践唯一合理的方法。

我们大体上可以这么认为，当代法理学的研究格局就是法哲学与社会法律研究鼎足而立。它们最初是理解法理学这门学科的两种不同方式，后来则逐渐朝着具有各自研究方法和研究对象的不同学科这一方向演进。在今天，这两种研究进路达到了前所未有的发展程度，各自的理论甚至实践成果也都层出不穷。但伴随着它们的成熟，它们各自的不足与缺陷也开始慢慢浮现。可以说，这两种研究方法在当下都走入了困境，面临着越来越严峻的挑战。如何走出理论困境并回应这些挑战，成为这两种进路以及整个法理学得以发展甚至重生的关键。

二

我们先来看法哲学在当代的发展及其面临的困境吧。哈特是当代法哲学研究的奠基性人物。他几乎单人之手地改变并塑造了法哲学的研究范式，以至于今时今日我们依旧在他设定的框架内工作。他在《法律的概念》一书的序言即引用了奥斯丁的名言：对于语词敏锐的意识会让我们对现象的感知变得敏锐。[1] 秉持这一精神，他对法哲学的研究范式作出了双重转变。

首先，他将有关法律现象的研究转变为对于法律概念的分析。[2] 在哈特所开启的这一传统中，概念成为我们认知世界的核心工具。他的学生拉兹认为，概念是关联我们和我们所谈及的外部世界对象之间的中介。[3] 在这个意义上，分析法律的概念就等同于分析法律本身。其次，他将有关法律概念的分析转变为对于法律（概念）性质的讨论。[4] 所谓法律的性质（nature of law）指的就是法律的本质必然属性，抑或法律之为法律必不可少的特征。在哈特开创的传统中，法律理论就是有关法律性质的研究。比如，拉兹认为构建法理论就是构建有关法律性质的理论；[5] 科尔曼认为，法理学的描述性工作就是识别我们法律概念的本质或必然特征；[6] 迪克森认为，只有必然为真的命题才能解释法律的属性；[7] 夏皮罗和加德纳同样持此立

---

① H.L.A. Hart, *The Concept of Law* (3rd edition), Oxford University Press, 2012, p. vi.

② 同上书，第 1 页。

③ Joseph Raz, "Can There Be A Theory of Law?", in C.P. Golding and W.A. Edmunson (eds), *The Blackwell Guide to the Philosophy of Law and Legal Theory*, Blackwell Publishing, 2005, p. 325.

④ H.L.A. Hart, *The Concept of Law* (3rd edition), Oxford University Press, 2012, p. 2.

⑤ Joseph Raz, "Can There Be A Theory of Law?", in C.P. Golding and W.A. Edmunson (eds), *The Blackwell Guide to the Philosophy of Law and Legal Theory*, Blackwell Publishing, 2005, p. 328.

⑥ Jules Coleman, Incorporationism, Conventionality, and the Practical Difference Thesis, 4 *Legal Theory* 381(1998).

⑦ Julie Dickson, *Evaluation and Legal Theory*, Hart Publishing Company, 2001, p. 18.

场；① 同为分析法学家但属于非实证主义立场的阿列克西也承认，法律的性质这个问题等同于法律的必然属性。②

哈特的双重转换至少具有以下三方面的理论后果。其一，将有关法律现象的讨论转换为有关法律概念的分析，使得分析哲学所倚重的概念分析方法成为哈特以降法哲学的主要理论工具。在法哲学中，有关概念分析的含义与价值有两种看似迥异但本质相似的立场。拉兹认为概念分析是对概念性质也即本质必然属性的探究，它通过剖析我们使用概念的直觉与条件，帮助我们理解概念的本质，进而能够更好地理解我们自身。③ 拉兹的学生马默则有不同的看法。他认为将有关复杂法律现象的研究转变为有关法律性质的分析，实际上是一种形而上学意义上的还原过程。这意味着我们有关法律

---

① Scott Shapiro, *Legality*, The Belknap Press of Harvard University Press, 2011, p. 9; John Gardner, *Law as a Leap of Faith*, Oxford University Press, 2012, p. 270.

② Robert Alexy, On the Concept and the Nature of Law, 21 *Ratio Juris* 281(2008).

③ Joseph Raz, "Can There Be A Theory of Law?", in C.P. Golding and W.A. Edmunson (eds), *The Blackwell Guide to the Philosophy of Law and Legal Theory*, Blackwell Publishing, 2005, p. 328; Joseph Raz, "Two Views of the Nature of the Theory of Law: A Partial Comparison", 4 *Legal Theory* 249 (1998). 虽然拉兹在其著作中有时表明，概念分析是有关概念定义的分析，而与探究事物的本质无关。但是他的学说的一个含混之处在于，对于"法律的性质"属于法律的概念还是法律这种社会现象，立场经常摇摆。为拉兹立场进行辩护的一种思路，就是认为法律的性质既可以在法律的概念中获得，也可以在法律这种社会现象本身中获得。这种观点的依据就是拉兹对概念的看法，他认为概念构成了语词（我们的理解）与世界之间的中介，是世界的一种表征，这意味着我们对语词的分析可以替代我们对世界本身的探究。在这个意义上，拉兹虽然有时会拒绝概念分析，认为它与分析事物的本质不同，但他对概念分析的认同要比其理论表面呈献出的样子更为深刻，因为根据他的学说分析事物的本质就是对表征该事物的概念加以分析。有关拉兹概念学说的深刻分析，可参见：Hillary Nye, A Critique of the Concept-Nature Nexus in Joseph Raz's Methodology, *Oxford Journal of Legal Studies* 1 (2016).

概念的探讨，并不是在讨论法律这个概念的意义，而概念分析则往往是对概念用法也即含义的分析。因此，马默认为法哲学的主要方法并非概念分析。[①]我们可以看到，虽然拉兹和马默对于概念分析持有完全相反的立场，但两人都认为法哲学本质上是从分析的或概念的角度出发，有关法律性质的研究。在这个意义上，我们可以接受拉兹为代表的相对主流一些的立场，认为法哲学以概念分析为主要方法。

其二，将有关法律概念的分析转化为有关法律性质的分析，法哲学呈现出一种将法律抽离于社会语境后加以描述分析的特征。哈特指出，分析法律的概念就是分析法律的性质，而分析法律的性质就是澄清如下三个问题，即法律与强制之间的关系，法律与规则之间的关系，以及法律义务和道德义务的异同。[②]这种研究方法实际上意味着哈特并不是在寻求法律概念的定义，而是在寻找法律规范的判准。他试图提出一种标准，以便在众多社会规范中识别出法律规范。这样做的目的有两个：一个是可以帮助法哲学以及整个法学框定研究对象——法学是专门针对法律规范而非任何社会规范展开的研究；另一个则是为司法实践服务与社会生活服务，告诉法官及共同体成员什么是法律，进而帮助他们依据法律作出裁判或规划自己的生活。

最后，将有关法律性质的分析理解为对法律本质必然属性的讨

[①]　Andrei Marmor, "Farewell to Conceptual Analysis (in Jurisprudence)", in *Philosophical Foundations of the Nature of Law*, Wil Waluchow and Stefan Sciaraffa eds., Oxford University Press, 2013, pp. 209-229.

[②]　H.L.A. Hart, *The Concept of Law* (3rd edition), Oxford University Press, 2012, pp. 6-13.

论，就意味着法哲学也是一种一般法理学。一般法理学是研究对象不限于具体时间、空间内法律体系的法律理论。如果说法哲学把握法律本质必然属性的理论目标能够实现，这就意味着依据法律本质必然属性提出的理论必然为真，因为法律的本质必然属性就是法律在任何时空下都会具有的特征，是必然为真的命题。依据法律本质必然属性建构的理论因此能够解释一切法律现象。

哈特提出的法哲学研究框架，除了法律的性质这个要素外，还有两个组成部分。一个是我们上一节提到的内在视角（internal point of view）或内在态度（internal attitude）。在今天看来这一表述无疑非常含混，因为我们并不知晓内在／外在是以什么标准划分的。但大体来说，我们可以认为对于一个共同体而言，如果我们是该共同体实践的参与者，并在参与中将该实践的规则视为自己行动的理由，就是秉持一种内在视角。这里需要注意的是，秉持内在视角或将实践规则视为自己行动理由，并不意味着我们需要支持或赞同该规则。我们完全可以对该规则采取一种相对超然的态度，只是将它接受为从事共同体实践的行为标准而不认可它。外在视角则指的是一种观察者视角，我们仿佛站立在该共同体之外，看着其中的成员呈现出某种行为模式，并试图从因果机制角度描述他们的行为。这两种视角相比较而言，内在视角更加偏重对人内心意图或意志的分析，因此许多学者会认为法学研究中的解释学转向或者说哲学解释学对法学的影响深刻体现在哈特的学说之中。[①]

另一个组成要素就是中立性或描述性分析。哈特认为自己法

---

① 但哈特认为自己这一观点源自科学哲学家彼得·温奇（Peter Winch）和马克斯·韦伯（Max Weber）。

哲学研究所提供的是对法律现象实际情况的中立描述,而非在应然层面上考察法律应当是什么,或对之作出道德判断。[1]哈特持有这一立场主要基于如下三方面的考虑。首先,哈特主张并捍卫的是法律实证主义立场,他认为法律与道德并不存在必然联系。[2]有关法律本质必然属性的分析,一定是不以任何价值预设为前提的描述性研究,否则就是从道德角度对法律作出判断,落入了和自然法一样的谬误,将"法律应当是什么"和"法律实际上是什么"这两个问题混为一谈。其次,哈特试图提出一种一般法理学理论,而价值中立的描述性研究更适合于这一工作,因为道德乃至价值判断并不必然具有普遍性。最后,描述性方法更适切于哈特的理论目标。总体来看,哈特的学说旨在分析法律是什么,法官如何裁判,是对事实现象的分析性理解。他并不打算提出某种证立性学说,并不试图讨论法官应当如何裁判,或法律应当是怎样的问题。

哈特设定的法哲学研究的三重要素,即以概念分析为方法的对法律性质的研究,以内在视角为基础的理论取向,以及以描述性为特征的理论性质,直到今天仍主导着法哲学的发展。在这一框架的指导下,如前所述,法哲学主要处理法概念论以及司法裁判理论这两个层面包含的三个具体议题,以及法律与道德在不同逻辑层面的关系。当然,每位法哲学家对于具体议题和理论框架的理解不尽相同,但总体来说,今时今日的法哲学就是这般模样。法哲学家的

---

① H.L.A. Hart, *The Concept of Law* (3rd edition), Oxford University Press, 2012, pp. 239-241.

② 在有关法律实证主义根本立场的描述中,学者往往会争论"分离命题"以及"社会事实命题"哪一个更为根本。一般包容性实证主义者会倾向于以前者来表述法律实证主义,但排他性实证主义者则倾向于后者。

分歧与论战也大多围绕这一框架中具体议题的立场展开，对这一框架的挑战虽然不是没有，却都尚未取得成功。近年来英美法哲学界兴起的取消主义（eliminativism）立场，特别是其中的代表人物马克·格林伯格（Mark Greenberg）对德沃金学说的发展和批判，使我们看到这一总体框架发生动摇的迹象。但实事求是地说，当下的理论努力相较于产生取代这一框架的学说，还有相当一段距离。

不过即便如此，哈特设定的这一框架在近年来也遭受到了越来越多的挑战。这些挑战大体上可以被归结为两个观点。其一是法哲学框架存在着理论方法与理论目标之间的矛盾；其二是法哲学框架内各个要素无法被统合为同一立场。我们依次加以讨论。

先来看法哲学的理论方法与理论目标之间的矛盾。[①] 首先，法哲学的理论目标是把握法律的本质必然属性，理论方法是概念分析；但许多学者指出，这两者之间并不匹配，法哲学家使用的概念分析方法无助于他们寻找到法律的本质必然属性。这是因为概念分析往往以理论家的直觉为前提。在分析"法律"这个概念时，法学家一般首先从自己生活经验出发，寻找到通常意义上"法律"概念的用法；接着他开始考察每种用法中"法律"概念的含义；之后他通过思想实验等方法来检验这些含义之间是否存在矛盾、每种含义是否妥当、是否有充分的现实经验直觉支持，并从这些不同含义当中选出最能够经受住反思的一些含义；最后，他基于这些筛选出来的含义，抽象出一个可以整合所有这些含义的法律理论。简言之，通过概念分析得出的法律理论是对理论家自身直觉的一种抽

---

① 相关讨论可以参见：Brian Tamanaha, *A Realistic Theory of Law*, Cambridge University Press, 2017, chap. 3.

象。直觉必然是个人化的、特殊的，建立在直觉之上的理论无法主张自己必然为真，无法主张自己具有普遍性，因此也就无法主张自己是对法律本质必然属性的把握。[①] 有关法律性质的不同学说，最后也就沦为不同理论家有关法律概念用法的不同直觉，成为了一场概念游戏。

其次，如果说我们能够通过概念分析获得有关法律本质必然属性的知识，这意味着这类知识是先天的而非后天的。因为只有先天的知识才是通过概念分析获得的，后天知识的获得则要诉诸现实中发生的事实也即经验。换句话说，如果我们接受法哲学的主张，就意味着我们承认有关法律的知识是先天的，是我们可以不依赖现实生活就可以获知的。生活中当然不乏先天知识，比如三角形有三条边，平行线是两条永不相交的直线。但法律是否可以类比于这类几何知识呢？三角形与平行线的定义中包含了它们自身的性质。当哈特说法律的性质是规则，拉兹说法律的性质是权威，马默说法律的性质是社会惯习时，这些性质是源自"法律"二字之中，还是来自我们的现实生活呢？

_____

① 这里的关键问题涉及对法律本质必然属性中"必然"或"本质"概念的理解。如果从强立场出发，它们意味着放之四海而皆准的事物；如果从弱立场出发，它们意味着从一种历史文化传统出发对于"必然"或"本质"的理解。举一个简单的例子，从现代法律体系视角出发，我们认为国家的强制力背书是法律的一个"本质"或"必然"属性。但抛开现代法律体系这一传统，我们所认为的"本质"或"必然"未必就是"本质"或"必然"的，它可能不适用于其他文化传统。但这并不妨碍我们依旧从这个角度出发来理解法律，并以此为标准来判定其他文化传统中是否存在法律。换句话说，拉兹这里没有明确自己的立场是强立场地提出一种普遍必然为真的学说，还是弱立场地将一种学说加以普遍适用。此外，需要注意的是，塔玛纳哈以及本文所强调的是反对将法律或法律概念的某种属性上升为本质或必然属性，但不反对从这些属性出发来认识法律及法律的概念。

　　再次，我们可以继续讨论，法律是否适合通过"本质必然属性"加以界定？拉兹和夏皮罗不止一次提到，法律的性质就是法律之为法律所必须具有的东西，就如同 H_2O 和水的关系一样。面对自然类别（natural kinds）概念，我们当然可以通过其分子结构来界定它们。比如，我们可以区分水和重水，可以区分山羊与绵羊，这是因为它们都具有稳定的分子结构。可法律并不是一种自然界的事物，而是人造物（artifact）或社会建构（construction）。[①] 这类事物的典型特征，就是它们都由人类按照某种方式创造，可以具有各种各样的功能，服务于各种各样的目的。有时它会符合创造它的人类的意图，但有时则并非如此；并且它的功能或作用还会随着创造者意图的改变而发生变化。比如，法律可以为人类带来秩序，但法律在具体实施中往往产生立法者始料未及的影响。再比如，有经济学家发现，美国食品药品监督管理局在经济危机期间，往往以食品安全为由，拒绝进口发展中国家的食物，以此保护国内生产商。此时，原本用来保障食品药品质量的法律，成为维护本国经济的工具。在法律的种种功能和用途之间，我们无法断定哪一种更为重要，因此也无法断定哪一种是其本质必然属性。简言之，通过本质必然属性来理解法律，会有"范畴谬误"的风险。

　　最后，如果我们按照本质主义和功能主义的思路，将法律的某

---

　　① 塔玛纳哈指出，将法律理解为人造物和社会建构之间存在着差异。两者的关键区别在于人造物需要明确体现制造者的意图，而建构物则未必如此。法律规则、制度以及体系，并不明确体现制造者的意图，因为我们很难明确指出其制造者或作者是谁（往往是一个代议制机构，相对抽象地表述立法目的），法律也未必能够实现立法意图或立法者意欲实现的社会功能。参见：Brian Tamanaha, *Sociological Approaches to Theories of Law*, Cambridge University Press, 2022。

一具体功能界定为其本质必然属性，就会出现涵盖过多和涵盖不足的问题。比如，夏皮罗将法律视为一种解决复杂道德纠纷的社会规划。毫无疑问，规划指引功能是法律在现代社会中的重要功能。但如果将法律等同于社会规划，就会发现：一方面许多日常生活中没有被我们视为法律的事物都成为了法律——比赛规则、班级纪律等都有社会规划功能，按照夏皮罗的界定它们都是法律（涵盖过度）；另一方面许多日常生活中被我们视为法律的事物却不算法律——我国《民法典》第二十三条有关民事行为能力年龄的规定，并没有直接解决复杂道德争议，也没有为我们的社会生活提出指引，依据夏皮罗的界定，它们竟然不属于法律（涵盖不足）。由此可见，法哲学的概念分析方法和其理论目标之间的确存在着矛盾，我们甚至可以说对于法律这种事物而言，概念分析方法是无效的，寻找其本质必然属性是徒劳的！

接着再分析法哲学框架内各个要素实际上无法被整合入同一个立场的问题。[①] 哈特设定的法哲学框架包含三个核心内容：对法律性质亦即本质必然属性的追求，对法律实践采取的内在视角或态度，以及描述性的理论立场。我们会逐渐看到这三个要素之间相互冲突，实际上无法在同一个理论框架中共存。

首先，对法律本质必然属性的追求与法律实践的内在视角或态度并不兼容。如前所述，法律本质必然属性是法律之为法律所必须具备的特征，是一切法律现象的本质。这意味着它是客观的，独立

---

① Jeff Pojanowski, "Reevaluating Legal Theory", 130 *The Yale Law Journal* 1458 (2021); Brian Tamanaha, *A General Jurisprudence of Law and Society*, Oxford University Press, 2001, chap. 6.

于任何人对于它的看法与态度。① 对于法律的本质必然属性而言，无论我们是否能够认识到它，无论我们是否将之视为法律的性质，都不会影响它作为法律本质特征的地位。因此，我们无论是共同体实践的参与者，还是共同体实践的观察者，对于法律本质必然属性的判断而言并不影响。

但法律实践的内在视角却认为，我们作为参与者还是观察者的不同身份，对于我们的判断而言至关重要。我们可以从"守法义务"的角度来理解这个问题。法哲学和政治哲学中讨论的守法义务问题，主要关心人们为什么会遵循法律。大体而言，法哲学中对此问题持有两种立场。一种立场是非实证主义者，比如马克·格林伯格、德沃金以及菲尼斯等我们熟知的自然法学家，他们认为法律在某种意义上是道德的一个特殊分支，遵守法律的理由与正当性就是我们遵循道德理由与正当性。简单来说，道德赋予了法律规范性。另一种立场是哈特、拉兹、马默等人所代表的实证主义立场。该立场将守法义务区分为描述层面和规范层面两个子议题。②

在描述层面，他们认为法律作为一种社会事实能够为我们提供行动的理由，这是因为两方面原因。一方面如前所述，我们作为共同体的一员，在法律实践中采纳内在视角，将法律视为我们自己行动的理由。比如哈特的承认规则以及马默在此基础上提出的社

---

① 当然，拉兹也强调我们对于法律性质的探究，体现着我们自己对于法律的理解。但是这样就使得"本质""必然"这些概念丧失了原本应有的含义。依据拉兹的立场，我们实际上无法知道一种观点是如何既体现着我们特定的文化环境，又能够主张自己具有普遍性的。

② Andrei Marmor, "The Nature of Law: An Introduction", in Andrei Marmor (ed.), *The Routledge Companion to Philosophy of Law*, Routledge, 2012, p. 12.

会惯习学说，还有拉兹提出的权威理论，都是从内在视角出发在描述层面解释（explain）我们如何会遵循法律。另一方面，如果我们属于共同体一员却并未采纳内在视角，此时我们遵循法律就是一种基于利害考量的选择，因为我们可能会顾虑违法后受到的惩罚。哈特、拉兹以及马默会将前一种基于内在视角的守法理由称为"道德的理由"，后一种外在视角的理由称为"审慎的理由"。①

在规范层面，他们认为法律是否为我们设定了守法的义务，这是一个道德问题，也即证立性问题。我们以拉兹的观点来阐明这一点。拉兹认为法律的性质体现在它是一种二阶排他性理由，会向我们主张权威。这意味着一种社会规范只要是法律，就会要求我们的遵循，要求我们按照法律的指示行使而抛开自己原有的行动理由。但是拉兹同时指出，法律要求或主张我们这样做，并不意味着我们应当有义务如此，因为只有当法律能够符合一定道德标准时，我们才有义务服从法律。这就是他著名的"权威的服务观"，说的是只有当我们按照法律的指示行事比按照自己原有考量行事能更好地实现自己的目的时，我们才有义务遵守法律。②因此，有

---

① Jules Coleman and Brian Leiter, "Legal Positivism", in Dennis Patterson (ed.), *A Companion to Philosophy of Law and Legal Theory* (2nd edition), Wiley-Blackwell, 2010, p. 239.

② Joseph Raz, "Authority, Law, and Morality", in *Ethics in the Public Domain: Essays in the Morality of Law and Politics* (revised edition), Clarendon Press, 1995, p. 214. 拉兹"权威的服务观"包含三个核心命题：(1)依赖性命题：一切权威指令应当基于这些指令所适用的对象，并且与这些指令所包含的情境有关；(2)通常证立命题：承认一个人相对于另一个人而言具有权威的通常和根本方式，就是表明权威适用的对象如果承认所谓的权威指令具有权威性拘束力，并试图遵循它们而非遵循直接适用于他们的理由，就能够更好地遵从适用于他的这些理由；(3)优先性命题：权威所提供的行动理由并不是对既有行动理由的额外补充，而是对它们的替代。

关我们是否具有守法义务的讨论，需要的不是解释而是一种证成（justification）。

我们可以通过下象棋的例子来更形象地理解这一点。在象棋比赛中，我们需要遵循象棋的基本规则，比如马走日、象飞田，过河卒子不后退等，这些规则解释了我们为什么这样而非那样移动手中的棋子。但是这些规则没有证成我们为什么应该参与象棋比赛。对于我们参赛的证成，需要额外的规范性理由，比如下棋有益于身心健康，有利于和朋友交流感情，等等。法律实证主义者坚持这一区分，是因为他们想要避免这样一种休谟难题：如果说法律实证主义者坚持认为法律是一种与道德没有必然联系的社会事实，那么法律又如何能够具有规范性？法律实证主义者通过将规范性问题拆解为描述性和规范性两个子议题，并将法哲学对这一问题的讨论局限在描述性层面，就既避开了休谟难题的挑战，也表明了法律本身就具有规范性，同时还坚持了自己的描述性理论立场。

这种理论辩护技巧虽然精致，但我们要注意守法义务的描述性和规范性区分所带来的理论意涵（implications）：如拉兹所说，从内在视角（描述性）出发，一条法规向我们主张权威；但在规范性层面，这条法规未必实际上具有权威。这意味着对于同一条法规而言，我们从不同层面考虑可能得出彼此相反的结论。依据内在视角，我们可能会认为一条法规具备权威，但从规范层面对之加以分析后，会发现实际上它并非如此。这就蕴含着这样一个推论：从内在视角出发对事物的认识，未必是对事物实际样态的把握。

至此，我们就可以看到内在视角观点与对法律本质必然属性的追求这两种理论要素是如何格格不入了。把握法律的本质必然属性，意味着把握法律的本质，把握法律之为法律的实际样态。但内在视角观点往往只是从某种预设的态度出发对法律的理解。拉兹的学说同样可以说明这一点。拉兹将权威视为法律的性质，但他也同时承认未必所有法律都实际上拥有权威。以"恶法"为例，从内在视角出发我们认为它也向我们提出权威主张，要求我们服从；但经过通盘考量，"恶法"并没有向我们施加守法义务。[①]那么我们是否可以认为法律主张自己实际上不具有的东西是自己的性质呢？

当然，哈特、拉兹与马默可以这样来为自己的理论框架辩护，即法哲学只考虑内在视角/描述性层面的问题，超出这一问题之外的规范性层面讨论，已经进入了政治哲学范畴，因此法哲学理论框架还是稳定的。这一辩护并非不可以，但其实是通过缩减法哲学的研究范围来维护自己的主张。我们可以承认缩减后的法哲学确实不受上述质疑的困扰，但却无助于我们真正理解法律，对吧？

其次，对法律本质必然属性的追求和描述性的理论立场之间不相容。我们在上一节中看到，法哲学探究法律本质必然属性的根本方法是概念分析，这是一种基于理论家自身生活经验与直觉的理论工具。理论家需要做的是通过思想实验等理论方法，在各种各样有关"法律"的生活直觉中加以遴选整合，挑选出其中经受住理论反思的部分，并将它们视为法律的本质必然属性。这个过程难免涉及

[①]　在这个意义上，麦考密克认为实证法的属性就是"可废止性"（defeasibility）。这个问题涉及法律实证主义和自然法之间的经典论战："恶法"是否属于法律。自然法的典型立场认为恶法并非法律，但以菲尼斯为代表的新自然法学说也认为"恶法"虽然是法律，却是有瑕疵的法律，因而不具有效力；法律实证主义则认为"恶法"是法律，但我们有理由不遵守它。从这个角度来看，自然法与法律实证主义立场并非格格不入。两者间的这种调和，成为当下法理学发展的一个特征。

分类与拣选，需要对各种有关法律概念的直觉加以取舍。取舍虽然没有统一的标准，但并不是完全任意的，它需要遵循一定标准在最低限度上对这些直觉加以评价。如果说我们的这一推理可以成立，那么法哲学的研究框架如何能够是描述性的呢？

非实证主义立场的学者的确注意到了这一点。菲尼斯认为，在探究法律的本质必然属性时，一定会涉及道德评价性因素，在这个意义上哈特所提出的法哲学框架是不融贯的。他通过马克斯·韦伯有关"价值关联"的学说，提出一种替代性方案：法哲学应当关注法律的焦点含义或核心情形，它虽然未必是法律的本质必然属性，但却是对我们而言最为重要的，因此也是值得研究的。① 德沃金也持有类似的立场。但他的学说从根本上来看是一种完全不同于哈特所开启的当代法哲学主流的理论框架，因此我们不对他做过多探讨。只是表明，他认为在识别法律时，道德判断必不可少。

不过迪克森对此有不同看法。迪克森赞同在探究法律的本质必然属性时会涉及价值判断而无法是纯粹中立的。但更为根本的问题在于，这种价值判断是否如非实证主义立场的学者所言，一定是道德的？她认为并非如此。实证主义者在处理有关法律概念的各种直觉时，完全可以不诉诸道德判断作出评价，而是采纳一些认知性标准。这些标准包括比如一致性、简洁性、清晰性、全面性、优雅性等。它们虽然也是评价性的，但却与道德无关，因此她的学说也被称为"间接评价性"理论。② 迪克森的学说虽然在非实证主

① John Finnis, *The Natural Law and Natural Right* (2nd edition), Oxford University Press, 2011, pp. 9-11.

② Julie Dickson, *Evaluation and Legal Theory*, Hart Publishing, 2001.

义者的攻击面前维护了实证主义基本立场,但也表明哈特所设定的法哲学框架中描述性理论和法律本质必然属性不可兼得。

最后,法律理论的内在视角与描述性立场之间存在张力。[①]描述性理论意味着不是对特定立场的正当性辩护,也不是对法律应当如何的论证,而是对其实际样态的述说。但如前文所述,内在视角的引入是为了解释法律的规范性,它指的是人们对特定实践具有的某种反思性批判态度。至少从表面看来,这两者之间是存在张力的。哈特之后的学者当然意识到了这个问题。如前文所说,麦考密克指出,理论家对法律规范秉持内在视角或态度不意味着支持该规范,这是将这些规范理解为自己或自己所观察对象的行动理由。举一个更具体的例子。比如,我是一名法学教师,我会在课堂上教授美国法,我会告诉学生依据美国法某个问题应当如何处理。这同样是一种内在视角,因为我将美国法视为美国公民的行动理由,但这并不意味着我完全赞同或认可美国法。简言之,我虽然采纳了内在视角,但只是从内在视角来描述美国法是怎样的。此外,还是如前所述,拉兹与马默将守法义务划分为描述性和规范性两个层面,并试图将法哲学研究范围限定在描述性层面当中,使得法哲学绕开了休谟问题。这样就确保了一种描述性理论也能够解释法律的规范性。

---

    ① 有关内在视角和外在视角的讨论,可以参考: Brian Tamanaha, "The Internal/External Distinction and the Notion of a Practice in Legal Theory and Sociolegal Studies", 30 *Law & Society Review* 163 (1996); Brian Tamanaha, "A Socio-Legal Methodology for the Internal/External Distinction: Jurisprudential Implications", 75 *Fordham Law Review* 1255 (2006); Charles Barzun, "Inside-Out: Beyond the Internal/External Distinction in Legal Scholarship", 101 *Virginia Law Review* 1203 (2015)。

这些对描述性的理论辩护当然有效，但即便如此，哈特开启的法哲学框架也难逃我们分析过的种种质疑。这意味着当代法哲学的主流范式，法律实证主义及其所设定的理论议题、理论方法和理论框架，都走入了困境。这种困境的典型表征，就是一方面法哲学家意识到法哲学日益局限在"法律是什么"这个问题上，丧失了对更丰富理论议题与法律实践的关注；另一方面法哲学家也发现经过六十余年的努力，我们依旧无法获得令人满意的有关法律概念的学说。这样就有两个选择摆在法哲学家面前：他们可以在这一框架下继续探索，这意味着引入新的哲学资源或视角来继续有关法律概念的讨论；他们也可以彻底放弃对于法律概念的分析，放弃我们所勾勒的这一理论框架。但当下法哲学发展的一个根本危机就在于，如果放弃了有关法律概念的讨论，法哲学似乎也走向了终结；可如果继续有关法律概念的分析，我们又该怎么做？

在这样的一个十字路口，塔玛纳哈学说的理论价值就凸显出来。不过我们在考察他对法哲学的推进之前，不妨先来看看法理学中另一个分支，也即社会法律研究在当代的发展与困境。在这之后我们会看到，塔玛纳哈的理论不仅是对法哲学的革新，也是对困扰社会法律研究的根本问题的解决。

三

20世纪60年代之后，法律多元主义议题就一直主导着社会法律研究。如前所述，它的出现是对社会学、人类学以及法学讨论法律与社会关系范式的一次革新。迄今为止，法律多元主义历经了三代学者的发展。[1]

第一代学者是活跃在 20 世纪 80 年代之前的法社会学家与法人类学家，以我们熟知的马林诺斯基、埃利希以及后来的利奥波德·波斯皮西尔（Leopold Pospisil）等人为代表。这一阶段的典型特征是学者大多关注殖民地或后殖民地中的非国家法，试图整理并表述这些地区在宗主国施加的正式法律制度之外的习惯法、宗教法、原住民法。

第二代学者活跃在 20 世纪 80 年代到 90 年代，主要以约翰·格里菲斯和莎利·恩格尔·梅丽为代表。[2] 这一阶段的典型特征是学者的研究目光不再投向非洲的原始部落或南太平洋的小岛，而是转向美国、加拿大、澳大利亚等所谓发达资本主义社会中的法律多元主义现象。正是在这一时期，"法律多元主义"这个概念开始风靡学界，从人类学与社会学领域，走入法理学、法哲学以及比较法。法律多元主义的风行，要归功于约翰·格里菲斯 1986 年的名作"什么是法律多元主义？"。这篇文章在发表之前已经得到广泛传阅，一经发表便立刻成为法律多元主义的经典文献，并至今保持着该领域内最高引用记录。同时，法律多元主义研究的许多基础性概念及其含义在这一时期也得到确定。比如，根据梅丽的考证，现在我们常说的

---

[1]　法律多元主义两篇最重要的经典文献是：John Griffiths, "What is Legal Pluralism?", 24 *Journal of Legal Pluralism & Unofficial Law* 52 (1986); Marc Galanter, "Justice in Many Rooms: Courts, Private Ordering and Indigenous Law", 19 *Journal of Legal Pluralism and Unofficial Law* 1 (1981)。两篇文章完成的时间大致相同，格里菲斯的文章在正式发表前已经在学者间得到传阅，并且两位作者在文章中也彼此引用了对方的观点。

[2]　Sally Engel Merry, "Legal Pluralism", 22 *Law & Society Review* 869 (1988).

"原住民法"（aboriginal law）就诞生自 1981 年马克·格兰特的名作
"多重空间中的司法：法院、私人秩序以及原住民法"的副标题。而
格兰特的灵感则来自 1978 年的一次会议。在这次会议上，学者们
讨论如何用概念来表述一个社会中既非国家法也非习惯法的法律秩
序。当时人们暂时拟定用"强制法"（imposed law）这个称呼。但这
显然令人难以满意，因为任何法律都在一定程度上是被强制实施的，
并不存在百分之百被人们接受的法律秩序。又比如，同样是在 1981
年，有关民族法（people's law）和国家法的一次研讨会讨论了"民间
法"（folk law）的概念。学者们以此来指代国家法之外的法律秩序，
并认为民间法并非国家法之外的不同法律类型，而是两者都处于社
会规范这一连续统，只是在规范生成与适用方面彼此分化，具有不
同特征。此外，学者们还更深刻地意识到所谓的习惯法并非与国家
法无关，或者说习惯法在一定程度上是源自人们的建构而非完全来
自于生活。一个突出的例子就是波斯皮西尔的见闻。他是一位法人
类学家，在二十世纪七十年代以研究各地习惯法闻名。他曾经撰写
了一篇有关荷兰政府和非洲新几内亚原住民族交往时所遵循的习惯
法的经典文章。[①]但当他再次前往新几内亚时，惊讶地发现当地殖
民政府用他撰写的习惯法著作在识别当地的习惯法。

第三代学者活跃在二十世纪九十年代至今，这一时期的突出特
征是许多学者开始关注全球化背景下的法律多元主义现象，代表人
物是贡塔·托伊布纳（Gunther Teubner）和博温托·迪·苏萨·桑

---

① Leopold Pospisil, "Legally Induced Culture Change in New Guinea," in Sandra
B. Burman and Barbara E. Harrell-Bond (eds.), *The Imposition of Law*, Academic Press,
1979, pp. 127-146.

托斯（Boaventura de Sousa Santos）。① 如读者会在本书中读到的那样，以塔玛纳哈和威廉·特维宁为代表的一些学者认为，所谓全球法律多元主义是一个"伪概念"。这一方面是因为如特维宁所说，"全球化"并不是一个严格的学术词汇，因为没有任何一种法律现象真正在全球范围具有普遍性；② 另一方面也如塔玛纳哈所说，我们有必要区分法律现象的多元或多重（multiplicity）以及法律现象的多样（diversity）。③ 前者指的是在某种共同框架下，彼此相近的法律秩序之间存在差异，比如欧盟各个成员国对待欧盟法的不同态度，以及共同大陆法系背景下各国彼此不同的国内法秩序；后者指的是完全迥异的多种法律现象，比如英美法系与大陆法系之间的法律传统。简言之，从全球视野来看，法律现象必然是十分复杂且彼此不同的，将它们统称为法律多元主义，其实无助于我们更深入地了解这些千差万别的现象。

　　法律多元主义历经六十余年的发展，产生出大量理论与现实影响。其中最突出的就是法律与发展运动（Law and Development

---

　　① 典型的代表性著作，参见：Boaventura de Sousa Santos, "Law: A Map of Misreading. Toward a Postmodern Conception of Law", 4 *Journal of Law and Society* 279 (1987); Boaventura de Sousa Santos, *Toward a New Legal Common Sense: Law, Globalization, and Emancipation* (3rd edition), Cambridge University Press, 2020. Gunther Teubner, "Global Bukowina: Legal Pluralism in the World Society", in Gunther Teubner (ed.), *Global Law Without a State*, Aldershot, 1997, pp. 3-28; Gunther Teubner, "The Two Faces of Janus: Rethinking Legal Pluralism", in Tuori, Bankowski & Uusitalo eds., *Law and Power*, Deborah Charles Publications, 1997, pp. 119-140.

　　② William Twining, *Jurist in Context: A Memoir*, Cambridge University Press, 2019, p. 232; William Twining, *General Jurisprudence: Understanding Law from a Global Perspective*, Cambridge University Press, 2009, p. 18.

　　③ Brian Tamanaha, *Legal Pluralism Explained*, Oxford University Press, 2021, p. 158.

Movement）。西方发达国家政府、非政府组织以及学者关注结束殖民统治后赢得民族独立的国家在社会与经济方面的发展，他们试图以改良和革新当地法律体系为途径，实现这些地区状况的改善。这些工作自然会涉及法律移植以及国家法与习惯法、原住民法、宗教法之间关系等问题。但在消耗了大量金钱与人力之后，人们发现结果可谓收效甚微。以法律多元主义为背景的法律与发展运动为何事与愿违？塔玛纳哈认为，问题的根源在于我们在法律多元主义理论研究中走入歧途。那么发展得如火如荼的法律多元主义中究竟发生了什么呢？

我们知道法律多元主义以社会法律研究为背景。社会法律研究隶属于更为宏观的"法律与社会"研究。这是社会科学方法进入法学后，在英美语境下出现的常见表达。"法律与X"成为运用交叉学科视角，重新审思传统法律议题这一研究方法的代称。如前所述，法律与社会研究或更为具体的社会法律研究关注的一个重点，就是法律与社会的关系。当法律多元主义不再将两者视为不同的实体，而是视为同一社会场域中两种具有不同特征的社会规范时，如何区分法律与其他社会规范，就成为法律多元主义、社会法律研究以及法律与社会研究共同面临的核心问题。

界定法律的界限，区分社会规范中就有法律属性和不具有法律属性的部分，是法学研究中一个经典议题。在一定程度上，它等同于法哲学所关切的"法律是什么"。在法哲学的理论表述中，这个问题往往被称作"合法性"（legality）问题，或法律效力条件问题，因为它实际上讨论的是我们可以依据何种标准判定一个社会规范是法律，抑或如何判定一个规范具有法律的效力。只不过如前所述,法哲学解决这个问题的着眼点是探究法律的本质必然属性,社会法律研究则关注法律与其他社会规范之间的区分。但恰恰是在这个关键问题上,法律多元主义虽然历经三代学者的发展,却并没有提出比较成熟的方案。

在本书前言中,塔玛纳哈提到自己在写作本书前,撰写了一系列有关法律多元主义的论文。贯穿本书和这些论文的一条主线,就是对法律多元主义理论有关法律定义或标准的批判性考察。法律多元主义在界定法律时,反对国家法一元论立场。这种立场认为法律是且应是国家法,对所有人来说都是一致的,由单一国家机构实施,是一种由规范命题构成的排他性的、体系化的和统一的层级性命令。我们不难看出,国家法一元论的观点在相当程度上近似于法哲学家拉兹对于法律体系的界定。拉兹认为,一个社会中的法律会构成统一的层级性法律体系,而法律体系就是在社会规范体系中主张最高权威的规范体系。在这个意义上,法律多元主义学说和当代法哲学的观点产生了碰撞。

法律多元主义既然关注国家法之外的法律形态,就需要一种不涉及国家因素的识别法律的标准。塔玛纳哈认为,总体而言,法律多元主义学者倾向于从两个角度来界定法律。第一个角度是将法律视为一种规范性社会秩序。塔玛纳哈认为持这一立场的代表性人物就是格里菲斯。格里菲斯认为,法律就是半自治社会域内具有社会控制功能的社会规范。[①] 所谓"半自治社会域",是一个来自法

---

①   John Griffiths, "What Is Legal Pluralism?," 24 *Journal of Legal Pluralism* 38 (1986).

律人类学家莎利·福尔克·穆尔（Sally Falk Moore）的概念，指的是一个内部能够生成规则、习俗以及符号，但同时也受到外部更大环境的规则与决定影响的社会场域。① 穆尔其实比较审慎地认为，这一场域中的社会规范并不都是法律，只有国家制定的规范才属于法律。② 但格里菲斯认为穆尔的观点又回到了国家法一元论立场，将法律窄化为国家法的单一形态，因此主张将这一社会场域内的所有发挥社会控制功能的社会规范都视为法律。这就带来了一个严重的问题：法律与社会规范难以区分。

格里菲斯学说的这一缺陷并非个例。在他之前非常著名的法社会学家欧根·埃利希的"活法"理论也有同样的问题。埃利希认为真正的法律并非书本上的文字，而是体现在人们动态生活之中对其行为具有影响力的规范。这其实也是将法律等同为社会秩序。作为法律多元主义者的"先驱"，与埃利希同时代的马林诺斯基的理论，同样存在类似的问题。在《原始社会的犯罪与习俗》这部名著中，马林诺斯基认为法律并不存在于中央权威、法典、法院和警察手中，而是存在于一系列彼此相连的义务中，存在于它们构成相互服务的锁链中，存在于一种长期的、涉及广泛利益与活动的给予和索取的体系之中。可见他们都从某种功能出发，将实现该功能的社会秩序界定为法律。

法律多元主义者界定法律的第二个角度就是将法律视为制度化

---

① John Griffiths, "What Is Legal Pluralism?," 24 *Journal of Legal Pluralism* 29 (1986).

② Sally Falk Moore, "Centuries Undone: Fifty Turbulent Years of Legal Anthropology, 1949-1999", in Sally Falk Moore (ed), *Law and Anthropology: A Reader*, 2005, p. 357.

的规范实施。相较于前一种方案，这一进路实际上是通过"制度化实施"这个要素来区别法律与其他社会规范。比如，马克·格兰特在其名篇"多重空间中的司法：法院、私人秩序以及原住民法"中，认为法律和其他社会秩序都处于一个连续统上，真正将两者区分开的是规范与惩罚的组织与分化。简单来说，这意味着法律不同于其他社会规范之处，在于它的生成以及实施都是由某种制度加以掌控的。

以上两种界定法律的方式，都存在着两个共同的问题。一个问题是涵盖过度。如梅丽在回顾法律多元主义研究时的经典论断所说，当我们讨论法律时，究竟在什么时候不再讨论法律而是在谈论社会生活？她也感受到法律多元主义对法律的界定，虽然有助于我们识别国家法之外的法律形态，却无助于我们区分法律和其他社会秩序。按照上述界定法律的方式，大学的校规校纪、比赛规则以及俱乐部行为准则，都属于法律的一种表现形式，因为这些规范都产生于半自治社会域，或者都能得到某种制度的实施。另一个问题是涵盖不足。比如，当我们将法律界定为得到制度化实施的社会规范时，就忽略了在许多村庄部落中习惯法的实施并没有固定的制度性支撑；当我们将法律视为实现某种功能的社会秩序时，就忽略了法律在社会中发挥功能是多种多样的而非单一的。仅从一种或几种功能出发，并不足以把握法律的全貌。细心的读者会发现，法律多元主义界定法律时所遭遇的问题，与之前我们讨论法哲学从本质必然属性界定法律时遭遇的困难是一样的。我们稍后会回到这个问题上来。

眼下我们需要注意的是，上述难题使得法律多元主义研究面临着如下理论困境：一方面法律多元主义需要一种界定国家法之外法律形态的有关法律的定义或判准，以此才能厘定法律与社会的关系；另一方面，迄今为止任何有关法律的界定都不成功，无法为法律多元主义讨论法律与社会关系提供明晰的标准。这个困境使得法律多元主义学者意识到，或许到了放弃"法律多元主义"概念的时刻。格里菲斯作为法律多元主义研究最优秀的旗手，在 2005 年的一篇文章中指出，我们应当放弃法律多元主义概念，转而采纳规范多元主义这个表述。这意味着他彻底放弃了厘定法律与其他社会秩序之间界限的努力，也标志着法律多元主义研究遭遇到了拐点。[①]

这一现象无疑令人感到沮丧。在历经几十年的发展后，法律多元主义理论不仅遭遇困境无法推进，就连"法律多元主义"这个概念本身的合法性也近乎荡然无存。此时法律多元主义学者如法哲学家一样也面临两难的选择：如果放弃对法律及法律多元主义概念的讨论，法律多元主义研究就走向了终结；但若继续有关法律和法律多元主义的讨论，又该怎么做？同样是在这个十字路口，塔玛纳哈的学说为法律多元主义走出理论困境提供了一种可行的方案。我们会看到他的理论有助于厘定法律与其他社会秩序之间的关系，也就有助于在学术研究中继续保留"法律多元主义"这个概念。

四

让我们对前述讨论稍加总结。在法理学这个较为宽泛的范畴

---

① John Griffith, "The Ideal of Sociology of Law and its Relation to Law and to Sociology", 8 *Current Legal Issues* 63-64 (2005).

下，无论是法哲学研究还是社会法律研究，如前所述，不仅具有类似的问题意识（阐释法律的概念），还遭遇着类似的理论困境（难以提出令人满意的法律概念）。这其实挑战了我们根深蒂固的一种直觉。我们通常认为，这两种研究进路历经几十年的发展，一个越来越向哲学靠拢，一个越来越倚重社会科学方法，彼此之间如果说不是水火不容，也至少是形同陌路，所处理的并不是同一个层面的问题。当代年轻一辈法哲学家的代表人物夏皮罗就曾指出，"社会科学无法告诉我们什么是法律，因为它研究的是人类社会。它的结论与法哲学家无关，因为人类之外的生物可能拥有法律这一点可谓老生常谈。比如，科幻小说充斥着拥有某种形态的法律体系的外星文明的故事"。[①] 法哲学家加德纳也指出，法哲学和法律的社会科学研究并不处在同一层面，只有通过法哲学的讨论了解什么是法律之后，才能够展开有关法律的社会科学研究。[②] 但是依据前文讨论，这两种研究进路之间并没有根本不同。两者间最大的差异，只不过是法哲学研究似乎建立在法律多元主义所代表的社会法律研究的对立面，亦即国家法一元论立场之上。而社会法律研究则更强调研究国家法之外的法律形态。

这就提醒我们，两种研究进路存在相互整合的可能。从历史视角来看，这种整合法哲学与社会法律研究的观点，并不是什么新鲜事。它发轫自20世纪30年代至40年代美国的法律现实主义运动，并在当代以新现实主义形态得到复兴。塔玛纳哈的学说从整体来

[①]　Shapiro, Scott Shapiro, *Legality*, The Belknap Press of Harvard University Press, 2011, pp. 406-07 n. 16.

[②]　John Gardner, *Law as a Leap of Faith*, Oxford University Press, 2012, p. 298.

看就植根于这一思潮。本节先讨论塔玛纳哈学说的具体内容以及他对法哲学和社会法律研究理论困境的解决，有关法律现实主义及其实用主义哲学基础的讨论将是下一节的核心内容。

法哲学与社会法律研究的核心困境在于无法提出一种令人满意的界定法律的标准。无论是从法律的本质必然属性出发，还是将法律视为规范性社会秩序抑或制度化的规范实施，都会存在涵盖过度与涵盖不足的问题。这进一步引发了人们对于法哲学研究方法与理论框架、法律多元主义概念价值的质疑，导致了这两种研究进路走入困境。为此，塔玛纳哈提出了自己的法律界定标准：

> 法律是共同体中人们通过其社会实践识别和视为"法律"的任何事物。①

这个定义的核心在于一个共同体内何种事物属于法律，取决于该共同体成员通过彼此之间的社会实践将何种事物共同地视为法律。共同体成员之间的社会实践往往意味着人们相对稳定的行为模式与态度，是一种社会惯习。因此，塔玛纳哈将自己的学说称为惯习主义（conventionalism）立场。在郑海平先生翻译的塔玛纳哈的著作《一般法理学：以法律与社会的关系为视角》中，他将这个概念译为"因袭主义"，突出共同体成员之间社会实践的惯常性和稳定性。我则倾向于将之译为"惯习主义"，因为这提醒我们塔玛纳哈

---

① Brian Tamanaha, *A General Jurisprudence of Law and Society*, Oxford University Press, 2001, p. 166, 194; Brian Tamanaha, *A Realistic Theory of Law*, Cambridge University Press, 2017, p. 73.

立场的一个理论来源，即哈特的社会惯习学说。

在《法律的概念中》，哈特有关社会惯习的讨论，主要体现在两个方面。一方面是他的理论在整体上依赖人们日常生活中对"法律"概念的使用。这毫无疑问源自哈特对日常语言哲学资源的借鉴。另一方面源自哈特对承认规则或内在视角的分析。[①] 他指出，承认规则指的是社会中特定群体成员从事某种一致性实践，同时该实践参与者对实践具有反思性态度，并对违背该实践的行为施以谴责。塔玛纳哈对于哈特惯习主义的借鉴主要体现在前一方面，也即法律就是日常生活中被人们视为法律的事物，但却反对哈特惯习主义的后一方面。

这是因为哈特有关承认规则的分析，并不符合世界上许多地区的法律形态。哈特认为，法律是初级规则与次级规则构成的整体，其中初级规则就是人们在社会生活中视为法律的事物，但是它们可能存在各种各样的缺陷，比如这些规则无法得到及时更新，可能软弱无力，可能具有不确定性，等等。这就需要引入有关初级规则的规则，也即次级规则。哈特指出次级规则主要包括变更规则（变更初级规则的规则）、裁判规则（加强初级规则的实效）以及承认规则（消除初级规则的不确定性）。我们可以较为形象地将次级规则理解为有关法律制定、实施以及司法裁判的程序与制度；将初级规则理解为经由这些程序或制度确立或执行的法律规则。从这个角度来说，哈特认为法律是这两种规则的结合，其实是以现代社会中国家

---

①   Brian Tamanaha, *A General Jurisprudence of Law and Society*, Oxford University Press, 2001, pp. 135-136.

法为范本的。这种观点将初民社会中的法律秩序以及跨国法或国际法都排除在法律范畴之外。塔玛纳哈因此认为哈特的理论由于国家法一元论的预设，既不具有足够的一般性，也不具有足够的描述性。出于这个理由，相较于哈特的惯习主义，塔玛纳哈在界定法律时放弃了有关次级规则的要求。

这个观点也得到了塔玛纳哈本人的认同。2018年我在美国圣路易斯华盛顿大学访学的时候，我和他谈起自己对法律的概念问题很感兴趣。他推荐我去读他的著作《一般法理学》以及《法律的概念：一种现实主义视角》。两周后，我带着一张写满问题的B5横格纸，走到他的办公室。他似乎正要出去，见我走过来，又立刻打开房门。我用磕磕绊绊的英语描述着自己的看法。他等我说完，耐心地说"不如让我们从最根本的问题开始"。然后详尽地勾勒了他自己的观点并重组了我的问题。这是我们聊得最久的一次，从他办公室走回图书馆，我才意识到不知不觉已经过去两个多小时。在我向他请教惯习主义立场与哈特学说的关系时，他肯定了我的看法，同时又补充说，也可以在这个意义上将他视为一位法律实证主义者。

他给自己贴的这个标签其实值得玩味。依据我阅读他的著作以及和他交谈的经验，他相对比较排斥贴标签的做法，并不愿意将自己的观点明确归属于某个立场。比如，有一次我曾问过他，他早年的著作《现实主义社会法律理论：实用主义和法律的社会理论》（*Realistic Socio-Legal Theory: Pragmatism and A Social Theory of Law*, Oxford University Press, 1997）似乎更偏向我们通常所说的"解释主义"进路，也即比较关心社会行动者内心的意图与态度，但之后的作品似乎更偏向"客观主义"或"行为主义"立场，强调法律的制度或结构维度。他否定了我的看法，认为这两种立场并不可分。还有一次是圣路易斯华盛顿大学法学院举办有关《法律的概念：一种现实主义视角》的研讨会。[①] 我看到弗里德里克·肖尔（Frederic Schauer）会来，就随口和他说道，感觉肖尔早年《依规则游戏》（*Playing by the Rules: A Philosophical Examination of Rule-Based Decision-Making in Law*, Oxford University Press, 1993）这部书偏向于法律形式主义立场，但近年来的《法律的强制力》（*The Force of Law*, Harvard University Press, 2015）显然是一种法律现实主义思维。他同样否定了我的看法，认为这还是同一个作者在处理不同问题时有不同的侧重。从这个角度来理解，当他比较认可自己的法律实证主义标签时，其实在相当程度上表明他虽然对当下法哲学发展提出诸多批判，但本质上还是延续和发展法哲学研究，而非用社会学、人类学或经济学方法取代法学自身的问题意识与理论资源。我相信牢记这一点对于理解以塔玛纳哈为代表的当代法律现实主义思潮而言，至关重要。下一节我们还会继续讨论这个问题。

除了哈特之外，塔玛纳哈的惯习主义立场还来自两方面学说的启发。一个是托伊布纳将自创生理论拓展到法律多元主义研究时，从语言学角度界定法律时体现的非本质主义；一个是塔玛纳哈有关法学研究中法律概念的一般性看法。

我们先来看托伊布纳学说中的非本质主义立场。总体上看，塔

---

① 有关研讨会的主题和与会者论文，请参见：*Washington University Law Review* Vol. 95, Issue 5 (2018)。一个趣事是，在给我们学生发送的邀请邮件中塔玛纳哈教授说，想看看让你们感到尴尬羞愧的老师是如何感到尴尬和羞愧的吗？那就来吧！

玛纳哈对卢曼—托伊布纳的系统论学说态度比较暧昧。他的著作
中的确能够看到系统论的洞见，比如塔玛纳哈会认为法律体系的发
展与社会环境的复杂性相关。但他也不止一次提出，作为一种"宏
大学说"的系统论过于复杂，即便不借助其晦涩的理论术语，也能
够表达其基本洞见。很有意思的一个例子是，在写课程论文时有学
生使用了"自创生"（autopoiesis）这个概念。塔玛纳哈的评论是，
可以考虑不用这个概念描述自己想说的观点，以免给读者带来不必
要的负担。不过塔玛纳哈认为托伊布纳有关法律及法律多元主义
的界定倒颇有帮助。

　　托伊布纳认为，法律多元主义不再是给定社会场域内一系列彼
此冲突的社会规范，而是彼此不同的沟通过程所构成的多重性，这
些过程依据合法／非法符码来观察社会行动。简单来说，托伊布纳
认为法律就是日常语言交流中被我们称为"合法或非法"的事物。
这个定义有两个特征值得关注。一方面它是一种非本质主义立场，
认为法律并不具备某种本质必然属性，可以是人们通过法律符码所
指涉的任何事物；另一方面它是一种反功能主义立场。如前所述，
功能主义立场倾向于通过法律实现的功能来界定法律，因为它将某
种或某些功能视为法律的本质。因此功能主义与本质主义立场在
界定法律概念时往往密不可分。托伊布纳的学说取消了法律与其
社会功能之间的关联，法律不再是稳定社会秩序的规范，也不再是
起到社会协调作用的制度。塔玛纳哈的惯习主义认为，法律是被共
同体成员贴上"法律"标签的任何事物，无疑与这种非本质主义和
反功能主义立场非常接近。惯习主义立场同样不承诺法律具有某
种本质，也不承诺法律必然会实现某种社会功能。但它与托伊布纳

的观点有一个核心差异，这就是托伊布纳排他性地从语言角度观察法律，忽视了影响法律的物质性力量。这是塔玛纳哈所不认同的。[①]

再看塔玛纳哈对法学研究中法律概念的一般看法。他认为我们需要对法学理论中使用的概念作出如下区分：一方面是作为我们研究对象的概念，另一方面是我们研究中所使用的概念。前者往往是人们日常生活中使用的概念。比如，我们所研究的"法律"，就是人们日常生活中时常运用的语言标签，我们将一些事物称作法律，又认为一些行为与法律相关。后者往往是法学家构建出来服务于自己研究目的的概念。比如，各种各样的法理论就是针对我们日常生活中使用"法律"概念的特征加以抽象得到的。[②]这是导致任何对法律概念加以理论化后难以令人满意的根源：日常生活中对法律概念的使用是多种多样的，但对之加以理论抽象则必须要有所取舍，要服务于法学家的研究旨趣。如果我们未能注意到法律概念的这种区分，只关注法学家所建构的理论并认为它垄断了对法律的解释，其实就走入了误区。因此，我们应当注重日常生活中人们对法律这个语言标签的用法，进而关注这种用法与法学家理论抽象之间的差异，在不断地比较中获得对法律现象更完整的理解。

以上有关惯习主义立场理论渊源的分析，也从侧面阐明了它对法哲学以及法律多元主义理论的发展。从法哲学的角度来看，惯习主义立场放弃了对法律本质必然属性的探究，转而采取一种更具

---

① Brian Tamanaha, "A Non-Essentialism Version of Legal Pluralism", 27 *Journal of Law and Society* 306-311 (2000).

② Brian Tamanaha, *A General Jurisprudence of Law and Society*, Oxford University Press, 2001, p. 196. 本书中这一章其实是前注中有关非本质主义立场法律多元主义文章的修改版本。

经验性质的方法，倡导法学家应当像社会学家或人类学家一样探究共同体成员具体将哪些事物视为法律。这种方法有助于法哲学摆脱概念分析的研究方法与把握法律本质必然属性的理论承诺之间的矛盾。此外，惯习主义立场强调法学家的工作重心是把握人们日常生活中对法律概念的用法，而非构建抽象的法律理论，因此这种立场避免了抽象法律理论可能遭遇的涵盖过度与涵盖不足的问题。最后，惯习主义立场强调对共同体内社会实践的观察，这是一种纯粹的描述性方法，通过共同体成员的外在行为来寻找被他们视为法律的事物，进而分析他们内心中对待法律和其他社会秩序之间有何差异。这意味着在哈特所设立的法哲学框架中，惯习主义放弃了对法律本质必然属性的追寻，坚持了描述性理论立场，同时在最低限度上保留了法律理论的内在视角。之所以说是最低限度，是因为惯习主义只是考察人们内心中将何种事物视为法律，而不预设人们将法律视为自己的行动理由或支持法律的内容。可以说，通过惯习主义，塔玛纳哈保留了有关法律概念的讨论，也就重构并革新了法哲学理论方法、理论目标以及理论框架，有助于法哲学走出当下的研究困境。

从法律多元主义为代表的法律社会研究来看，惯习主义相较于以往的法律理论具有两个优势。一方面，它从非本质主义和非功能主义出发界定法律，就避免了先前法律多元主义者将法律视为社会规范秩序或制度化规范实施时所遭遇的涵盖过度与涵盖不足的难题。关注社会生活中人们将何种事物贴上"法律"的标签，有助于法律多元主义者将法律同其他社会规范区分开。这样就帮助社会法律研究厘定了法律与社会之间的关系。法律多元主义概念能够得以保留。另一方面，惯习主义强调对人们实际使用法律的方式加以观察，有助于法律多元主义者确切地识别出一个社会内究竟有哪些非国家法。法律多元主义者虽然对如何界定法律概念莫衷一是，但却有两个初步的共识：并非所有社会现象都是法律现象，也并非所有法律现象都与国家有关。惯习主义立场有助于进一步澄清这两个共识的具体内容。通过考察共同体内成员对法律的用法，人们可以看到哪些社会现象与法律无关，也可以看到国家法之外的法律形态具体包含哪些内容。因此，法律惯习主义同样有助于法律多元主义及法律社会研究走出当前的困境。

　　以上都是惯习主义从整体思路上对法哲学与社会法律研究的启发。从理论细节来看，惯习主义立场还包含不少问题甚至会遭遇一些质疑。首先是技术层面的问题。当惯习主义将法律视为被共同体成员贴上"法律"标签的任何事物时，很自然的两个困惑就是：共同体中哪些成员的观点在此过程中具有主导地位？共同体内多少成员的社会惯习能够决定法律概念的所指？[①]塔玛纳哈认为，共同体内任何成员对法律的看法都对法律是什么具有决定作用。这是他的立场与哈特学说的另一个重要区别。哈特明确指出，承认规则是针对社会中的律政官员而言的，一般社会成员可能出于各种各样的理由遵循法律，未必对法律持有内在态度。塔玛纳哈则认为，不仅是律政官员，任何社会成员对法律的看法都是法学家判断该社会中法律概念所指的重要信息。

　　此外，塔玛纳哈指出一个社会中有足够数量的人们持有足够的

---

　　① Brian Tamanaha, *A General Jurisprudence of Law and Society*, Oxford University Press, 2001, pp. 166-167.

信念认为某种事物是法律，就可以表明该事物是共同体中的法律。这在某种意义上呼应着哈特与拉兹所强调的法律体系存在的必要条件：一个法律体系要得到社会成员的大致遵守。这便是法哲学中的"社会实效命题"。这里存在的一个理论问题是，塔玛纳哈指责社会实效命题蕴含着双重假设。它一方面假设法律的功能是维持社会秩序（因此会得到人们的大致遵守），另一方面假定该功能只可由法律完成。因此，塔玛纳哈对社会实效命题持有否定立场。[①]我的一个困惑是惯习主义立场同样也需要预设法律（国家法以及非国家法）在社会中得到人们的遵守，虽然它可以不主张法律必然实现维护社会秩序的功能，也可以不主张只有法律能够维护社会秩序，但惯习主义得以成立的前提就是一个社会中的人们并非偶然或暂时将某种事物视为法律，而是在一定时期内对法律的看法有某种稳定性、恒定性。此时，惯习主义得以成立的前提与塔玛纳哈所批评的法律实证主义的社会实效命题有何本质差异呢？塔玛纳哈对后者的批评是否也可以适用于他自己的学说呢？[②]

其次，惯习主义立场可能会遭遇来自词与物关系的挑战。这种挑战包含浅层次与深层次两个层面。浅层次的挑战是一个社会中可能包含多种法律形态，比如国家法、习惯法、宗教法、原住民法、

---

① Brian Tamanaha, "Disruptive Implications of Legal Positivism's Social Efficacy Thesis", in Torben Spaak and Patricia Mindus (eds.), *The Cambridge Companion to Legal Positivism*, Cambridge University Press, 2021, p. 512.

② 在和塔玛纳哈教授的邮件交流中，他向我澄清了这一点。他指出，我们需要区分两个问题：（1）法律是什么，以及（2）法律在维持社会秩序方面具有实效。法律实证主义的"社会实效命题"认为我们可以通过法律发挥的功能来识别法律，塔玛纳哈的批评是针对这一点展开的。他当然不否认法律在一定条件下会得到人们一定程度的遵守。

跨国法、国际法，等等，惯习主义立场应当识别哪种法律形态呢？①
塔玛纳哈的回应是，惯习主义对各种法律形态没有独特偏好，应当
如实按照该社会成员对法律的看法，识别出所有他们认为属于法律
的事物。深层次的挑战是一个翻译问题。比如，比克斯会说不同社
会或共同体中有关"法律"的概念是不同的，惯习主义立场显然涉
及跨文化与比较研究，法学家如何能够获知自己社会或共同体之外
的人们对于法律的看法呢？塔玛纳哈的回应是，法律当然有多种概
念表述，"law, Recht, droit, 法"都指称着"法律"这种事物，我们
在翻译时当然未必能够完全意义无损地在自己语言中找到它们的
对应语词，但既然在这个世界上"翻译"活动不是不可能的，就说
明这种跨文化与比较研究也并非难事。

　　但我想这个回应还是过于简单。我们可以将比克斯的质疑与
奎因-戴维森有关翻译或解释的不确定性问题联系起来思考。翻译
或解释的不确定性说的是这样一种情况：当一个人类学家走入一个
他完全陌生的原始部落时，他无法通过语言或任何既有知识与当地
原住民沟通，只能观察他们的行为和其语词之间的关系；当有一只
兔子经过时，当地人总会激动地大喊"gavagai"；此时，这位人类
学家可以将这个陌生的词汇理解为自己语言中的"兔子"，也可以
认为它指的是"一种白色动物"，还可以将它视为原住民惊恐或兴
奋时随口发出的声音。奎因和戴维森都认为，不同的人根据这种行
为—语言关系建立起来的原住民语言手册是彼此不同的，但每一种

---

　　① Brian Tamanaha, *A General Jurisprudence of Law and Society*, Oxford University Press, 2001, pp. 167-168.

手册都能够解释原住民的行为—语言关系。因此，我们对语言的理解并不具有完全的确定性，只能说在某种框架或语境下具有确定性。[①] 从这个角度思考，塔玛纳哈的学说也会出现这个问题。不同的法学家基于自己的理论背景和经验素材，可能会对同一个社会或共同体中被人们视为法律的事物产生分歧。或者说同一位法学家运用不同的研究方法或视角，会对同一个社会或共同体中的法律得出不同的结论。如果是这样，惯习主义无法为我们提供有关法律的确定知识。但我们也可以反过来思考，在这个世界上是否真的存在确定无疑的法学知识，或者说是否存在确定无疑的人类知识？从这个角度来说，词与物的关系问题虽然复杂，但我们没有必要因为无法提出满意答案而感到忧虑。

再次，惯习主义立场还可能面对逻辑上的挑战。比如，加德纳就曾指出通过惯习主义来界定法律充满了"神秘"，因为我们只有知道什么是法律后才能够识别出法律，可是惯习主义似乎将这个逻辑颠倒了过来。[②] 这个质疑有合理的成分，但却忽略了一切解释与理解都是在某种语境中或依赖某些前提发生的。我们在探究一个社会的法律时，可能并没有明确的法律概念，并不知道法律确切的内容，但不意味着我们对"法律"这个语词或其所指的现象完全一无所知。我们会有一些相对模糊和粗浅的理解，基于此我们可以找寻到被社会成员视为法律的事物，进而获得更明确的法律概念。

最后，惯习主义立场有一定局限性。这个局限性体现在两个方

---

① W.V. Quine, *Word and Object*, The MIT Press, 2013, pp. 25-26.

② John Gardner, *Law as a Leap of Faith*, Oxford University Press, 2012, p. 298.

面。一方面是如塔玛纳哈所说，惯习主义立场预设了社会或共同体成员具有自己的法概念，将某些事物称为"法律"，进而可以被法学家获知。但无论在理论还是现实中，我们都会发现有一些社会或共同体根本不包含"法律"这个概念。这些社会或共同体中的人们从来不知道法律为何物。此时，惯习主义就不再有用武之地。这种局限性体现出惯习主义的双重特征。第一个特征是惯习主义作为一种非本质主义和反功能主义的学说，认为法律与社会秩序的维持之间不存在任何必然关联。正是由于塔玛纳哈斩断了法律与其社会功能的联系，使得惯习主义无法通过寻找特定社会中法律的功能等价物或替代物的方法来界定法律。因为惯习主义恰恰认为法律虽然可以维持社会秩序，但不必然；反过来，维持社会秩序的规范也未必都是法律。第二个特征是惯习主义是一种尊重文化多样性的立场。它强调法学家要从研究对象的观点态度出发来识别法律，而非将法学家本人的看法施加或运用在研究对象身上。我们举一个非常具体的例子，比如，一位西方现代法学家来到帝制时代的中国，当他看到传统中国民刑合一、诸法合体且颇具道德化意味的法律体系时，他有两种选择：要么是从自己的观点出发认为帝制时代的中国不存在法律；要么是从中国本土的观念和意识出发，了解当时中国人对法律的看法。塔玛纳哈的惯习主义立场无疑倡导后一种态度。

　　惯习主义另一方面的局限性体现为某种意义上，它可能是一种"不完整"的学说。回想一下前文描述的法哲学基本理论框架。大体来说，法哲学讨论两个层面的三个议题，包括法律的概念、法律的规范性以及司法裁判理论，这也是一般法理学的基本框架与议题。通览上述分析，惯习主义其实只是有关法律概念的分析，对其他两个问题则"付之阙如"。我曾当面向塔玛纳哈提出过这个困惑。他的回应分为两个方面。一方面他认为法律规范性问题并无神秘之处，根据惯习主义立场，社会成员将法律规范性意涵（connotations）赋予社会实践，这就解释了这个问题。另一方面他指出我的困惑其实混淆了有关法律概念和法律规则的研究。他认为我们常说的法律现实主义、法律形式主义、法律实证主义、自然法学派这些理论阵营讨论的并不是同一个问题。其中前两者是有关"（法律）规则"的研究，后两者是有关"（法律）概念"的学说。因此，前两者与司法裁判有关，涉及法官如何解释法律，解释法律是否必然遵循特定方法以及法律规则是否完全决定了案件结果；后两者则是有关法律是什么的分析。

我大体上接受塔玛纳哈按照"规则"和"概念"对法学思潮进行的区分，但我认为这并不意味着一般法理学或法哲学需要放弃对司法裁判理论的关注。这是因为司法裁判理论研究的核心在于法官如何（依法）裁判，这个问题在根本上取决于我们对于"什么是法律"的理解。因此，裁判理论和法概念论之间存在关联。这种联系即便不是如德沃金所说，"法理学是司法裁判无声的前言"并将法概念论和司法裁判理论视为一个整体，也是非常紧密的。我们有关法律概念的看法，势必影响我们对于司法裁判的立场。比如，我们如果认为法律就是立法者的命令，那么在司法裁判中立法者的意图必然会主导我们对法律的解释。当然，这种"主导"作用并不等同于"决定"作用，因为我们也可以认为立法者的命令完全体现在成文法中，因此要严格进行"文义解释"。但无论如何，任何一种司法裁判理论都与我们对法律是什么的理解存在关联。

回到塔玛纳哈有关法律规范性的看法。除了他给出的回应外，我们还可以从更深层次来解释惯习主义为什么会在这个问题上"沉默无言"。法律规范性是一个含义模糊的概念，因此在前文中我把这个问题表述为"人们为什么会遵循法律"。"规范性"在不同学者笔下有不同意涵。比如，凯尔森认为规范性是法律规范的存在样态，与事实性相对；拉兹认为规范性就是法律向我们主张权威。相较于实效，规范性更侧重法律在非社会学意义上的效力。一个得到遵守的法律规则当然具有规范性，但并未得到遵守的法律规则不见得没有规范性，只要该规则所属的法律没有得到废止，它就继续有效，规范性依旧存在。我们这里还是延续先前用法，将法律规范性视为法律向人们提出行动理由的能力。

从这个角度来说，惯习主义可能基于两方面原因不讨论法律的规范性。一方面原因是相较于规范性，惯习主义更注重法律的实效，重视人们对法律的看法，强调法律是否实际上得到遵循。另一方面原因是如前所述，如果我们将法律规范性视为法律提出行动理由的能力，这就意味着将法律与特定社会功能绑定在一起，走向了功能主义或本质主义立场。当惯习主义斩断法律与功能之间的连接后，规范性并不是法律所必然具有的属性，法律规范性问题也就不再有理论讨论的价值。总结我对惯习主义是否属于一种"完整"法律学说的讨论，我认为惯习主义有必要关注司法裁判理论，但并无必要讨论法律的规范性问题。

通过以上有关惯习主义基本立场、质疑以及回应的分析，我们能够相对具体且全面地把握塔玛纳哈提出的这一学说。接下来我们看一下惯习主义为基础的一般法理学（法哲学以及法律社会研究）具体包含哪些内容，以及它与法律现实主义和实用主义哲学的关联。

五

相较于惯习主义在法概念层面与主流学说的争论，塔玛纳哈有关运用惯习主义展开一般法理学研究的描述，在不同时期有所变化。我们可以结合他在不同时期的论述，梳理他对一般法理学研究议题的看法，并尝试找寻贯穿其中的主线。

有关一般法理学研究议题的分析，相对成体系的论述最早出现在《一般法理学：以法律与社会关系为视角》一书中。塔玛纳哈在本书中综合了法哲学与法律多元主义研究的元素，提出了一般法理学的分析框架和研究内容。

总体来说，这个分析框架是对法律实证主义基本立场的修正。法律实证主义包含两个核心命题：社会事实命题和分离命题。前者指的是法律是一种社会事实，后者指的是法律和道德之间并不存在必然关联。如前所述，塔玛纳哈认可自己的立场属于广义上的法律实证主义。但对于这两个核心命题有所拓展。一方面，他认为社会事实命题不仅局限于是对法律实证主义观点的概括，同样也可以适用于以菲尼斯为代表的现代自然法学说，因为后者虽然认为法律源自人类的理性或实践理性推理，但并不否认法律通过人类实践活动得以体现。菲尼斯指出，自然法是永恒的，但有关自然法的理论却是植根在历史社会语境中的。另一方面，塔玛纳哈将分离拓展为包含法律与诸种社会功能的分离，认为法律并不必然以维护社会秩序为特征，这一功能也不必然只由法律实现。①

　　在这个框架的基础上，塔玛纳哈强调法学家应当关注两大议题。一个是生成社会秩序的社会行动与关系，另一个是包含在种种社会秩序内的多种法律形态。与已有的观点不同，塔玛纳哈认为种种社会秩序不是依靠法律发挥作用，而是法律依靠种种社会秩序对社会产生某种影响。一般法理学的研究因此不再集中于前文所说的三大议题，而是对多元社会秩序、多元法律形态的分析和考察，并对它们彼此间错综复杂的关系加以经验性描述。② 在这本书的最后，塔玛纳哈还尝试性地提出一些有关法律与社会关系的假设性命题。它们可以被视为一般法理学的前提假设，也可以通过经验研究加以证实或证伪。

　　之后在一篇有关法律多元主义的经典文章中，塔玛纳哈更新了考察法律多元主义的理论框架。这篇题为"理解法律多元主义：从过去到现在，从地方性到全球化"的文章自 2008 年发表至 2021 年 7 月，已经被引用 1100 余次，仅次于他的著作《论法治》（被引 2100 余次）。③ 这篇文章的前半部分主要重申了法律多元主义学说在界定法律概念时的困境，并提出以惯习主义立场更新法律多元主义研究；后半部分则重点讨论了法律多元主义及一般法理学的研究框架。首先，塔玛纳哈延续在《一般法理学：以法律与社会关系为视角》中的分析，提出法学家应当关注社会场域内的多种规范秩

---

　　① 　Brian Tamanaha, *A General Jurisprudence of Law and Society*, Oxford University Press, 2001, chap. 6.

　　② 　同上书，第 8 章。

　　③ 　Brian Tamanaha, "Understanding Legal Pluralism: Past to Present, Local to Global", 30 *Sydney Law Review* 374 (2008).

序体系，并关注这些体系之间的矛盾冲突、权力差异及其根源。其次，他强调从群体与个人两个层面关注不同社会或共同体之间的社会政治差异。再次，他主张关注冲突情境中不同秩序体系之间和内部的关系与策略。考察国家法体系如何应对不同规范秩序之间的冲突，社会成员如何利用这些规范秩序的冲突。最后，他主张关注不同规范秩序所体现的价值取向方面的根本差异。比如，不同社会规范秩序的冲突可能是自由主义与非自由主义的冲突，是资本主义和传统观念的冲突，是非输既赢的裁判与寻求共赢的仲裁之间的冲突，等等。可以说，塔玛纳哈更为具体地提出了在考察不同社会秩序时，法学家应当关注的因素。

接着在《法律的概念：一种现实主义视角》中，塔玛纳哈将一般法理学的研究议题进行了更为全面的扩展。这部著作不仅获得了2018年美国专业与学术杰出出版奖（The Prose Awards）法学类著作提名奖，还在2019年获得了国际法哲学与社会哲学学会首届最佳法哲学图书奖。记得在我们第一次见面时，他从书架上取下这本书送给我。我一直在断断续续地读，其中一章也是当时他的法理学课程的阅读材料。但是直到我和他说有兴趣研究法律的概念，他告诉我可以从这个角度阅读这本书时，我似乎才对他的思路和理论框架有了清晰的认识。这本书的核心论证同样可以分为两个部分。一部分是他对当下法哲学研究忽视历史法学派与现实主义洞见的批判，一部分是他从现实主义视角出发对一般法理学研究议题的勾勒与尝试性探索。具体来说，他认为一般法理学首先可以从社会演化与法律变迁之间的关系入手，历史性地看待人类实践如何构建了"法律"这种社会产物，这涉及从原始部落一直到现代化国家和大都市的历史叙事以及法律在此过程中发挥的作用；其次，我们可以从现代社会的科层制或"组织"这个角度出发，探究跨国公司、大型企业以及种种社会团体中的规制性措施与人们社会生活之间的关联，共时性地分析全球化时代法律与社会秩序之间的界限；最后，我们还可以从跨国法和国际法角度考察，在共同体、民族国家、地方性区域以及全球这些不同层面中，多种法律形态之间的共存与冲突。①

最后则是本书《法律多元主义阐释》中有关法律多元主义历史、理论以及影响的分析。在一定程度上，它是《法律的概念：一种现实主义视角》一书倡导的理论框架的具体展开，也是对惯习主义立场更为成功与彻底的运用。这本书的主体部分有五章。如塔玛纳哈所说，其中前三章是从惯习主义出发，对不同历史时期和不同地域中社会成员有关法律的观念与态度的描述。我们可以看到在这一部分讨论中，塔玛纳哈没有预设任何有关法律的概念，也没有借助任何有关法律多元主义的学说，完全是从研究对象的视角出发，把握他们自身对于法律的看法。他只是相对宽泛地运用了社群法、政权法和政权间法的分类以区别讨论的层次，除此之外不涉及任何理论性内容。但是这种无需法概念理论预设的研究，反而产生了非常丰富的研究成果。我们透过塔玛纳哈的惯习主义视角，可以看到不同类型法律的生成演变以及相互作用。相较于在理论层面抽象地为惯习主义立场辩护，丰富的理论成果无疑为惯习主义学说提供了正当性证明。本书最后两章是基于惯习主义立场对当下一般法

---

① Brian Tamanaha, "A Genealogical View of Law", "Law in the Age of Organization", "What Is International Law", in *A Realistic Theory of Law*, Cambridge University Press, 2017.

理学理论困境的评析。理论上的争辩表明，惯习主义无疑有潜力成为克服理论困境的一种思路。这种思路的展开则是本书前三章详细铺垫和论述的内容。在这个意义上，本书虽然并非"长篇大论"，但在内容上是塔玛纳哈长久以来理论思考的一次总结和展现，在论证结构上也非常精致融贯——当我们翻开它时，不会对晦涩的术语和复杂的理论感到力不从心；当我们合上它时，则又感到有关法律概念的理论思辨意犹未尽，想重头阅读本书，体验惯习主义立场在解释法律现象时的理论魅力。

在塔玛纳哈有关一般法理学研究议题的种种论述背后，一以贯之的是他从概念的现实影响与结果而非其抽象定义或特征来把握概念含义的方法。这种方法或视角体现着他一直秉持的现实主义或实用主义立场。在不同学者笔下，现实主义有不同的含义。塔玛纳哈在三重意义上理解"现实主义"。[①]

首先，它与 20 世纪 30 年代至 40 年代出现在美国的以卢埃林和弗兰克为代表人物的"法律现实主义运动"有关。与我们当下有关现实主义的刻板印象不同，塔玛纳哈通过在历史语境中重构法律现实主义与形式主义的论战，指出现实主义更多的是一种研究方法与视角，并不是持有统一立场或理论体系的学术思潮。[②] 在"法律现

---

① Brian Tamanaha, *A Realistic Theory of Law*, Cambridge University Press, 2017, p. 3.

② Brian Tamanaha, "Legal Realism in Context", in Elizabeth Mertz, Stewart Macaulay and Thomas W. Mitchell (eds.), *The New Legal Realism: Translating Law-And-Society for Today's Legal Practice* (vol.1), Cambridge University Press, 2016, pp. 121-147. Brian Tamanaha, *Beyond Formalist-Realistic Divide: The Role of Politics in Judging*, Princeton University Press, 2010, pp. 186-189.

实主义"旗帜下的学者，观点也远没有我们想象中的那么极端。除了弗兰克在早年《法律与现代心智》一书中相对激进的立场外，法律现实主义者并不认为司法裁判与法律规则无关，只是强调裁判结果受到法律规则之外的诸多因素决定，强调逻辑推演的法律论证或法律推理不足以决定案件最终结果。法律规则的"决定不足"或者法官个人因素对案件的影响，并不是法官有意为之的，而是人类认知过程中不可避免的，因为任何人类智识活动都会涉及主观认知条件的运作。塔玛纳哈将之称为"均衡现实主义"立场。

其次，它与科学实在论也即自然主义有关。这指的是法律理论应当充分认识到人类的自然特征与要求，正是这些自然属性通过颇具文化意义的目的性社会行动深刻影响了人类的社会生活。人类的社会实践，以及由此形成的制度和结构，都应当从这个角度加以理解。更简单来说，塔玛纳哈认为法律理论应当充分吸收自然或社会科学研究成果。正是在这个意义上，有学者倡导当下在法律领域出现的现实主义思潮是一种"新现实主义"。如任何概念名词一样，"新现实主义"的具体意涵同样众说纷纭。不过得到大多数学者赞同的一种理解认为，"新现实主义"意味着综合法学与其他学科的研究，针对具体研究对象出发，整合不同学科的理论资源和方法。①相较于法律与社会科学研究，它强调运用多种学科的理论资源和方法服务于法学本身的问题意识，强调法学与其他学科的整合，而非

---

　　① Elizabeth Mertz, "New Legal Realism: Law and Social Science in the New Millennium", in Elizabeth Mertz, Stewart Macaulay and Thomas W. Mitchell (eds.), *The New Legal Realism: Translating Law-And-Society for Today's Legal Practice* (vol.1), Cambridge University Press, 2016, pp. 4-5.

以自然科学或社会科学研究取代法学。从这个角度来看，塔玛纳哈的观点无疑与这种"新现实主义"立场比较接近。

最后，它与一种常识实在论相关。这指的是现实主义法律理论应当密切关注人们在日常生活中有关法律的言说、思考以及行为。这与前文重点讨论的法律惯习主义立场一脉相承。它强调法律理论的起点不是法学家有关法律的理论预设，而是从研究对象的视角出发，收集研究对象如何理解和运用法律的经验数据。

塔玛纳哈指出，现实主义的三重意涵主要源自以威廉·詹姆士、约翰·杜威以及查尔斯·桑德斯·皮尔士和乔治·赫伯特·米德为代表的美国古典实用主义哲学。[①] 实用主义认为知识或真理并不是某种终极实在，而是一项人类集体追求的事业。它强调科学研究的重要性，拒绝从抽象的概念与先天的原则出发展开研究，倡导关注事实、关注概念或理论在真实世界中产生的影响。根据杜威经典的论断，一个事物要由其所作所为加以界定，而其"所作所为"就是它对其他事物的独特影响。

实用主义对于概念或真理持有这种立场，源自于它对德国古典观念论哲学的批判。在 19 世纪中叶到 20 世纪初的很长一段时间里，圣路易斯城曾是美国德国哲学的重镇。[②] 当时至关重要的一

---

① Brian Tamanaha, *A Realistic Theory of Law*, Cambridge University Press, 2017, p. 2; Brian Tamanaha, "Pragmatic Reconstruction in Jurisprudence: Features of a Realistic Legal Theory", 34 *Canadian Journal of Law & Jurisprudence* 171-202 (2021).

② John Kaag and Kipton E. Jensen, "American Reception of Hegel (1830-1930)", in Dean Moyar (ed.), *The Oxford Handbook of Hegel*, Oxford University Press, 2017, p.677, 680; 观念论和美国实用主义的关联，可以被理解为一种认知建构主义立场，参见汤姆·洛克摩尔："认知建构主义、实在论与观念论"，赵英男译，载于《外国哲学》第 36 辑，商务印书馆 2019 年版，第 159—197 页。

个人物是威廉·哈里斯（William Harris）。他不仅喜好黑格尔的学说，译介黑格尔的著作，还基于黑格尔的《逻辑学》提出一套"发展目的论"（developmental teleology）并组建了黑格尔阅读小组。后来他成为圣路易斯城各个学校的主管，之后又继任美国教育部长。现在全世界通行的以学生年龄来划分不同年级的管理模式，就是由他系统提出的。他在圣路易斯时期创办了《思辨哲学期刊》（*The Journal of Speculative Philosophy*）。这是美国历史上第一份哲学期刊，同时也是古典实用主义哲学诞生的重镇。因为詹姆士、杜威以及皮尔士都曾作为作者向这本刊物投稿。哈里斯出于对德国哲学的偏好，往往会从黑格尔哲学出发给作者提出修改意见。一个有意思的往事是当杜威投稿时，哈里斯对他的文章表示赞赏，鼓励他发展自己的观点，于是杜威从德国哲学出发渐渐走向了实用主义；但当皮尔士投稿时，遭到哈里斯接连退稿的打击，皮尔士决定"反其道而行之"不再研究德国哲学，逐渐也走向了实用主义。

我们可以从实用主义和德国观念论哲学的一个对比中看到两者之间的关联，这进一步有助于我们了解实用主义和分析哲学基本预设的差异，进而能够阐明现实主义法律理论和分析法学之间的不同。德国观念论哲学认为我们无法认识到事物本来的样子，只能认识到事物的表象或显象。如康德所说，我们无法认识到物自体，一切人类知识都是现象界的知识。在获得有关事物表象的知识时，康德认为我们的认知能力中包含着一些先天范畴，它确保我们有关外部世界的知识得以可能；黑格尔则认为我们是在一种辩证的历史过程中逐渐接近"绝对知识"的。因此，德国观念论的一个总体观点认为，我们无法通过感知直接把握事物本身，人类知识都是一种在经验领域内的认知建构。实用主义学说继承了这个基本立场，它同样认为我们无法直接把握抽象概念、理论以及其他事物。但是实用主义抛弃了德国观念论中先天范畴或辩证法进程，认为我们可以通过一个事物在经验层面或现实生活中产生的影响来获知这个事物。①

在这个意义上，我们不难看到虽然实用主义的立场看似和德国观念论水火不容，但却与之共享着类似的理论框架，甚至可以说在一定程度上是对后者的"经验主义"改造。但这并不意味着实用主义与分析哲学所立足的英国传统下的经验主义是一致的。这是因为分析哲学所基于的经验主义强调抽象概念可以通过某种方式为我们所感知。② 以弗雷格有关一个概念的涵义和指称的区分为例。概念的"涵义"指的是一个概念在我们心灵中呈现出来的样态，而

---

① 这里实用主义其实遇到了一个比较困难的问题：一方面，实用主义主张通过经验现实来把握经验之外的抽象概念，也即超出经验范畴之外的意义是不存在的；但另一方面，经验之外的抽象概念的意义似乎无法由于经验范围内的分析而得到穷尽。因此，实用主义的"实践后果分析法"就遭遇到了理论困难。但这个困难并非不可解，解决之道依旧与古典实用主义和康德与黑格尔的德国观念论学说的亲和性相关：两者都不认为人类的认知能够把握事物本来的样子，而只是能够把握事物向我们展现的模样。

② 从认识论角度我们可以将分析哲学所立足的经验主义称为"表象主义"，也即我们通过某种中介认识我们想要认知的对象。更具体地说，一个概念的"涵义"就是这个概念所指称的外部世界（对象）的表象，我们总是通过对概念涵义的认识而把握概念与外部世界的关系，从而理解其指称。但是实用主义者并不承认抽象概念的实践后果是该概念的"表象"，因为如果是表象，就意味着实践后果应当是抽象概念的精准刻画，但两者并不是同一类范畴，我们只能宽泛地将实践后果理解为抽象概念的"充实""例示"或"表现"。从这一思想脉络出发，我们就不难理解当代新实用主义者为何会将实用主义学说与德国观念论立场联系在一起，并以之来挑战当代分析哲学的立场。比如，实用主义者罗伯特·布兰顿（Robert Brandom）反对分析哲学中有关涵义和指称之间关系的预设，将康德与黑格尔的学说引入当代分析哲学，并从实用主义出发提出替代性的方案——推论主义（inferentialism）。

其"指称"说的是这个概念和外在世界对象之间的关联。弗雷格认为我们通过概念的涵义作为中介能够把握其指称。比如,我们看到"晨星"或"暮星"这个概念,就知道它们实际上说的是自然界中的"金星"这个物体。概念分析通过探究我们对概念的使用来掌握概念,实际上也是通过考察概念向我们呈现的样态即其涵义来掌握概念。这与实用主义的立场显然并不相同。

在当代实用主义学者笔下,这种通过概念的使用来理解概念的进路往往又被追溯到维特根斯坦后期哲学。这一思想脉络从维特根斯坦起经过奎因、戴维森的继承一直到罗蒂,并在布兰顿等分析实用主义者手中不断得到强调。① 与之相伴的,是维特根斯坦将哲学视为"疗救性工作"的立场。这种立场认为我们的许多哲学问题都源于语言的误用,通过消除这些误用,我们可以消解也即在另一种意义上解决问题。维特根斯坦曾说,哲学家处理一个问题就如同处理一种疾病,因此哲学的目的就是为苍蝇指出飞出苍蝇瓶的路径。这意味着理论研究的根本目的往往不是构建一套缜密的系统性学说,而是对既有理论展开诊断与治疗,判定并纠正理论对于我们认识的扭曲。基于这种立场展开的研究往往会指出我们一些理论概念与预设的缺陷,要求我们放弃一些习以为常、根深蒂固却又禁不起细致推敲的术语、观点和体系。因此,有学者将这种风格的研究称为"寂静主义"(quietism)。② 塔玛纳哈的学说也可归为此列。

---

① 这些分析实用主义者与古典实用主义者的差别在于,他们并不强调我们在认识事物时的建构立场。

② 在法理学中德沃金的学说也有此特征,但有意思的是塔玛纳哈并不欣赏德沃金的理论。有关德沃金学说与寂静主义的分析,可以参见:Charles Barzun, Three Forms of Legal Pragmatism, 95 *Washington University Law Review* 1003 (2018)。德沃金学说呈

他所主张的法律惯习主义并没有提出有关法律概念的实质界定，也没有对其本质特征展开描述。但这不意味着他绕开了这个难题，而是表明他认为有关"法律是什么"的讨论，从提问角度到解答方式都误入歧途，有必要从根本上对此问题加以重塑。简单来说，他是以改造的方式继承了哈特的核心问题："改造"是因为哈特以降的法理学讨论陷入了理论困境，"继承"则是表明陷入困境的法理学并未走向终结而是可以找到延续自身的方法。

正因如此，塔玛纳哈的学说虽然从理论上推演到极致，就是一种当下英美法理学中逐渐兴盛的取消主义立场，但究其实质，与马克·格林伯格、科恩豪泽以及赫肖维茨所倡导的取消主义立场并不相同。依据惯习主义学说，我们无法在一般层面提出任何有实质内容的法律定义，或者说只存在各种各样不同形态法律的定义，而无一般意义上法律的定义；但塔玛纳哈并没有在法理学中取消有关法律概念的探究，也因此没有取消法理学这门学科的独特价值。取消主义则与此不同，他们或主张法律推理实际上是一种道德推理，或主张司法裁判实际上是对权力结构与社会利益的分析而认为法理学不过是有关法律的道德哲学或社会科学的一种伪装。① 因此，我

现出的实用主义或现实主义特征在近年来得到一些学者关注。有关这一问题的全面探讨可以参见：Hillary Nye, Staying Busy While Doing Nothing: Dworkin's Complicated Relationship with Pragmatism, 29 *Canadian Journal of Law & Jurisprudence* 71 (2016); 赵英男："重访法律解释中的建构性与客观性：对德沃金理论的批判性考察"，载于《法哲学与法社会学论丛》第 23 卷，商务印书馆 2021 年版，第 45—68 页。

① 这三位持取消主义立场的学说都从德沃金学说中获得启发，也认为德沃金是一位取消主义者。有关这一观点的系统论述可见：Hillary Nye, The One-System View and Dworkin's Anti-Archimedean Eliminativism, 40 *Law and Philosophy* 247-276 (2021)。对此，译者持怀疑态度。德沃金显然并不认为法理学或有关法律概念的讨论是可以被

愿意说塔玛纳哈的立场是前沿的，但却又是无比传统或正统的。

　　当我们准确捕捉到实用主义和分析哲学的根本分歧后，有关本书理论语境的漫长讨论就终于抵达了暂时的终点。在探索"什么是法律"的旅途中，杂草丛生、歧路旁出、荆棘遍地，每迈出一步都令人苦不堪言。因此在这条道路上，浅尝辄止者有之，光彩夺目者有之，剑出偏锋者有之，裹挟众多拥趸有之，但真正能让道路向前拓展的人，少之又少。可历史表明，正是在道路尽头的滚芥投针，决定了谁的名字最终刻在这条荆棘之路的里程碑上。当然，人生变幻且又历史浮沉，有些人的名字开始被刻上却最终被抹去，有些人起先湮没无闻却最终声名煊赫。这很正常。重要的是我们别忘记走上一条道路，是为了通往它所许诺的终点。如果我们和终点渐行渐远，无论路途上的风景多么优美，无论有多少同伴选择这条道路，我们都应当有改弦更张、从头再来的眼界、勇气与定力。

取消的，也不认为由于法律是道德分支这种"单系统论"而可以否定法理学的独特价值；相反，他强调法律权利相对于道德权利的差异。

译 后 记

世上总有一些吃力却不讨好的事情，翻译算是其中一件，但我却沉迷期间。每翻译一本书，就像同它的作者聊天。这些作者有的文风洗练，有的深邃晦涩，有的故弄玄虚，有的唯我独尊。我有时会想，如此不同风格的作者与作品，都在一定程度上因我而说出风格一致的中文，究竟是文化交流中的成就，还是中西碰撞里难免的遗憾？

好在对于本书，我并无此虑，因为在美国访学的一年时间里，除却节日假期，每个周五的下午我都会与作者布莱恩·Z.塔玛纳哈（Brian Z. Tamanaha）教授在他的办公室见面。有时我是真的有问题请教，但许多时候是借着发问之机与他闲聊。本书的翻译，既是对这段时光的真正告别，也是对此人生旅程的再次回味：有时看着电脑屏幕，我眼前则是自己飞抵和离开圣路易斯兰伯特机场的情形，那恰巧分别是午后与清晨，刺眼的阳光与我在教授办公室和他聊天时，门口小圆桌上论文折射的光芒无异。①

---

① 译者曾于 2017 年 9 月至 2018 年 8 月作为美国圣路易斯华盛顿大学法学院人文访问学者，跟随塔玛纳哈教授学习。美国有多所以华盛顿命名的大学。比较著名的两个是圣路易斯华盛顿大学即"Washington University in St. Louis"，一般被称为"WUSTL"或"WashU"（以纪念华盛顿命名，是美国中部的私立高校）；以及在西雅图的华盛顿大学即"University of Washington"，一般被称为"UW"（坐落于美国华盛顿州，是美国西海岸公立高校）。这些"华盛顿大学"与加州大学体系并不一样，彼此并无关系，相互独立。

　　现在请让我对自己的译文加以总结。我在美国访学的时候,塔玛纳哈教授就说自己正在准备写作一部有关法律多元主义的著作。2020年夏天答辩通过当天,我写信向教授"报喜",并说如果可能,有意译介本书。转过年来的2021年初,塔玛纳哈教授告诉我本书正式定稿,并将最终书稿发来,请我阅读后决定是否愿意翻译引进。我用了两个晚上大致阅读了本书前三章的内容以及前言和结论。直白晓畅的文字,清晰明快的论证思路,以及在这两者统领下包罗万象的理论资源和经验素材,一切都是如此"塔玛纳哈",我几乎不假思索地决定接手本书的翻译。

　　在联系国内出版社时,感谢我的师兄中国政法大学比较法学研究院孙海波老师以及内蒙古科技大学文法学院李诚予老师的大力举荐。出版不易,在多方接洽下,李诚予老师建议我联系田雷老师。田老师欣然应允将本书收入"法政名著译丛",并帮忙联系到丛书在商务印书馆的责编吴婧老师。吴老师从选题申报、译著标题改定、版权联络、合同签署以及编辑校对等各个环节都亲力亲为。几位老师的热心、细致与专业,无疑让本书增色不少。

　　当然我最应该感谢的还是塔玛纳哈教授。无论是和外方出版社联系版权,还是在翻译过程中文字表述的确认与理论观点的商榷,当我向教授写信求助请教时,虽然有12个小时的时差,可基本上当天就能得到回复。邮件内容大多是有关事务性问题的寥寥数语,可只要一讨论学术问题,他对我疑问的解答往往像一篇小论文一样。我每次看到这样的"长篇大论",就想起在办公室与他见面的场景。他来自夏威夷,皮肤黝黑,个子不高,因为长期久坐导致背部肌肉酸痛,就站在狭小办公室中巨大的书桌后面读书写字。桌面的两台显示器往往将他遮住,而我视力又的确欠佳,总要在他时刻敞开门的办公室门口向里张望一阵,确认他是否在内。常常是我还没看到他,他就已经招呼我坐到办公桌前的椅子上。无论手头有什么事情,他都会暂时放在一旁,问我有什么事情或有什么问题想聊。

在他新书研讨会召开的前一周,我去请教他有关法律形式主义的问题。当我们的聊天将要结束时,他说我们研讨会见,我赶紧写一下要提交的论文。我这时才意识到,在回答我问题的同时,他也在整理写作需要的文献。他对我是如此,对待每一个选修他侵权法课程与法理学课程的学生同样如此。每次去办公室找他,我总要在门口等待一会儿。总是会有学生正和他聊着自己写的论文,向他请教自己在课程学习中遇到的问题。他的笑声永远爽朗,对问题的回应永远干脆直接。有同学会因为语言问题请他说得慢一些,他就一字一顿重复自己的回答,等同学在笔记上记录好一句话,再说下一句。① 有时候运气好,我去办公室时并没有其他学生排队,就看到他穿着白色 T 恤衫,正一头汗地敲击着键盘,或者戴着不知道度数的老花镜在读我们的课程作业。每份作业他都会给出批语,并在课堂上一再鼓励大家去办公室和他聊聊读书和写作。

临回国的时候,我去向他告别。他说了很多切中肯綮的话,有关学术,有关学术界,有关人生。记得之前有一次我向他表达过自己的一些困惑。他说这在所难免,因为我还年轻,自然会觉得许

---

① 当然,塔玛纳哈教授也以严厉著称。在他升任校级教授的庆典上,法学院教务长朗读遴选出来的学生评语,其中不止一位学生的评语提到他是一位严厉且令人生怖的老师,但毫无疑问,学生们同样提到"但我喜欢他"。

许多多人和事仿佛像山一样堵在自己面前，但是要学会在缝隙中"navigate"。这个词在这里说的并不是驾驶与航行，而是指面对复杂困难的情形，能够想方设法找到正确的道路，实现自己的目标。这让我想起他每个暑假都会回去的夏威夷，想起他描述自己拿着冲浪板在海边冲浪的样子。法学理论中有许多激流险滩，人生亦复如是。但"一切都会过去"，他曾这么劝我。这些话我现在依旧还记得，以后也一定不会忘记。

感谢能有机会让本书以中文形式问世。本书的翻译让我再次想起了跟随塔玛纳哈教授学习的时光，也让我对人生未来的旅途充满了期待。当然，限于我的学识与能力，译文肯定还有很多舛误，希望读者诸君不吝指正。

赵英男

2021 年 7 月 23 日

图书在版编目(CIP)数据

法律多元主义阐释:历史、理论与影响/(美)布莱恩·Z.塔玛纳哈(Brian Z. Tamanaha)著;赵英男译. —北京:商务印书馆,2023
(法政名著译丛)
ISBN 978-7-100-21769-9

Ⅰ.①法…　Ⅱ.①布…②赵…　Ⅲ.①法律体系—研究　Ⅳ.①D90

中国版本图书馆 CIP 数据核字(2022)第 209678 号

法政名著译丛

法律多元主义阐释
——历史、理论与影响

〔美〕布莱恩·Z.塔玛纳哈　著

赵英男　译

商 务 印 书 馆 出 版
(北京王府井大街 36 号　邮政编码 100710)
商 务 印 书 馆 发 行
北京市十月印刷有限公司印刷
ISBN 978-7-100-21769-9

2023 年 3 月第 1 版　　开本 880×1230　1/32
2023 年 3 月北京第 1 次印刷　印张 12
定价:85.00 元